BIBLIOTHÈQUE
DE PHILOSOPHIE CONTEMPORAINE

DEMIFOUS
ET
DEMIRESPONSABLES

PAR

J. GRASSET

Professeur de clinique médicale à l'Université de Montpellier
Associé national de l'Académie de Médecine
Lauréat de l'Institut

PARIS
FÉLIX ALCAN, ÉDITEUR
LIBRAIRIES FÉLIX ALCAN ET GUILLAUMIN RÉUNIES
108, BOULEVARD SAINT-GERMAIN, 108

1907

DEMIFOUS

ET

DEMIRESPONSABLES

DU MÊME AUTEUR

Traité pratique des maladies du système nerveux. 4e édition (en collaboration avec le professeur RAUZIER, 1894. Montpellier, Coulet. Paris, Masson.

Le médecin de l'amour au temps de Marivaux. Étude sur Boissier de Sauvages d'après des documents inédits. 1896. Montpellier, Coulet. Paris, Masson.

Les maladies de l'orientation et de l'équilibre. *Bibliothèque scientifique internationale.* 1901. Paris, Félix Alcan.

Consultations médicales. 5e édition, 1902. Montpellier, Coulet. Paris, Masson.

Leçons de Clinique médicale. 4 volumes, 1891-1903. Montpellier, Coulet. Paris, Masson.

L'hypnotisme et la suggestion. *Bibliothèque internationale de psychologie expérimentale, normale et pathologique.* 2e édition, 1904. Paris, Doin.

Le spiritisme devant la science. Nouvelle édition, avec préface de PIERRE JANET. 1904. Montpellier, Coulet. Paris, Masson.

Les centres nerveux, Physiopathologie clinique. 1905. Paris. J.-B. Baillière.

Le Psychisme inférieur. *Bibliothèque de philosophie expérimentale* 1906. Paris, Chevalier et Rivière.

Les limites de la Biologie. *Bibliothèque de philosophie contemporaine.* 4e édition, avec une préface de PAUL BOURGET, de l'Académie Française. 1906. Paris, Félix Alcan.

Thérapeutique des maladies du système nerveux. Paris, Doin. *Sous presse.*

DEMIFOUS

ET

DEMIRESPONSABLES

PAR

J. GRASSET

Professeur de clinique médicale à l'Université de Montpellier,
Associé national de l'Académie de Médecine,
Lauréat de l'Institut.

PARIS
FÉLIX ALCAN, ÉDITEUR
LIBRAIRIES FÉLIX ALCAN ET GUILLAUMIN RÉUNIES
108, BOULEVARD SAINT-GERMAIN, 108

1907

DEMIFOUS

ET

DEMIRESPONSABLES

INTRODUCTION

IDÉE ET PLAN DU LIVRE. IMPORTANCE SOCIALE DE LA QUESTION

Erreurs générales sur les demifous. Haute portée sociale de la question. Etendue de la question.
Devoirs et droits de la société vis-à-vis des demifous : défense sociale, assistance, traitement.
La notion de la responsabilité atténuée dans l'évolution générale de la question de l'individualisation de la peine.
Caractère médical de la question.
Plan du livre.

La question des fous n'est certainement pas solutionnée; mais elle est posée depuis longtemps. Sans les avoir suffisamment précisés, la société reconnaît qu'elle a des devoirs et des droits vis-à-vis de ces malades. La loi reconnaît leur existence. On sait qu'on doit, en se préservant de leurs méfaits, les assister et les traiter. Les magistrats reconnaissent l'irresponsabilité, les juges en tiennent compte dans leurs verdicts... Les fous ont leur place dans l'organisation sociale actuelle.

Il n'en est pas de même des demifous.

Non certes que les demifous soient moins nombreux et moins encombrants. Ils existent dans la société, aujourd'hui comme autrefois; ils nous coudoient tous les jours dans la rue, où parfois ils gênent ou troublent souvent la circulation, soit par eux-mêmes, soit par l'accueil agaçant que leur font leurs contemporains.

Tout le monde les connaît, mais leur place dans l'organisation actuelle n'est pas précisée.

D'une manière générale, d'ailleurs, on les juge mal.

Les uns traitent volontiers ces pauvres diables de farceurs, de fumistes ou d'imbéciles, ne tiennent aucun compte de leurs dires et de leurs actes, les traitent par l'ironie et les sarcasmes, quand ce n'est pas par les coups. C'est l'attitude des muletiers et des valets du duc d'Osuna vis-à-vis de Don Quichotte et de Sancho Pança. Les autres voient dans tous les originaux et les détraqués des malades irresponsables qu'il faut doucher et enfermer dans un asile, jamais dans une prison. Les premiers enlèvent aux demifous tout le mérite de leurs actes bons ; les seconds leur enlèvent toute la responsabilité de leurs actes mauvais.

C'est une égale exagération.

D'une part, il ne faut pas nier la haute valeur sociale de certains d'entre eux et par suite il faudrait se garder de priver la société de tous les demifous. D'autre part, il faut savoir aussi que les demifous sont parfois des êtres nuisibles, qu'il faut pouvoir se garer de leurs méfaits, ne pas leur laisser une impunité absurde et en même temps ne pas les traiter comme des malfaiteurs ordinaires jouissant de leur entière responsabilité.

De divers côtés, la question a été posée. Nulle part elle ne paraît résolue.

Il est d'ailleurs nécessaire de reconnaître qu'elle est fort difficile et j'ai plutôt la prétention d'en bien poser les termes que d'en proposer la solution définitive.

En tous cas, on en comprend immédiatement toute la haute portée sociale.

Quand, en 1900, j'ai rencontré pour la première fois [1] la

1. La supériorité intellectuelle et la névrose. Conférence faite à la Société nîmoise des amis de l'Université de Montpellier et à l'Association générale des étudiants de Montpellier (janvier 1900). *Leçons de Clinique médicale*, 4e série 1903, p. 683.

question des demifous, je ne poursuivais qu'un but : étudier et préciser les rapports qu'il y a entre la supériorité intellectuelle et la névrose, montrer l'existence et la vraie nature de ces rapports, réfuter la théorie lombrosienne du génie névrose et marquer la place de la supériorité intellectuelle anormale dans la famille névropathique.

Après l'apparition du livre de Michel Corday[1], j'ai repris la question[2] et montré ce que sont les demifous au point de vue scientifique, prouvé leur existence médicale, indiqué les services qu'ils peuvent rendre à la Société, leur valeur sociale, et aussi le mal qu'ils peuvent lui faire, n'étant qu demiresponsables du mal comme du bien.

Entre temps[3] j'avais essayé de montrer ce qu'est la responsabilité médicale, en quoi elle se distingue de la responsabilité morale, comment elle peut par suite être envisagée par tous les médecins, quelle que soit leur opinion philosophique ou religieuse sur le libre arbitre.

J'ai essayé ainsi de montrer l'égale erreur des deux théories opposées des deux blocs et du bloc unique, qui nient, l'une et l'autre, l'existence des demifous et ne veulent admettre que les responsables et les irresponsables en deux groupes séparés et opposés ou au contraire une série continue allant du plus responsable au plus irresponsable sans distinction ou classification possibles de groupes séparés ; et je me suis efforcé d'établir, à côté des raisonnables responsables et des fous irresponsables, les droits à l'existence scientifique et légale d'un troisième groupe formé par les demifous demiresponsables.

Toutes ces idées, on les retrouvera dans ce livre, plus développées et surtout plus scientifiquement étayées qu'elles ne

1. Michel Corday. *Les demifous.* Paris, Charpentier, 1905.

2. Demifous et demiresponsables. *Revue des Deux Mondes*, 15 février 1906, p. 887.

3. Le problème physiopathologique de la responsabilité. *Journal de psychologie normale et pathologique* 1905, t. II, p. 97. Paris, F. Alcan.

pouvaient l'être dans des conférences ou des articles de Revue.

De plus, on trouvera également dans ce livre un chapitre entièrement nouveau, qui est le complément et comme le couronnement de toute la question : sur *les devoirs et les droits de la société vis-à-vis des demifous.*

C'est une partie grave de la *défense sociale contre les maladies nerveuses*[1].

Je ne veux naturellement pas parler ici du *traitement* des nerveux, qui n'intéresse que les médecins.

Mais la société a une double mission vis-à-vis des nerveux. D'abord elle doit s'efforcer d'en diminuer le nombre : c'est la prophylaxie[2] basée sur la connaissance exacte des causes. Ensuite elle doit se garantir contre les nerveux naïfs ou criminels.

Sur le premier point, il est facile de montrer les principes sur lesquels on peut établir une bonne prophylaxie de la demifolie ; mais sur le second point, plus important encore, les difficultés sont très grandes et le problème est loin d'être résolu.

Quelle doit être la conduite de la société vis-à-vis des nerveux nuisibles ?

Ce qui est bien établi aujourd'hui, c'est que l'idée de défense sociale ne comporte pas uniquement les précautions à prendre pour diminuer la nocivité des nerveux, pour mettre la société à l'abri de leurs coups. L'idée de défense sociale comporte aujourd'hui l'idée d'*assistance* et de *traitement.*

Pour les aliénés, c'est-à-dire pour les irresponsables, la question n'est certainement pas solutionnée, puisque nous vivons toujours sous le régime de la loi de 1838[3]. Mais elle

1 L'organisation de la défense sociale contre les maladies nerveuses. Prophylaxie individuelle, familiale et sociale. *Revue des idées*, 15 mars 1906, p. 161.

2. *Thérapeutique des maladies du système nerveux.* Encyclopédie Scientifique, 1906, chapitre II, p. 17.

3. Voir la même *Thérapeutique*, chapitre VII, p. 474. Les devoirs et les droits de la société vis-à-vis des aliénés. *Revue des idées*, 15 juillet 1906, p. 513.

est du moins bien posée. On connaît bien tous les éléments de la solution. Il n'y a plus qu'à obtenir l'action parlementaire pratique.

Pour les demifous, la question est plus délicate et n'est pas encore résolue, même dans ses principes scientifiques. Le rôle du médecin psychologue est bien plus important et plus difficile ici que pour les aliénés.

On sent plus ou moins vaguement que le demifou ne peut pas être traité comme un criminel vulgaire ; mais on sait aussi qu'il ne peut pas être traité comme un fou irresponsable et que la société est bien obligée de se garantir contre lui et de le traiter d'autorité quand il est nuisible et qu'il a commis un crime ou même un délit.

C'est au fond toute la grave question de la *responsabilité atténuée*, que je serai obligé d'étudier complètement [1] et sur laquelle nous trouverons dès le début les assertions les plus contradictoires et les plus décourageantes émises par les juristes et par les médecins les plus autorisés.

Cependant le fait est là ; nous ne le supprimerions pas en le niant. Il y a des demiresponsables qui ne peuvent être traités ni comme des aliénés irresponsables, ni comme des raisonnables responsables.

Je m'efforcerai de démontrer que : 1° tandis que l'idée *morale* de responsabilité est solidaire de l'idée qu'on se fait du libre arbitre et par suite difficile à concilier avec la demi-responsabilité [2], l'idée *médicale* de responsabilité permet au contraire très bien et impose la notion de la responsabilité atténuée ; 2° quand un demifou est devenu nuisible, la société n'a pas le droit de l'emprisonner comme un raisonnable; mais elle a le droit de se garantir, tout en le traitant,

1. La responsabilité atténuée, *Journal de psychologie normale et pathologique*, 1906, t. III, p. 420.

2. « On ne peut pas, dit SALEILLES, avoir été plus ou moins libre, on est libre ou on ne l'est pas. Forcément la conception traditionnelle du libre arbitre devait aboutir à cette conséquence étrange qu'il n'y a pas de liberté partielle pas de demi-liberté » (*L'individualisation de la peine*, p. 66).

c'est-à-dire qu'elle a le droit de le traiter par force ; elle ne doit pas le *détenir* dans une prison, mais elle doit le *retenir* dans un asile spécial ; 3° la société garde toujours son droit d'isolement social du nuisible, quel que soit le degré d'irresponsabilité de celui-ci, à la condition de combiner ce droit avec le devoir, parfaitement conciliable, d'assister et de traiter médicalement le criminel quand il est malade et tant qu'il est malade à un degré quelconque.

C'est dire que je combattrai également l'opinion de ceux qui veulent uniquement se défendre contre les demifous en basant toutes les mesures sociales à prendre sur le degré de ce que les Italiens appellent leur *temebilita* et l'opinion de ceux qui refusent à la société tout droit de se défendre vis-à-vis de ces malades et voudraient les voir traiter librement, à leur gré et à leur convenance, comme un typhoïsant ou un pneumonique.

Cette grave notion de la demiresponsabilité et de la responsabilité atténuée, qui préoccupe tant tous les bons esprits de notre époque, ne doit pas être considérée comme une formule de lâcheté et d'ignorance inventée par les esprits embarrassés ou désireux de ne pas se compromettre. C'est une des plus heureuses et des plus scientifiques manifestations d'une tendance très hautement philosophique qui s'affirme de plus en plus dans les préoccupations des criminalistes contemporains : je veux parler de ce que l'on appelle *l'individualisation de la peine*[1].

« Il se produit aujourd'hui, dit Saleilles, un mouvement général ayant pour objet de détacher le droit des formules purement abstraites qui, pour le vulgaire tout au moins, paraissaient le soustraire au contact de la vie. »

Primitivement et longtemps (jusqu'aux derniers siècles),

1. Voir Saleilles. *L'Individualisation de la peine. Etude de criminalité sociale.* Bibliothèque générale des Sciences sociales, préface de G. Tarde. Paris, F. Alcan, 1898.

le droit pénal a été purement *objectif*. « On ne tient compte que du fait réalisé. La personnalité de l'agent est indifférente, on l'ignore. C'est, avant tout, le dommage subi qui est pris en considération. » On tient compte de la personne offensée, du dommage causé. Comme le père qui ne tient compte pour la punition d'un enfant que de la valeur de l'objet brisé, « on ne s'attache qu'au résultat ».

On a commencé à tenir compte des dispositions du sujet quand on a prévu le crime involontaire : un Capitulaire de Charlemagne « ne dit pas que la peine sera supprimée » dans ce cas, mais qu'elle sera atténuée.

En somme, « le droit pénal primitif était un droit pénal exclusif de l'idée de faute. L'idée de responsabilité au sens moderne du mot lui restait étrangère ».

Au XIIIe siècle, SAINT THOMAS admet l'influence de l'intention, de l'ivresse antérieure sur la responsabilité du sujet. Mais, en droit, la criminalité du *fait* reste la seule base d'appréciation générale. « Donc, en principe, pas d'individualisation subjective fondée sur la nature de l'agent, indépendante de la considération du crime réalisé... On rapporte tout à la matérialité du fait ; et cette matérialité du fait varie d'après les circonstances qui en constituent les éléments accessoires. »

Exceptionnellement, on permettait au juge d'individualiser la peine : peine extraordinaire, peines arbitraires. Le juge pouvait atténuer ou aggraver la peine ; mais, à cause de l'esprit du droit pénal à cette époque, il se basait à peu près toujours sur les circonstances objectives du fait pour individualiser quelquefois la peine.

Cette faculté d'arbitraire laissée au juge était, non un progrès, mais un danger contre lequel protesta et réagit tout le XVIIIe siècle. Et on aboutit encore à des lois à formule précise, étroite, partant toujours du point de vue objectif.

Le Code civil fixe des limites entre lesquelles peut varier la peine, mais reste basé sur l'idée objective du crime. « La théorie du Code de 1810 restait au fond celle de 1791, une théorie purement objective, considérant tous les criminels comme identiques en face d'un même crime... La peine, pour un même crime, devait être la même; car la responsabilité était la même. C'était un système de responsabilité toute objective, appréciée par le mal extérieur qui avait été produit et nullement d'après l'état d'âme de celui qui l'avait produit. »

Mais, dans tout le XIXe siècle, ce système a été battu en brèche, parce qu'il heurtait « de front deux forces irrésistibles, le bon sens populaire et la science : le bon sens populaire, parce que ce système pénal, si tyrannique, mettait tout le monde sur le même pied, ceux qui étaient intéressants et dignes de pitié et ceux qui ne soulevaient que répulsion. Et il se heurtait à la science, parce qu'il reposait sur une fiction contraire à toutes les notions scientifiques, celle d'une égale liberté pour chaque homme en face d'un même acte. »

Le jury commença à appliquer ces nouvelles idées; il vit que, « en dehors même de la folie, il peut y avoir des degrés dans la liberté et par suite des degrés de la responsabilité. Faute de pouvoir doser en quelque sorte la responsabilité, puisque la loi ne le lui permettait pas, il acquittait purement et simplement. En 1824, d'une façon partielle, puis en 1832, d'une façon générale, on voulut donner satisfaction aux tendances du jury en introduisant le système des circonstances atténuantes. »

C'était bien un progrès dans le sens de l'individualisation de la peine. Mais les circonstances atténuantes sont encore le plus souvent objectives, extérieures au sujet, viennent plutôt des circonstances du fait.

C'était tout de même de l'individualisation « fondée et mesurée sur la responsabilité ».

D'ailleurs le Code pénal contenait un premier exemple du principe « en ce qui touche les mineurs. Il faisait du discernement une question individuelle et non le résultat d'une présomption. »

En somme, sans que je puisse insister (il faut lire tout cela dans le livre de Saleilles), on voit que le progrès actuel du Code pénal est « l'introduction dans ce siècle-ci, du point de vue subjectif en matière de pénalité ». On poursuit de tous côtés actuellement « la consécration législative de l'idée même d'individualisation fondée sur le degré de responsabilité. C'est ce que la science nouvelle appelle la théorie de la responsabilité partielle ou atténuée ».

Donc, cette question des demiresponsabilités n'est ni fausse, ni artificielle, ni rétrograde. C'est une question qui s'impose de jour en jour davantage et dont la solution est indispensable pour couronner l'œuvre de progrès qu'a commencée le XIXe siécle pour le perfectionnement de notre Code.

On voit en même temps que cette question des responsabilités atténuées est une question absolument et exclusivement *médicale*.

Tous les éléments d'appréciation extérieurs au sujet, les magistrats peuvent les analyser et les apprécier. Seul, le médecin peut au contraire fixer et préciser les éléments d'appréciation endogènes, venant du sujet lui-même.

En revendiquant ce rôle pour le médecin, je considère celui-ci, non comme un praticien vulgaire chargé de soulager ou de guérir les maladies, mais comme le savant chargé de connaître la physiopathologie de l'homme, qui analyse le fonctionnement psychique comme le fonctionnement moteur ou digestif de l'homme, qui est à proprement parler le représentant et le travailleur de la *Biologie humaine*[1].

Cela dit, voici le plan suivi dans ce livre pour arriver aux conclusions dont je viens d'indiquer la haute portée sociale.

Dans le premier chapitre, je démontrerai l'existence et ferai un premier tableau des demifous en les montrant dans la littérature et au théâtre. Le nombre des héros demifous de

1. Voir *L'Unité de la neurobiologie humaine*. Discours prononcé à l'ouverture du Congrès de Lille. *Revue scientifique*, 4 août 1906, p. 129.

romans ou de drames est bien une première preuve de leur présence abondante dans la société de tous les siècles.

Dans le deuxième chapitre, je préparerai la démonstration scientifique de l'existence des demifous, en réfutant les deux théories qui nient les demifous : la théorie des deux blocs qui n'admet que des fous irresponsables et des raisonnables responsables et la théorie du bloc unique qui confond tous les hommes dans le même groupe universel des plus ou moins responsables.

Le troisième chapitre contient la démonstration clinique de l'existence des demifous et leur étude médicale. C'est le pivot, d'ailleurs classique, du livre.

Dans le quatrième chapitre, je montrerai la valeur sociale des demifous en citant des exemples de demifous qui ont eu du talent, certains même du génie, qui en tous cas ont été des supérieurs, dont la non-existence aurait été regrettable pour la marche de l'humanité. Ceci m'amènera à dire un mot des rapports du génie et de la supériorité intellectuelle avec les névroses.

Dans le dernier chapitre, je montrerai d'abord que si certains demifous ont une haute valeur sociale, d'autres sont au contraire nuisibles à la société et constituent pour elle une véritable cause de danger, que par suite il y a lieu d'étudier la conduite qu'on doit avoir vis-à-vis d'eux dans ces cas, les devoirs et les droits de la société à leur égard. Puis j'étudierai la notion médicale de la responsabilité sociale et montrerai en quoi elle diffère de l'idée de responsabilité morale, combien elle est indépendante des doctrines philosophiques ou religieuses de chacun sur le libre arbitre. Ensuite viendra l'étude proprement dite de la grosse question, toujours controversée, des responsabilités atténuées. Et enfin je résumerai, en terminant, les principes généraux de la prophylaxie sociale de la demifolie.

CHAPITRE PREMIER

LES DEMIFOUS DANS LA LITTÉRATURE ET AU THÉATRE

Don Quichotte.
Eschyle, Sophocle, Euripide.
Shakespeare.
Ibsen.
Björnson.
Le théâtre japonais.
Tennyson.
Wagner.
Tourguénief, Garchine, Dostoïewsky, Tchekhof, Gorky, Leonide Andreieff.
Molière, Racine, Balzac, Flaubert, Zola, de Goncourt, Huysmans, Alphonse Karr, Hector Malot, Claretie, Paul Bourget, etc.

Les fêtes célébrées en Espagne pour le troisième centenaire de l'apparition de *Don Quichotte* et la représentation, à la Comédie-Française, du drame héroï-comique de Jean Richepin[1] donnent une certaine actualité à la question de savoir si le héros de Cervantes est un fou ou un homme raisonnable.

On signerait facilement le certificat d'internement de l'*ingénieux hidalgo* dans un asile quand on l'entend se proclamer le

consolateur élu de l'affligé,
Punisseur des forfaits, abolisseur des transes,
Pour les désespérés semeur des espérances,
Vengeur des torts, séchant les larmes dans les yeux,
Pèlerin du bon droit cheminant vers le mieux,
Blanc chevalier qui porte en ses fixes prunelles
L'inextinguible feu des choses éternelles !

1. Jean Richepin. *Don Quichotte.* Drame héroï-comique. édition de l'*Illustration.*

Et cependant, à d'autres moments, « c'est l'esprit le plus sage », comme le déclare maître Nicolas. Il retrouve son vrai nom et son état civil, regrette la peine qu'il a faite à sa nièce, se retrouve « le vieil oncle qui l'a si tendrement chérie » et, au milieu d'une pire folie, s'écrie :

qui donc a ce droit-là : punir?
Quel être, se plaçant au-dessus d'un autre être,
Peut oser devant soi le faire comparaître?
Quel pêcheur est armé d'un privilège tel?
Du fond de quel palais? du haut de quel autel?
Quel cœur est assez pur pour qu'on l'en investisse?
Quel juste est assez Dieu pour rendre la justice?

Ce n'est certes pas dans la bouche d'un fou que Richepin a voulu mettre ces belles paroles. Et cependant, au même moment, don Quichotte délivre les galériens, vient de charger sur les moulins à vent, de préparer le baume de Fier à Bras et s'écrie :

Je serai cœur fondu que la prière embrase,
Face à face avec Dieu dans l'horreur et l'extase.

Mais bientôt il sent lui-même la raison revenir.

Je cesse d'être fou. Loin des songes menteurs
Je ne crois plus à vous, chevaliers enchanteurs,
Géans, et je ne crois plus même aux Dulcinées.
Mais, comme à l'humble temps de mes sages années,
Je reprends, pour mourir, dans la paix m'endormant,
Mon nom de Quijada, le bon tout bonnement.

Le revoilà avec autant de bon sens que Sancho. Nous sommes loin de l'asile et le poète lui fait faire un testament qui ne sera pas attaqué pour incapacité mentale de son auteur.

En réalité, don Quichotte de la Manche, ce « chevalier de l'Illusion folle, qui sera un jour la Sagesse » est le type accompli de ces demifous[1], que je veux étudier dans ce livre et qui,

1. Je parle du don Quichotte de Jean Richepin. Le héros de Cervantes se rapproche beaucoup plus du vrai fou. — Voir, sur la psychopathie du don Quichotte espagnol : Morejon. *Etude médico-psychologique sur l'his-*

depuis la création du monde, ou du moins depuis la naissance de la littérature, « fourmillent » dans le livre et au théâtre.

« Voyez *Oreste,* dit MICHEL CORDAY, qui, avec le professeur LACASSAGNE, a créé et popularisé le mot *demifous.* Voyez *Oreste, Ajax* et les *Bacchantes.* SHAKESPEARE excelle à mettre en scène les anormaux : *Othello, Hamlet. Macbeth.* Et MOLIÈRE avec le *Misanthrope,* l'*Avare*, le *Malade imaginaire.* Demifous de la même époque, le *Joueur*, le *Menteur,* les *Plaideurs*... *Werther* était atteint de l'obsession du suicide. Actuellement voyez quelle part DOSTOÏEWSKY, GÉRARD HAUPTMAN, surtout IBSEN, font à la demifolie. »

Dans son beau discours de Grenoble, RÉGIS[1] montre bien la place considérable qu'occupent les demifous dans l'art dramatique de tous les temps, depuis « Thespis, le fondateur même de la tragédie ». Il les étudie plus spécialement à l'époque grecque avec ESCHYLE, SOPHOCLE et EURIPIDE, à l'époque de la Renaissance avec SHAKESPEARE, à l'époque actuelle avec IBSEN.

Oreste est atteint, non de manie aiguë comme le dit GASQUET, mais plutôt, d'après RÉGIS, d'un délire toxique à forme hallucinatoire terrifiante. Les Bacchantes présentent l'entraînement grégaire allant jusqu'au crime. Ajax est un demifou avec des crises de folie complète. Hercule furieux a un « délire hallucinatoire passager qui ressemble à un rêve en action, à un rêve somnambulique », ce que RÉGIS a appelé le délire onirique...

toire de don Quichotte. Traduction et annotations de GUARDIA ; LOUVEAU. *De la manie dans Cervantes,* thèse de Montpellier 1876 ; CABANÈS. Cervantes, médecin et Cervantes et les médecins. *Chronique médicale* 1895, p. 173, et 1905, p. 708 ; VILLECHAUVAIX. *Cervantes malade et médecin,* thèse de Paris 1898. — CABANÈS cite aussi un discours de BATLLÈS sur la psychopathie de don Quichotte prononcé à l'Académie de médecine et de chirurgie de Barcelone lors des fêtes du troisième centenaire.

1. RÉGIS. *La folie dans l'art dramatique.* Discours d'ouverture du XIIe Congrès des médecins aliénistes et neurologistes de France et de pays de langue française à Grenoble, 1902.

Un « mérite immense de SHAKESPEARE c'est d'avoir créé, à côté de fous complets comme le roi Lear, des types de malades moins atteints », d'avoir décrit des demifous. Ainsi lady Macbeth est atteinte d'« obsession hystérique avec somnambulisme nocturne » et, « ici, ajoute RÉGIS, nous sommes forcés de reconnaître que SHAKESPEARE a devancé son temps [1] ». Hamlet est « un jeune homme qui, frappé dès l'adolescence dans ses illusions et dans ses affections les plus chères, en même temps qu'il simule la folie pour arriver plus sûrement à venger son père, tombe dans une incurable neurasthénie... Hamlet est, en réalité, un névropathe pessimiste doublé d'un apparent aliéné. [2] »

IBSEN [3], avec moins de précision médicale, a peint, dans ses pièces, non des fous complets, mais des « demifous, anormaux, névropathes, excentriques, déséquilibrés, obsédés, impulsifs, etc. ».

CABANÈS résume ainsi les diagnostics formulés par GEYER sur les héros d'IBSEN :

Dégénérescence mentale avec obsessions : Brand, Grégoire Werlé, Rebecca West, Hedwige, Eyolf ;

Dégénérescence mentale avec hystérie : Nora, Hilde, Ellida Wangel, Rita ;

Dégénérescence mentale avec débilité intellectuelle : Agnès, Maria Rubek, Mme Solness, Hialmar, Ekdal, Tesman ;

Excitation maniaque : Gerd, Eynar ;

Mélancolie (douteurs) : Rosmer, Rubek ;

Mélancolie (syndrome de Cotard) : Irène ;

1. Dans une comédie *the magnetick lady* de BEN JOHNSON, « auteur dramatique anglais, contemporain de SHAKESPEARE » il y a « un somnambule qui, en dormant, annonce qu'il va découvrir les choses les plus cachées » (*Chronique médicale*, 1902, p. 592).

2. Voir aussi RÉGIS. Le personnage d'Hamlet et l'interprétation de Mme Sarah Bernhardt. *Revue philomatique de Bordeaux*, octobre 1899.

3. Voir, sur IBSEN, outre ce discours de RÉGIS : GEYER. *Etude médico-psychologique sur le théâtre d'Ibsen*, thèse de Paris 1902 ; CABANÈS. La médecine et la littérature. La psychiatrie dans le théâtre d'Ibsen, *Chronique médicale*, 1902, p. 181 ; EYRIÈS. *Les idées médicales dans le théâtre contemporain*, thèse de Montpellier, 1904, p. 15 et 57.

Neurasthénie symptomatique : Solness, Oswald ;

Alcooliques : Oswald, Laoborg, Peer Gynt, Ulric Brondel, Relling, Molvig ;

Démence sénile : le vieil Ekdal ;

Délire chronique (3e période) : John-Gabriel Borckmann.

Comme dit très bien EYRIÈS, « le *Canard sauvage* est, de toutes les œuvres du dramaturge norvégien, celle qui fait le mieux comprendre la nature de son esprit ». Grégoire, dit DOUMIC[1], « est un cerveau troublé de mystique et d'illuminé. Il est atteint d'une maladie qu'un des personnages de la pièce désigne sous le nom de *fièvre de justice aiguë*. Il a sans cesse à la bouche les grands mots de revendications sociales, droit de l'idéal, etc. Il veut le triomphe de l'Idée. Il veut faire régner dans les rapports sociaux la justice absolue, la vérité absolue ». FRANCISQUE SARCEY[2], « que les succès des pièces d'IBSEN avaient le don d'exaspérer au suprême degré, a défini ainsi la maison de Hialmar : un vieux fou, le chasseur d'ours ; un détraqué, le photographe ; la fille, une assez aimable personne qui n'a d'autre coup de marteau que sa tendresse outrée pour le canard ; sa mère, une insupportable vieille, et, au grenier, le canard et les lapins, personnages invisibles et muets, dont l'un, le canard, jette son ombre sur toute la pièce. Cette collection d'aliénés s'enrichit d'un autre toqué, Grégoire Werlé, qui est plus toqué que les autres ; car on croirait, quand on assiste à une pièce de ce genre, se promener dans un préau de Charenton ». Il n'est tenu aucun compte du symbolisme dans ce jugement, un peu lourd, de Philistin.

D'IBSEN, il est tout naturel de rapprocher BJÖRNSON[3].

« Dans la préface d'*Au-dessus des forces humaines* nous trouvons la note suivante : cette pièce est faite d'après les leçons sur le système nerveux de CHARCOT et les études cliniques sur

1. RENÉ DOUMIC. *De Scribe à Ibsen.* Citat. d'EYRIÈS.

2. FRANCISQUE SARCEY. *Quarante ans de théâtre*, t. VIII. Citat. d'EYRIÈS.

3. Voir EYRIÈS, *loco cit.*, p. 89.

l'hystérie-épilepsie ou grande hystérie par le docteur RICHER. »

Et en effet « depuis deux ans, Klara est paralysée dans son lit. Elle est restée six mois sans dormir. Pendant des journées et même des semaines, lorsque Sang est absent, ses membres sont contracturés et il lui est impossible de faire un mouvement. D'après TISSOT [1], hors les périodes aiguës, elle a tous les symptômes de la neurasthénie la plus avancée : odorat incroyable, prescience des présences, intuition des pensées étrangères, angoisses et inquiétudes folles sans cause. La présence de son mari suffit pour faire cesser ces contractures. Tu ne sais donc pas, dit-elle à sa sœur Hanna, que je puis rester pendant des jours, les bras et les jambes raidis, contractés sur la poitrine... tiens, comme cela... mais je n'ose pas même le faire, parce que cela pourrait revenir... Et je reste quelquefois ainsi des jours entiers sans pouvoir rallonger mes membres. Si tu savais, c'est horrible ! Une fois il était parti dans la montagne ! et je suis restée là huit jours ainsi. Et lorsqu'il revint, à peine fut-il sur le seuil, à peine l'eus-je aperçu et m'eut-il vue que mes jambes et mes bras se déraidirent. Il vint vers moi, me toucha et aussitôt tout fut fini, je gisais étendue comme maintenant ». C'est bien là, comme EYRIÈS le conclut, le tableau de la contracture hystérique.

Au moment où il a été subitement emporté par une mort prématurée, ROBERT GEYER, dont je viens de citer le travail sur IBSEN, achevait de rédiger une étude analogue sur le théâtre *japonais* [2].

Dans le *no* (sorte de tragédie) *Aoï-no-Ouyé*, « Aoï est évidemment une mélancolique à idées de persécution intenses, et le délire est à ce point aigu qu'il supprime la personnalité de la malade. Aoï, en effet, s'efface totalement devant ses idées délirantes... »

1. TISSOT. Préface de la traduction d'*Au-dessus des forces humaines*.

2. ROBERT GEYER. La psychiatrie dans le théâtre japonais. *Nouvelle Iconographie de la Salpêtrière*, 1902, p. 359.

Shiraï Ghompatchi, le héros de *la petite violette de Eddo*, appartient bien plus nettement au groupe des demifous. « Abstraction faite de la couleur japonaise de tel ou tel détail, on peut en faire un fou moral. Son ambition, son hypertrophie égotiste, son caractère egocentrique comme disent les Allemands, son impulsion à vagabonder, enfin ses vols et ses crimes le stigmatisent suffisamment pour le classer. Le côté légendaire réduit au minimum, le type morbide se présente bien observé. Il tient une place très intéressante à côté des autres vagabonds légendaires, don Quichotte, Ashavérus[1] ou Peer Gynt[2]. D'origine vraisemblablement hystérique, ces impulsions d'automatisme ambulatoire constituent une observation ne différant en rien de celles qui sont rapportées par les aliénistes de tous pays. »

« *Maud*, le chant le plus sentimental et le plus troublé du grand poète anglais TENNYSON, met en scène la folie homicide et impulsive d'un dégénéré », qui « est d'ailleurs assailli par la folie du doute et aussi par de vagues idées de persécution[3] ».

SEGALEN[4] a retrouvé dans l'œuvre de WAGNER « l'emploi fréquent et toujours d'une précision étonnante des plus subtiles névroses... Senta et Elsa, en leurs rêves prophétiques, sont d'exquises mais authentiques hallucinées. C'est de l'amnésie que boit Siegfried en même temps que le philtre d'oubli. Sous le baiser divin de Wotan fascinateur, c'est d'hypnose que s'endort la Walkyrie sur son rocher incandescent. Enfin l'étonnante création de Kundry est une curieuse adaptation scénique du dédoublement de la personnalité ».

1. Le Juif errant.

2. Drame d'IBSEN.

3. HENRI FAUVEL. Les maladies mentales et la littérature. *Chronique médicale*, 1904, p. 169.

4. SEGALEN. *L'Observation médicale chez les écrivains naturalistes*. Thèse de Bordeaux, 1902, n° 60, p. 40.

Dans sa belle étude sur les romanciers *russes* du XIXe siècle, OSSIP LOURIÉ[1] a bien montré qu' « aucune littérature n'offre autant de cas de pathologie de la volonté que la littérature russe ». Il cite cette phrase du psychiatre ORCHANSKY : « c'est la petite partie des aliénés qui se trouve, en Russie, dans les maisons de santé; au contraire, une grande masse de plusieurs centaines de mille de ces invalides d'esprit vit en liberté. » Ce sont les demifous vivant en liberté hors des asiles que les romanciers russes dépeignent et étudient.

Roudine, le héros du premier roman de TOURGUÉNIEF, est un demifou, qu'on a comparé à don Quichotte (TOURGUÉNIEF a d'ailleurs publié une étude critique curieuse sur *Hamlet et don Quichotte*). C'est un « virtuose » de la parole, « accueilli et fêté comme un jongleur, qui porte de salon en salon ses improvisations mélodieuses et vides », mais qui n'a « rien de solide dans ses idées et dans son caractère; ni raison, ni cœur, ni volonté ».

GARCHINE, à qui on a trouvé de l'affinité avec GUY DE MAUPASSANT et qui a été surnommé le « peintre du désespoir », a analysé principalement « les âmes souffrantes ».

Le grand héros de *Crime et Châtiment*, Raskolnikoff est un demifou « bon et généreux » mais « morose, sombre, fier, hautain, hypocondriaque. » Il se demande « si la maladie détermine le crime ou si le crime lui-même, en vertu de sa nature propre, n'est pas toujours accompagné de quelque phénomène morbide... Il se persuade que lui, personnellement, est à l'abri de semblables bouleversements moraux » ; et il finit cependant par tuer, d'un coup de hache, une pauvre vieille femme et sa sœur. « Il met toutes sortes de choses dans sa poche sans s'assurer du contenu : bourse, écrins... ; puis ne sait pas ce qu'il a volé, n'en a rien gardé. Il s'évanouit au bureau de police où il est appelé au sujet du paiement de son

1. OSSIP LOURIÉ. *La psychologie des romanciers russes du XIXe siècle.* Bibliothèque de philosophie contemporaine, 1905. Paris, F. Alcan.

loyer ; il retourne inconsciemment sur le lieu du crime ; il ne cause avec tout le monde que du crime » ; se confesse à Sonia, « une malheureuse qui se prostitue pour nourrir les enfants d'une femme malade », se baisse jusqu'à terre et lui baise le pied, va s'agenouiller publiquement au marché au foin, se livre à la police et part pour la Sibérie avec Sonia.

LOYGUE [1] a écrit toute l'observation médicolégale de Raskolnikoff, d'après DOSTOÏEWSKY, sous le titre « folie lucide ; homicide » et conclut : « Raskolnikoff est un type de criminel fou, atteint de cette forme de folie qui seule peut intéresser le psychiatre et le médecin légiste, la folie avec conscience, connue depuis TRÉLAT sous le nom de folie lucide, distinguée par MOREL du cadre des aliénations héréditaires, rattachée depuis MAGNAN aux états de dégénérescence... Raskolnikoff n'est pas un criminel-né. Ce n'est pas un fou moral congénital, mais un psychopathique ayant conservé des sentiments moraux, un homme honnête, mais malade, comme dit TSCHISCH, et qui pour cela, bien qu'il se soit décidé au crime par le fait de sa maladie, en souffre en honnête homme. Nous ajouterons que cette psychopathie s'oriente vers l'aliénation mentale définitive. »

D'ailleurs l'œuvre entière « de DOSTOÏEWSKY est pour le psychiatre une mine d'une inépuisable richesse... On peut dire qu'à part SHAKESPEARE peut être, DOSTOÏEWSKY est unique dans son genre... Le professeur TSCHISCH qui a fait une étude sur DOSTOÏEWSKY psychopathologue ne compte pas moins de quarante portraits de divers types de malades dans toute l'œuvre de DOSTOÏEWSKY ».

Et ces types il les observe ou les crée « par la seule force de son génie et de son intuition ». Cinquante ans avant l'anthropologie criminelle, il « décrit des types de criminels » (dans *Souvenirs de la maison des morts*) « dont il n'est pas un caractère qui n'ait été confirmé par les récentes et laborieuses recherches des criminologistes contemporains... Le *Traité des dégénéres-*

1. GASTON LOYGUE. *Un homme de génie, Th. M. Dostoïewsky. Etude médico-psychologique*, thèse de Lyon 1904.

cences de MOREL date bien de 1857. Mais c'est en 1866 qu'il décrit sa folie émotive, qu'il distingue d'ailleurs par erreur des états dégénératifs, l'année même de la publication de *Crime et Châtiment*. Ce n'est qu'en 1869-1870 que s'ouvre à la *Société médicopsychologique* une discussion psychologique sur la folie avec conscience. »

Les épileptiques sont « l'objet de la part de DOSTOÏEWSKY d'une description soigneuse, attentive. On pourrait retrouver et reconstruire dans son œuvre les leçons cliniques les plus récentes et les plus admirées sur l'épilepsie, en tirer bien des monographies qui existent sur cette question. Il y a dans ses romans quatre épileptiques : Nelly (*Humiliés et offensés*), le prince Muichkine (*l'Idiot*), Kiriloff (*les Possédés*), Smerdiakoff (*les Frères Karamazoff*)... »

« Dans le peuple innombrable inventé par DOSTOÏEWSKY, je ne connais pas, dit E.-M. DE VOGÜÉ, un individu que CHARCOT ne put réclamer à quelques titres... Elisabeth Kokhlakoff des *Frères Karamazoff* et Lise Drosdoff des *Possédés* sont des hystériques... Ivan Karamazoff (*les Frères Karamazoff*), Svidrigaïloff (*Crime et Châtiment*) ont des hallucinations... DOSTOÏEWSKY a posé très rigoureusement le diagnostic différentiel de l'impulsif et de l'épileptique... Stavroguine, des *Possédés*, est, dit BAJENOW, un dégénéré de la plus belle eau... »

Les personnages de TCHEKKOF, qui était d'ailleurs docteur en médecine, sont tous « des neurasthéniques, des malades, des fous, incapables du moindre effort; leur vie est manquée ». Dans *la Salle n° 6* d'un asile d'aliénés, le malade Gromov, atteint de la manie des persécutions, cause beaucoup avec le médecin. Celui-ci l'admire, déclare que ce fou est le premier homme qu'il ait rencontré « sachant raisonner et causer ». Gromov a beau dire : « je ne sais pas raisonner ». Le médecin lui répond : « au contraire, vous raisonnez bien ». Le docteur finit par donner sa démission « et bientôt un obligeant collègue l'enferma dans la salle n° 6 », où il mourut.

Si Gorky a peint surtout les vagabonds, on rencontre bien des demifous dans son œuvre, spécialement dans *les bas-fonds*[1] que le Théâtre de l'Œuvre représentait dernièrement, ne fût-ce que Satine qui aime, sans trop savoir pourquoi, les mots « incompréhensibles » et « rares » comme « macrobiotique » ou « transcendantal » et Nastia, qui crée et vit ses rêves, et Natacha, qui passe sa vie à inventer et à attendre, toujours vainement, la réalisation de ces créations de son imagination folle.

Dans l'œuvre de Tolstoï « nous trouvons un dégénéré homicide dans *la Sonate à Kreutzer* et des alcooliques délirants dans la *Puissance des Ténèbres*[2].

Il y a encore bien des demifous dans le *Rire rouge* de Léonide Andreieff...

Ce n'est pas seulement à l'étranger que la littérature et le théâtre modernes rivalisent avec les anciens pour la description abondante des demifous. En France, on pourrait aussi citer de nombreux exemples de ces anormaux que Lombroso appelle des *mattoïdes*.

Comme l'a très bien démontré Debove[3], le *Malade imaginaire* de Molière est un vrai malade. C'est un demifou. « M. Argan n'est pas un malade imaginaire ; car il souffre véritablement. C'est un névropathe, un neurasthénique, comme nous en connaissons des milliers autour de nous. » Après Folet de Lille et Debove, Guieysse[4] a repris le cas d'Ar-

1. Maxime Gorky. *Dans les bas-fonds*, pièce en quatre actes. Traduct. E. Halperine-Kamynsky.

2. Voir aussi Egbert Ogé. *Quelques considérations sur les rapports de la littérature et de la médecine*. Thèse de Paris, 1904, n° 26.

3. Debove. *Le malade imaginaire de Molière*. Conférence faite à la Sorbonne le 17 février 1900.

4. Guieysse. *Revue bleue*, 3 octobre 1903.

gan et a conclu aussi à une neurasthénie « à forme gastro-intestinale[1] ».

CULLERRE[2], analyse l'hypocondrie morale du *Misanthrope*, comme il montre que « l'amour de *Phèdre* ne pourrait être, de nos jours, qu'une aberration mentale ayant sa place marquée entre le vice et la folie » c'est-à-dire dans la demifolie.

Le même auteur montre dans BALZAC des types de demifous, tels que « le baron Hulot, ce sexuel salace, dont rien n'arrête le funeste penchant, ni le chagrin, ni la ruine, ni la mort, ni le déshonneur qui s'abattent sur sa famille ; Claës que la folie des inventeurs pousse à l'abîme ; Pons, le premier prix de Rome, l'artiste d'abord célèbre, dont le talent ne tarde pas à se fondre dans l'hébétement et la manie du collectionneur ; Grandet, cet avare dont la passion devient une folie... Ursule Mirouet est une voyante selon la formule de cette époque ».

LUCIEN NASS[3] a spécialement attiré l'attention à ce point de vue sur M. de Mortsauf, le héros du *Lys dans la vallée*. « M. de Mortsauf est un névropathe dans toute l'acception du mot. Il présente à la fois des stigmates physiques qui caractérisent la dégénérescence et des symptômes mentaux non moins pathognomoniques... La note dominante (de son caractère) c'est le défaut d'équilibre, de cet équilibre moral qui assure la droiture du jugement ; parfois notre homme raisonne sagement et discute des problèmes ardus de politique ou d'économie ; parfois au contraire il divague comme un fou, il nie les choses évidentes, les réalités d'observation courante ; il semble qu'un prisme déformant se soit placé entre ses yeux et son cerveau. Ce prisme, c'est l'égoïsme, égoïsme effrayant d'un malade qui rapporte tout à soi, qui se croit le pivot autour duquel doit graviter le monde extérieur... C'est en vertu de cet égoïsme

1. *Chronique médicale*, 1900, p. 142, et 1903, p. 752.

2. CULLERRE. *Les frontières de la folie*. Bibliothèque scientifique contemporaine, 1888, p. 350.

3. LUCIEN NASS. Les types pathologiques dans Balzac. M. de Mortsauf du « Lys dans la vallée », *Chronique médicale*, 1902, p. 757.

que le comte de Mortsauf ne reconnaît rien de supérieur à lui et n'admet aucune contradiction à ses absurdes théories... pour un motif futile, son humeur change d'un instant à l'autre ; tout à l'heure il était gai et oubliait les persécutions qui l'accablent ; le voici maintenant taciturne, sombre, son front se plisse, l'œil se fait plus dur, d'une froideur haineuse ; la crise couve, elle va éclater : c'est une colère terrible qui le secoue comme un ouragan imprévu. Alors il ne se connaît plus : c'est un fou furieux en proie à un accès où sombrent les derniers vestiges de son intelligence ; il bave un torrent d'injures grossières, d'imprécations ordurières, qui font oublier son aristocratique naissance ; ses nerfs s'exaspèrent, ses poings se crispent, bientôt ils s'abattent et brisent les meubles ; sa bouche écume, ses yeux chavirent ; et soudain... la détente se produit, il s'abat sur un fauteuil, inerte, sans énergie, brisé... En bon neurasthénique et en parfait égoïste, le comte est un malade imaginaire qui n'a rien à envier à M. Purgon... Il est littéralement obsédé par cette prétendue maladie... Il étudie des livres scientifiques et croit avoir toutes les maladies dont il lit la description... »

J'ai cru devoir insister sur cette observation si précise et si juste qui a une grande valeur documentaire à cause de l'époque où elle a été écrite, en 1835, c'est-à-dire bien avant que les neurologistes aient fixé « d'une façon définitive, la nosologie de l'hystérie, de la neurasthénie, de la dégénérescence mentale ». Les types, cités plus haut, de Björnson prouvent simplement le rayonnement extramédical de l'œuvre de Charcot jusqu'en Norvège. Les types de Balzac prouvent la réalité de l'existence de ces demifous qui s'imposent à l'observation du romancier psychologue avant leur description médicale régulière.

Flaubert[1] a puisé, pour constituer ses types de nerveux, à

1. De Lastic. *La pathologie mentale dans les œuvres de Gustave Flaubert.* Thèse de Paris 1906.

la fois dans l'observation directe personnelle et dans l'œuvre des médecins de son temps avec qui il a eu des relations plus ou moins directes ou personnelles : B.-A. Morel, Trelat, F. Voisin [1]. On trouvera l'analyse très détaillée de ces types dans la thèse de Lastic.

La légende de saint Julien l'hospitalier est une œuvre absolument complète au point de vue psychiatrique « et à ce titre est peut-être unique dans la littérature. On y trouve l'observation d'un obsédé impulsif, avec son étiologie, l'origine de l'idée, son développement, son exécution et la terminaison de la maladie ; et tout cela est décrit dans des termes qui *collent* si bien au sujet, suivant une expression chère à l'auteur, que le lecteur sent défiler en lui les états d'âme du malade ». Le héros de *la Tentation de saint Antoine* « est d'abord un dégénéré mystique, c'est un persécuté religieux, mais à manifestations intermittentes, dont le délire ne se systématise pas, chez qui les idées de grandeur sont peu marquées. C'est ensuite un auto-intoxiqué et plusieurs de ses hallucinations ont bien les caractères de celles des délires de surmenage et d'inanition... Flaubert nous a laissé, dans *Salammbô*, une autre belle description d'hallucinations dues exclusivement, celles-là, au délire d'inanition ». Dans *Un cœur simple*, il décrit le débile mental. Dans l'*Éducation sentimentale* on trouve « quelque chose comme une clinique spéciale où défilent tous ceux qui furent atteints de ce mal du siècle dont le nom serait plutôt maladie de l'adaptation ; ceux dont Régis caractérise les stigmates globaux les plus apparents par ces mots : leur existence, sans cesse recommencée, n'est pour ainsi dire qu'une longue contradiction entre l'apparente richesse des moyens et la pauvreté des résultats ». Enfin *Madame Bovary* est une dégénérée hystérique caractérisée par « l'impuissance à s'adapter à la réalité ». Comme dit de Gaultier qui a bien analysé le bovarysme, « rien

1. Pour la description de la faim, Dumas a dit à de Lastic que Flaubert « aurait emprunté largement aux souvenirs personnels du docteur Savigny un des naufragés du radeau de la *Méduse* ».

n'a d'action sur elle qui ne soit image, qui n'ait été préalablement déformé et transposé à son usage par un acte de son imagination. Que l'on suppose *Madame Bovary* transportée en réalité dans le milieu qu'on lui voit rêver, qu'au lieu d'être la fille du père Rouaut elle soit issue de parents aristocrates et millionnaires... et la voici toujours la même, prenant en aversion les réalités voisines... rêvant de quelque vie cachée au fond d'une province et des joies simples d'une intimité heureuse ».

« La Renée du roman *la Curée* de Zola est de la même famille » que Madame Bovary. « Elle évolue bien dans la société riche et élégante, à laquelle la destinait son éducation, et pourtant, pas plus que les autres, elle n'arrive à jouir de la réalité. » Dans *la Bête humaine*, le même romancier a tenté « la peinture d'une obsession homicide, allant jusqu'à l'accomplissement de l'acte [1] ».

D'ailleurs la plupart des personnages de l'*Histoire naturelle et sociale d'une famille sous le second Empire* sont « plus vicieux encore que détraqués [2] ».

Dans l'*Assommoir* la description « du délire alcoolique hallucinatoire est assez fidèle, dit Régis, bien qu'elle n'échappe pas, pour si naturaliste qu'ait voulu être l'auteur, à certaines invraisemblances forcées [3] ».

C'est une scène de *demifolie grégaire sadique* que Zola « a admirablement décrite, dans cette page fameuse de *Germinal*, pleine de brutal réalisme, mais d'une observation profonde et d'une vérité navrante, où il montre la foule, après avoir tué celui qu'elle haïssait, profanant son cadavre [4] ».

D'ailleurs les types neuropathologiques dans l'œuvre de

1. Lastic. *Loco cit.*, p. 95.

2. Cullerre. *Loco cit.*, p. 357.

3. Voir dans la thèse citée de Ségalen (p. 65) l'observation d'alcoolisme chronique de Louis Coupeau, d'après Zola.

4. Cabanès et L. Nass. *La névrose révolutionnaire*, p. 21.

ZOLA[1] n'ont que la valeur d'une documentation soignée, empruntée aux médecins de l'époque. « C'est surtout des savants et des médecins que j'ai abusé, écrit-il lui-même ; je n'ai jamais traité une question de science ou abordé une maladie, sans mettre toute la Faculté en branle. »

DE GONCOURT n'ignorait pas, dit SÉGALEN[2], « que la crise dramatique où la Faustin, ayant quitté son lit, en chemise, au milieu de sa chambre, dans un rayon de lune, déclamait la tirade d'Hermione, avait nom somnambulisme naturel ». Le même auteur a reconstitué sous le titre de paralysie générale progressive l'observation de Jules de Goncourt, d'après EDMOND DE GONCOURT : « une des plus poignantes et douloureuses observations cliniques qui aient jamais été recueillies par un cerveau dressé à l'analyse et tout proche de l'être souffrant », à propos de laquelle EDMOND DE GONCOURT écrivait : « renfonçant toute sensibilité, j'ai pensé qu'il était utile pour l'histoire des lettres de donner l'étude féroce de l'agonie et de la mort d'un mourant de la littérature[3] ».

De la même manière, SÉGALEN (p. 47) a écrit l'observation d'hystéroneurasthénie du héros d'*À rebours* de HUYSMANS, Jean Floressas des Esseintes.

On trouvera « dans *Fa dièze* d'ALPHONSE KARR les angoisses d'un onomatomane à la recherche de quelques mesures d'un air de musique, dont l'oubli l'obsède au point qu'il en meurt[4] ».

Dans une scène de pure fantaisie, mais de profonde obser-

1. Voir : DUCAMP. *L'idée médicale dans le roman naturaliste*. Discours prononcé à l'inauguration de l'Université de Montpellier le 5 décembre 1896 et la *Chronique médicale* passim et plus spécialement le n° 20 de 1902.

2. SÉGALEN. *Loco cit.*, p. 39 et 28.

3. EDMOND DE GONCOURT. *La dernière maladie de Jules de Goncourt*. Citat. *Chronique médicale*, 1896, p. 464. — Cette observation pourrait aussi bien, et peut être mieux, figurer dans notre chapitre IV.

4. CULLERRE. *Loco cit.*, p. 356.

vation de *Mère*, Hector Malot décrit la salle d'attente d'un grand médecin neurologue, où attendent des clients, dans l'attitude des « pingouins ». Tout d'un coup, l'un deux, « personnage grave », correctement habillé, de tournure distinguée, l'air d'un diplomate ou d'un magistrat, quitte son fauteuil et va à Victorien « avec toutes les marques d'une extrême politesse à laquelle se mêlait un certain embarras : pardonnez-moi, Monsieur, lui dit-il, de vous adresser une question sans avoir l'honneur d'être connu de vous. — Victorien le regarda interloqué. — Combien avez-vous au juste de boutons à votre gilet? — Ma foi, Monsieur je n'en sais rien dutout. — Permettez-moi de les compter, je vous prie. — Volontiers. — Un, deux, trois... huit. Vous en avez huit. — Je vous remercie. — C'est moi, qui vous adresse tous mes remerciements ; je ne pouvais arriver à faire mon compte, votre écharpe me gênait ; c'était *cruellement douloureux ;* quand le besoin de compter me prend, il faut que je compte. Je vous suis fort obligé. — C'est moi, Monsieur, qui suis heureux d'avoir pu vous être agréable[1]. »

Dans l'œuvre de Claretie, je cite *Jean Mornas*, qui est un des « spécimens les plus remarquables de la littérature hypnotique », *Moi et l'autre* dont le héros est un demifou avec dédoublement de la personnalité...

Je peux citer quelques types de psychonévrosés plus ou moins accentués dans les romans de Paul Bourget[2] : Hélène dans *un Crime d'amour*; Pierre et Olivier qui, dans *une Idylle tragique* ont une obsession commune et font une véritable crise de folie à deux; Armand dans *Physiologie de l'amour moderne*, qui, dès sa jeunesse, a « en lui, quelque chose de lassé et de dégoûté, même avant d'avoir vécu, qui le

1. Voir aussi *les Détraqués* de Maurice Montégut.

2. Voir ma Conférence sur l'*Idée médicale dans les romans de Paul Bourget*, janvier 1904.

faisait rencontrer l'ennui dans les plaisirs qu'il avait le plus désirés », qui croit ne plus pouvoir sentir et souffre atrocement de cette prétendue anesthésie; l'Américain de *Deux ménages* (*Voyageuses*) qui avec sa neurasthénie (*nervous exhaustion*) paie « la rançon d'une existence de *hard Work* à tuer un Européen en quelques mois »; et dans le même recueil, *Odile* qui est l'histoire dramatique du suicide héréditaire avec l'admirable description de la tentation de la mort et de l'effroi qu'elle cause à ces malheureux névrosés; enfin Julie de l'*Étape* dont la demifolie est caractérisée surtout par une sensibilité déréglée.

Paul Bourget connaît si bien les demifous qu'il les plaint plus que les fous : « pour un fou, le pire des malheurs est de ne pas être fou tout à fait, et pour un amant de juger son amour[1]. »

Pour terminer cette énumération trop longue et très incomplète, je citerai dans le théâtre contemporain[2] : le drame de Bruyerre, *En Paix*, qui « pose ce problème angoissant : enferme-t-on quelquefois dans les maisons d'aliénés des hommes sains d'esprit », et surtout l'*Enquête* du professeur Roger (G. Henriot), « le modèle le plus parfait de la pièce bâtie sur une observation médicale, sans digressions savantes, sans hors-d'œuvre et sans remplissage romanesque. Il s'agit d'un cas d'épilepsie larvée, dont la crise subite et terrible naît en dehors de toute conscience et sans qu'il en reste la moindre trace dans la mémoire du sujet »...

Que prouve ce chapitre? Pas grand' chose au point de vue scientifique.

Il ne faut cependant pas refuser toute valeur à cette documentation littéraire. Ce serait aussi injuste que d'en exagérer la valeur.

1. Paul Bourget. *Physiologie de l'amour moderne*, LXXVI, p. 522.
2. Voir Eyriès, *loco cit.*, p. 211 et 220.

Il est faux de vouloir faire de la littérature un chapitre de la biologie[1] et par suite il ne faut jamais chercher une démonstration scientifique dans une œuvre littéraire. Le temps n'est plus où les « GONCOURT invitaient le public désireux de s'instruire à fréquenter leur clinique », où « ZOLA, naïvement, s'estimait ouvrier de la même œuvre que CLAUDE BERNARD », où DAUDET déposait devant un tribunal avec une « amusante gravité doctorale... du ton d'un médecin légiste commis à l'expertise de l'état mental d'un accusé », ne doutant pas « que son témoignage ne dût faire foi, venant d'un homme de science, dont la profession était l'étude des troubles passionnels » ; et où les romanciers et les dramaturges se considéraient tous comme « des spécialistes qui professent et au besoin donnent des consultations[2] ».

Il faut donc savoir que, par définition même et sous peine de ne pas faire de littérature, les littérateurs ne font pas de la science et que par suite le public ne doit pas prendre une œuvre d'art pour une œuvre de science.

Ce n'est donc pas une preuve scientifique de l'existence des demifous qu'il faut chercher dans les pages qui précèdent. mais c'est une preuve *populaire*, une preuve d'observation extramédicale ; ce qui a bien sa valeur et constitue même un commencement de preuve scientifique.

Si les littérateurs se contentaient de reproduire, en les dramatisant, dans les romans ou au théâtre, les descriptions scientifiques empruntées aux divers médecins de l'époque, cela n'aurait aucune valeur au point de vue qui m'occupe ici.

Mais, dans les œuvres littéraires ou dramatiques les plus médicalement documentées, il y a toujours une grande part d'observation personnelle à l'auteur : je ne parle ici que des œuvres ayant une réelle valeur.

1. Voir *Les Limites de la Biologie*. Bibliothèque de Philosophie contemporaine, 4e édition, p. 74. Paris, F. Alcan.

2. LANSON. *La littérature et la science. Hommes et livres. Etudes morales et littéraires*, 1895, p. 323.

C'est d'abord parce que ces documents médicaux leur paraissent conformes à la réalité observée par eux-mêmes que ces auteurs choisissent et utilisent ces documents médicaux. Si BJORNSON a pris à CHARCOT et à RICHER leurs descriptions de l'hysteria major pour *Au-dessus des forces humaines*, c'est qu'il avait rencontré et observé des personnages réels auxquels ces descriptions s'adaptaient merveilleusement.

Si, dans le roman russe contemporain, il y a tant de descriptions de demifous, c'est que, comme nous l'avons vu déclaré par ORCHANSKY, ces demifous, vivant en liberté hors des asiles, existent en Russie par centaines de mille.

Cette part de l'observation personnelle éclate bien plus évidente et indiscutable quand on retrouve la description de ces demifous dans la littérature ancienne, dans SHAKESPEARE et même dans DOSTOÏEWSKY dont les tableaux précèdent tous les grands travaux de la neurologie contemporaine sur ces types cliniques.

Il n'y a donc pas d'exagération à dire que l'abondance de ces descriptions de demifous au théâtre et dans la littérature de tous les temps et de tous les pays est un commencement de preuve de leur existence, commencement de preuve qui n'a rien de la précision scientifique que donneront les neurologues, mais qui aussi présente cet avantage d'être fourni par des intelligences qui ne peuvent pas être soupçonnées de voir des névrosés partout.

Ce chapitre ne doit d'ailleurs être considéré que comme un préambule ou une introduction.

Il faut maintenant essayer de démontrer que les demifous n'existent pas uniquement dans l'imagination des poètes, des romanciers ou des dramaturges.

CHAPITRE II

RÉFUTATION DES DOCTRINES QUI NIENT LES DEMIFOUS

I. — Théorie des deux blocs.

A. *Exposé de la théorie.*

B. *Réfutation.*

La personne humaine est une et indivisible ; mais les organes psychiques sont multiples et complexes et peuvent être partiellement altérés.

Les centres psychiques doivent être divisés en supérieurs et inférieurs et occupent des zones différentes dans l'écorce cérébrale.

Objections à cette manière de voir.

Distinction des mentaux et des psychiques, des fous et des demifous.

II. — Théorie du bloc unique.

A. *Exposé de la théorie.*

1° Série et continuité du plus raisonnable au plus fou.

2° Série et continuité du plus responsable au plus suggestible et au plus irresponsable.

3° Série et continuité de l'animal le plus inférieur à l'homme, du déterminisme absolu au libre arbitre qui n'existe pas.

B. *Réfutation.*

L'existence d'un grand nombre d'intermédiaires entre deux êtres ou deux phénomènes ne prouve pas l'identité de ces deux êtres ou de ces deux phénomènes.

L'état de maladie est différent de l'état de santé.

Différences entre le tempérament nerveux et les maladies nerveuses.

Il faut distinguer les raisonnables des fous, les responsables des irresponsables.

La démonstration scientifique de l'existence des demifous doit être précédée de la réfutation de deux théories, qui, partant de conceptions très différentes, aboutissent l'une et l'autre à cette conclusion commune qu'il n'y a ni demifous ni demiresponsables.

Dans la première théorie, éminemment simpliste et facile,

on est fou ou on ne l'est pas, on est ou l'on n'est pas responsable. Il n'y a pas de milieu. L'humanité est divisée en deux groupes : le groupe des raisonnables et le groupe de ceux qui ne le sont pas, le groupe de ceux qu'on enferme et le groupe de ceux qui enferment. C'est la *théorie des deux blocs*.

Dans la seconde théorie, beaucoup plus raffinée et scientifique, il n'y a ni fous ni raisonnables : il n'y a que des gens plus ou moins raisonnables; tout revient à une question de degré. Tous les hommes s'échelonnent en une longue série continue, dans laquelle il est impossible de tracer une ligne de démarcation entre les fous et ceux qui ne le sont pas : c'est la *théorie du bloc unique*.

Dans aucune de ces deux manières de voir il n'y a place pour les demifous.

I. — Théorie des deux blocs

A. On peut dire que cette première théorie est celle des gens du monde. C'est la théorie *extramédicale*, admise aussi par un certain nombre de médecins, dont le nombre va tous les jours en diminuant.

Elle serait d'ailleurs si commode pour l'exercice de la justice que bien des magistrats l'adoptent ou plutôt voudraient l'imposer aux médecins. Oui ou non, l'accusé est-il raisonnable ou est-il fou ? Est-il ou n'est-il pas responsable du crime ou du délit qu'il a commis ? Devons-nous le condamner ou l'interner ? Voilà le dilemme dans lequel la justice voudrait enfermer l'expert qui a l'air de se dérober, s'il ne répond pas catégoriquement et nettement oui ou non.

Il est si simple, comme le fait dire Michel Corday à un de ses personnages, « de ficher une grille devant un asile » et de déclarer : « de ce côté-ci, on est fou ; de ce côté-là, on n'est pas fou ! » Il est si naturel de couper « le monde en deux morceaux : d'un côté ceux qui sont fous parce qu'ils sont enfermés et de l'autre ceux qui ne sont pas fous, parce qu'ils ne sont pas enfermés », comme si on disait : « il y a les morts dans les cimetières et les vivants hors des cimetières ».

Dans cette théorie idéalement simple, tout est facile : il y a, d'un côté, le bloc des gens raisonnables, de l'autre, le bloc des gens fous; entre les deux, il y a un large fossé et une muraille à peine percée de quelques ouvertures, qui, de temps en temps, donnent passage à ceux qui changent de bloc.

Il n'y a donc ni demifou ni demiresponsable.

La responsabilité atténuée est une invention des médecins embarrassés, qui dissimulent mal sous ce mot leur ignorance ou leur lâcheté : c'est la conclusion des experts qui ne savent pas ou ne veulent pas se compromettre et conclure franchement.

Comme le disait, à propos de l'affaire de l'empoisonneuse d'Auch, un journal extramédical très répandu, on ne comprend pas le sens de cette expression : « responsabilité atténuée... On est responsable ou on ne l'est pas, mais on conçoit malaisément qu'il y ait des moitiés, des tiers ou des quarts de responsabilité. Dans quelle balance pèsera-t-on ces questions de responsabilité, ces culpabilités fragmentaires? Et décidera-t-on, quand il s'agira de l'application de la peine, que le condamné sera guillotiné par moitié seulement ? »

Il serait fâcheux en vérité de voir des jurés ou des magistrats attacher quelque importance à des boutades de ce genre. Mais cet article humouristique exprime une théorie qui a la prétention d'être scientifique, que, dans un autre chapitre, nous verrons encore soutenue par d'excellents esprits (médecins et légistes) et qu'il faut par suite étudier.

Je crois que cette théorie des deux blocs n'a aucune base scientifique sérieuse.

B. Pour étayer cette théorie des deux blocs on part de l'idée de l'unité et de l'indivisibilité de la personne humaine raisonnable et responsable. Quand ce moi un et indivisible est intact, le sujet a sa raison et sa responsabilité : quand ce moi est détruit, altéré, malade, le sujet a perdu la raison et la responsabilité, il est fou et irresponsable. Etant indivisible dans son unité, cette personne humaine ne peut pas être partiellement détruite ou altérée; il ne peut donc y avoir ni folie partielle ni responsabilité diminuée; il n'y a ni demifous ni demiresponsables.

L'erreur de ce raisonnement n'est pas dans la notion d'une personne humaine une et indivisible. J'admets très bien, quant à moi, l'unité et l'indivisibilité de la personne humaine. Mais ce n'est pas de cette personne humaine que le médecin s'occupe quand il étudie la question de la folie et de la responsabilité. Le médecin ne s'occupe que des organes, par lesquels cette personne manifeste sa vie, et ces organes, s'ils sont soumis à l'unité vivante, sont eux-mêmes essentiellement multiples, complexes et divisibles.

Il faut donc bien poser ici cette première proposition: je ne m'occupe pas du tout, dans ce livre, du principe de la pensée et du psychisme; je n'ai en vue que l'appareil nerveux par lequel s'exerce et se manifeste ce psychisme. Je parle uniquement du cerveau, de l'organe matériel nécessaire à l'exercice actuel de la pensée humaine. Je ne m'occupe pas du tout du principe immatériel et immortel que certaines religions et certaines philosophies admettent sous le nom d'âme. Les spiritualistes les plus convaincus admettent bien que dans la vie actuelle, telle que nous l'étudions, l'âme ne peut pas penser sans cerveau[1]; ils admettent aussi, tous, que la folie est une maladie, non de l'âme, mais du corps. L'étude en appartient, pour cela, aux médecins, qui ne connaissent et n'étudient que le corps et qui trouvent souvent chez ces malades des lésions matérielles du cerveau.

Quand donc j'étudie ici la question de savoir s'il y a ou non des demifous, je n'examine qu'une question de pure physio-

1. Voir : Pensée et cerveau. La doctrine biologique du double psychisme et le spiritualisme. Réponse au docteur Surbled. *Revue de philosophie,* 1906 t. IV, p. 201.

logie : les diverses écoles religieuses et philosophiques ne chercheront ou tout au moins ne trouveront, dans la présente étude, ni confirmation, ni réfutation de leur doctrine.

Ainsi posé et limité, sur un terrain très précis et exclusivement médical, le problème paraît facile à résoudre. Il revient à nous demander si l'appareil nerveux qui préside à la pensée est un organe un et indivisible comme la personne humaine elle-même ou si au contraire il est constitué par un appareil complexe, formé d'un grand nombre de neurones divers et de divers groupements de neurones (centres psychiques) qui ont une importance différente dans l'exercice de la raison.

Pour que la conception des deux blocs fût scientifiquement défendable, il faudrait que les centres psychiques constituent eux-mêmes un tout un et indivisible. Alors on pourrait dire : cet appareil, un et indivisible, est malade ou il ne l'est pas ; s'il est malade, le sujet est fou et irresponsable ; s'il ne l'est pas, le sujet est raisonnable et responsable.

Si au contraire cet appareil nerveux n'a pas du tout cette unité et cette indivisibilité qui appartiennent à la personne humaine, si c'est un organe multiple, complexe et divisible, il devient parfaitement possible et facile de concevoir une lésion d'une *partie* de ces centres et par suite une diminution, sans abolition, de la raison et une atténuation, sans suppression, de la responsabilité.

Toute la question revient donc à savoir si les centres psychiques sont ou non un organe un et indivisible et pour cela il faut savoir si le psychisme peut ou non se localiser dans telle ou telle partie des centres nerveux comme les autres grandes fonctions, sensitivomotrice, sensorielle...

Certains auteurs (Munk, Pitres, Surbled) ont bien dit que les centres psychiques ne sont pas localisables.

Dans son discours d'ouverture du Congrès de Nancy (1897) Pitres dit que les neurones psychiques « échappent même à la méthode anatomoclinique » et que « les fonctions qui leur sont attribuées ne sont pas localisables ». MUNK qualifie de *Gedankenspiel* ces recherches de la localisation des centres psychiques. Et SURBLED dit formellement : « quant aux facultés psychiques et intellectuelles, elles n'ont ni siège ni organes ; elles ne sont pas localisables [1] ».

C'est là une erreur qui me paraît reposer sur une confusion de mots.

D'abord il est impossible de dire, avec SURBLED, que la localisation du psychisme est *philosophiquement* impossible. Pourquoi serait-elle impossible ?

Dans aucune doctrine philosophique ou religieuse on ne peut nier qu'il y ait des neurones dont l'intégrité est nécessaire pour le fonctionnement psychique, pour l'accomplissement des actes psychiques. Il s'agit uniquement de savoir si ces neurones sont *localisés* dans une région quelconque des centres nerveux ou s'ils sont diffusés un peu partout.

A la question ainsi posée la science a pu répondre oui ou non, elle pourra peut-être même modifier sa réponse, dire si ces neurones sont ou non localisés. Mais je ne comprends pas qu'au nom d'une doctrine philosophique ou religieuse quelconque, on puisse déclarer qu'ils ne sont pas localisables.

Sur le terrain exclusivement scientifique et physiologique on ne peut pas non plus nier la *possibilité* de cette localisation. On peut dire que les divers centres psychiques ne sont pas encore tous étroitement et nettement localisés ; il y a certainement beaucoup à faire et à trouver encore dans cette voie ; mais on ne peut pas dire qu'il n'y ait rien de fait et surtout qu'il n'y ait rien de faisable.

J'ai essayé de montrer ailleurs [2] que si cette question de la

1. Cette opinion est également défendue par certains classiques. Voir DUPRÉ. *Traité de pathologie mentale* de GILBERT BALLET, p. 1058.

2. *Le problème des localisations psychiques dans le cerveau*. Congrès français de médecine. Paris, octobre 1904. — Voir surtout *Le Psychisme inférieur. Etude de physiopathologie clinique des centres psychiques*. Bibliothèque de philosophie expérimentale, 1906.

localisation psychique est si en retard, alors que celle des localisations motrices et sensitives est si avancée, cela vient de ce que la question est généralement mal posée.

Il est évidemment impossible de considérer le psychisme comme la motilité ou la vision et de vouloir le localiser, ainsi en bloc, autour d'une scissure ou dans un groupe de circonvolutions.

L'écorce cérébrale, tout entière, est psychique. On peut même définir les phénomènes psychiques par ce siège cortical. Les neurones psychiques doivent être localisés dans l'écorce cérébrale.

Pour aller plus loin et localiser le psychisme avec plus de précision dans l'écorce, il faut faire de l'analyse psychologique; et il ne faut pas décomposer la fonction psychique en facultés : mémoire, attention, association des idées, etc. Il n'y a certes pas un centre pour chacune de ces fonctions.

Il faut prendre la question par un autre côté et diviser les fonctions psychiques en trois groupes :

1° Les fonctions psychiques sensorio-motrices ou fonctions psychiques de relations extérieures; 2° les fonctions psychiques inconscientes et automatiques (psychisme inférieur); 3° les fonctions psychiques supérieures, conscientes et volontaires[1].

On connaît bien aujourd'hui le siège anatomique du premier groupe de centres psychiques. Ce sont, toujours sur l'écorce : à la face externe, la zone périrolandique (sensibilité générale et motilité) et la zone moyenne des première et

1. Sans qu'il faille superposer ses expressions et les miennes, je me permets de rapprocher un article d'Edme Tassy (la psychologie actuelle et le degré de conscience, *Mercure de France*, 1906, p. 56) dans lequel on lit : « la vie de l'intelligence est à la fois sentimentale, mentale et psychique. Cette triple division n'est pas de pure théorie; elle correspond à une réalité fonctionnelle que justifie l'étude de la pathologie de l'esprit; on pourrait même, sur cette distinction, établir une classification de la folie plus rationnelle que beaucoup de celles tentées jusqu'à maintenant... S'il est plus délicat de marquer une distinction entre le fait psychique et celui sentimental, la distinction fonctionnelle du fait mental est nettement accusée. »

deuxième temporales (ouïe); à la face interne, la zone péricalcarine (vision) et la zone de l'hippocampe (goût et odorat).

Les centres du psychisme inférieur paraissent occuper les zones moyenne et postérieure des centres d'association de Flechsig. Les points nodaux de ces systèmes longs d'association seraient les territoires centraux de ces zones : la partie moyenne du pli courbe et la troisième circonvolution temporale ; il faut y joindre le corps calleux, qui représente tous les faisceaux de relation psychique d'un hémisphère à l'autre.

Enfin les centres psychiques supérieurs paraissent réunis dans le lobe préfrontal ou zone prérolandique : lobe frontal moins la frontale ascendante et le pied des trois frontales (qu'il faut rattacher à la pariétale ascendante et au lobule paracentral). Ceci n'est pas encore définitivement démontré ; mais j'ai pu réunir [1] un faisceau de documents cliniques qui méritent attention et prouvent que le problème, s'il n'est pas résolu, n'est pas du moins définitivement insoluble par essence et par définition.

Il paraît établi que la lésion de ce lobe préfrontal entraîne le plus souvent des troubles mentaux profonds, tels que la perte de la volonté libre et consciente, tout en laissant intact ou à peu près, le fonctionnement du psychisme inférieur, c'est-à-dire le psychisme automatique et inconscient.

Ainsi une de ces malades, observée par Cestan et Lejonne, répondra bien aux questions posées quand elles sont simples et ne nécessitent aucun effort personnel ; elle répétera des phrases brèves prononcées devant elle, fera même des additions faciles comme trois et quatre ou six et trois. Mais, si la réponse est plus compliquée, nécessite une certaine réflexion et un effort intellectuel bien personnel, la malade reste immobile, répond avec une placidité souriante qu'elle ne sait pas et n'essaie même pas d'en faire davantage. Et on trouve, à l'autopsie, chez cette malade, une tumeur du lobe frontal.

1. *Le psychisme inférieur*, p. 392.

Les faits de ce genre (et ils commencent à être nombreux[1]) prouvent deux choses : d'abord (ce que l'on sait depuis longtemps) qu'il y a des parties du cerveau nécessaires à la fonction intellectuelle supérieure ; en second lieu (ce qui est plus récemment acquis) que la maladie de ces parties du cerveau ne supprime pas toute intellectualité, qu'il y a d'autres parties du cerveau qui président aussi au psychisme, à un psychisme inférieur sans doute, mais à un psychisme réel.

Les adversaires de cette doctrine ne se rendent pas et défendent énergiquement leur ancienne manière de voir.

« Quoi qu'il en soit, dit SURBLED[2] dans un tout récent article, la science a fait un progrès que seul M. le professeur J. GRASSET n'a pas voulu admettre et dont il faut tenir compte. Elle ne permet plus de contester l'*unité de la vie cérébrale* qui s'accuse si magnifiquement dans les faits et elle nous laisse entrevoir le jour où le fonctionnement encéphalique expliquera cette vie sous sa double forme, avec le *moi* et le *sous-moi* si intimement associés et confondus dans les multiples manifestations du psychisme, où ils supportent notre *personnalité*, toujours une et identique à elle-même. »

Ai-je besoin de rappeler que je n'ai jamais nié cette « personnalité, toujours une et identique à elle-même? » Seulement je maintiens que l'*organe* de cette personnalité, le centre psychique, est multiple et divisible ; de même que l'unité de l'être vivant n'empêche pas la complexité et la divisibilité de son corps et de ses organes.

Il est remarquable, d'ailleurs, que dans ce même article SURBLED étudie, avec beaucoup de sens clinique, les dissociations du moi et du sous-moi (c'est-à-dire de O et du polygone de mon schéma).

Dans le somnambulisme, dit-il, « il est probable qu'une dissociation se fait entre les organes encéphaliques chargés

1. J'en ai cité 46 dans mon *Psychisme inférieur*.

2. SURBLED. Le sous-moi. *La Pensée contemporaine*, 1906.

par leur fonctionnement harmonique d'exécuter les actes de notre vie consciente et d'assurer notre personnalité. Cette dissociation est du même ordre que celle d'où dépend le sommeil naturel. » Chez le nerveux, « le moi et le sous-moi cessent d'être unis, solidaires et cohérents... par suite, l'activité psychique échappe en grande partie à la raison, au *moi* et tombe sous la dépendance trop étroite du sous-moi, c'est-à-dire de l'inconscience ». Dans l'hystérie, « le fonctionnement encéphalique se dissocie plus ou moins et le *sous-moi* étend et grandit son empire au détriment du *moi* ». Dans l'hypnose, « la conscience n'existe plus. L'unité de notre vie semble brisée et le cerveau, livré aux suggestions du dehors, n'est plus capable que d'un automatisme aussi parfait qu'inconscient. Le *sous-moi* règne en maître et agit en aveugle. »

Je n'ai jamais soutenu autre chose. On voit donc que le désaccord est plus apparent que réel entre mes contradicteurs et moi.

Sans doute, Surbled ajoute (et ceci est différent de ce que j'enseigne) : « le *moi* et le *sous-moi* ont le même substratum organique, le même siège cérébral ». Je crois avoir démontré le contraire. Comment comprendre ces dissociations entre le moi et le sous-moi s'ils se confondent dans le même siège ? Comment surtout comprendre, à certains moments, leur fonctionnement simultané et distinct, comme dans la distraction ?

En tous cas, il me semble qu'on peut maintenir, comme une proposition scientifiquement démontrée, que le centre cérébral de la pensée et de la raison est complexe et divisible.

Ainsi s'effondre complètement la base de la théorie des deux blocs que je combats : toute cette théorie reposait sur l'unité et l'indivisibilité du centre psychique qui était intact ou malade. Ce principe est scientifiquement erroné et on ne voit plus sur quoi on pourrait étayer cette théorie.

Le centre cérébral de la raison et de la pensée étant complexe et divisible, on comprend qu'il y ait, chez les hommes bien portants, des développements inégaux de certaines facultés et on prévoit la thèse que je développerai plus loin (chap. IV) qu'un homme peut être intelligent et déraisonnable, qu'un talent et même un génie peuvent manquer de bon sens. On prévoit aussi que suivant le nombre et la nature des neurones psychiques atteints, chez un malade donné, la raison soit complètement supprimée ou seulement altérée partiellement, dans une proportion variable suivant le cas.

Si le mot *mental* garde son ancien sens de psychique supérieur, le mot *psychique* prend un sens beaucoup plus étendu [1], le mental étant une partie du psychique. On comprend donc des altérations du psychisme inférieur qui troublent la raison sans l'anéantir, qui font des demifous, tandis que les altérations profondes du psychisme supérieur annihilent la raison et font les fous.

En somme, au point de vue de l'intégrité ou de la maladie des centres psychiques, on comprend déjà qu'il y ait trois groupes de faits cliniques : 1° des faits dans lesquels les centres psychiques sont atteints en assez grand nombre pour que le sujet soit fou ; 2° des faits dans lesquels les divers centres psychiques sont assez intacts pour que le sujet soit raisonnable ; 3° des faits dans lesquels une partie seulement des centres psychiques et des centres les moins élevés est atteinte ; dans ce dernier cas, l'altération psychique n'est pas assez étendue pour amener la folie ; elle est cependant suffisante pour que le fonctionnement psychique ne soit pas toujours normal et ce sont les demifous.

En d'autres termes, la notion actuelle des centres psychiques oblige à admettre deux catégories de malades : les mentaux et les psychiques. Les mentaux ont perdu la raison, la volonté

1. Je n'ai pas besoin, je pense, de répéter que je n'attache aucune valeur ontologique à cette distinction du *mental* et du *psychique* et que je n'ai, à aucun degré, la prétention, qu'on m'a reprochée, de ressusciter la distinction entre *mens* et ψυχή.

libre et consciente, l'intellectualité supérieure : ils sont fous. Les psychiques n'ont pas perdu tout ce qui fait la raison et la pensée supérieure, mais ils sont cependant troublés dans leur psychisme qui n'est pas normal ; ils sont demifous.

Donc, d'un côté il y a les normaux et de l'autre il y a les malades. Mais parmi ceux-ci il faut distinguer les mentaux qui sont les fous et les psychiques qui sont les demifous.

Donc, la théorie des deux blocs ne peut pas être maintenue. L'humanité ne se divise pas en fous et en raisonnables. Les centres psychiques sont multiples et complexes ; la maladie peut les frapper en nombre différent. Il y a les malades et les bien portants ; mais, dans les malades, il faut distinguer deux groupes bien séparés : les fous et les demifous.

II. — Théorie du bloc unique

A l'autre pôle de la science moderne, chez les plus raffinés et les plus avancés parmi les médecins et les philosophes, règne la seconde théorie, bien différente de la précédente, mais qui, comme la première, aboutit aussi à la négation des demifous et des demiresponsables.

Ces savants n'admettent plus deux blocs, l'un des sensés, l'autre des insensés. Pour eux, l'humanité entière ne forme qu'un bloc. Du plus sensé au plus insensé, du plus responsable au plus irresponsable la série est continue. Il n'y a plus de demifous puisqu'il n'y a plus de fous ou que tout le monde est fou, à des degrés divers. La question médicolégale de la responsabilité s'abîme et disparaît dans la responsabilité ou dans l'irresponsabilité universelle.

Cette doctrine, aussi séduisante que dangereuse, est édifiée sur trois principes : 1° il y a série et continuité du plus raisonnable au plus fou ; 2° il y a série et continuité du plus responsable au plus suggestible et au plus irresponsable ; 3° il y a série et continuité de l'animal le plus inférieur à l'homme, c'est-à-dire du déterminisme absolu au libre arbitre qui, par conséquent, n'existe pas.

Je vais exposer complètement ces trois principes avant de les discuter dans leur ensemble et de discuter par suite la théorie du bloc unique dont ces principes sont le point de départ et le fondement.

1° D'abord il y a série et continuité du plus raisonnable au plus fou.

D'une manière générale, entre les phénomènes physiologiques ou normaux et les troubles pathologiques ou anormaux, il est impossible d'établir de ligne de démarcation, absolue et fixe.

Où commence et où finit la fièvre ? Quelles sont les frontières de la maladie ? Impossible de le dire. Tel individu sera dit bien portant avec 80 pulsations et 37°5 de température ; tel autre sera malade avec 72 pulsations et 36°8.

Héricourt[1], qui a fait un livre très intéressant sur *les frontières de la maladie*, le dit bien clairement : dans la réalité, pour la grande majorité des cas, l'état de santé et l'état de maladie « se prolongent en quelque sorte, d'une façon continue ; la frontière qui les sépare est vague et il est parfois impossible de la délimiter » ; l'état de santé parfait est « relié à l'état de maladie manifeste par une courbe inclinée, très faiblement ascendante, sur laquelle il est souvent malaisé de marquer le point où la maladie peut être affirmée ».

De même, Charrin[2] a récemment étudié *les oscillations de l'état physiologique* et conclu : « en dehors des affections nettement spécifiques, la nature même des choses veut que fréquemment la santé et la maladie offrent des points de contact... L'état physiologique n'est pas immuable... D'inéluctables

1. J. Héricourt. *Les frontières de la maladie.* Bibliothèque de philosophie scientifique.

2. A. Charrin. Les oscillations de l'état physiologique. *La Revue du mois*, 1906, t. I, p. 158.

facteurs... impriment à cet état physiologique des oscillations répétées, plus ou moins profondes, susceptibles de le conduire à chaque instant hors des limites en deçà et au delà desquelles il fait place à l'état pathologique. »

Cette continuité, ce défaut de séparation et de délimitation nettes, entre l'état physiologique et l'état pathologique semblent encore plus évidents et vrais pour l'état psychique.

Du rêve au délire il n'y a qu'une différence de degré[1]. Tout le monde rêve plus ou moins et le délirant n'est souvent qu'un rêveur qui continue son rêve à l'état de veille. Dès 1881, LASÈGUE a montré que plus spécialement le délire alcoolique est un rêve et, depuis 1893, RÉGIS a étudié et décrit dans toutes les intoxications et infections le délire onirique (délire de rêve, οναρ, ονειρος, rêve).

Du raisonnable froid au passionné emporté, de l'original au bizarre, du nerveux à l'agité, du toqué au dément, il y a tous les termes de transition et il est impossible de dire où commence la folie. Une ligne de démarcation précise serait arbitraire et fausse.

« L'homme répondant au type idéal d'anatomie et de physiologie normales, de mentalité parfaite, n'existe vraisemblablement pas, dit HÉRICOURT. Au contraire, tous, nous présentons quelques tares, quelques anomalies, quelques points faibles. »

Et, comme dit MICHEL CORDAY, « la grande misère mentale » n'est que l'exagération de ces petites misères. « Tenez, s'écrie Parrot, voyez autour de vous, toute la petite cour. Croyez-vous qu'ils ne sont pas tous plus ou moins fêlés, les camarades?... Réfléchissez aux légers coups de pouce » qui en feraient « des fous complets... question de mesure. »

BERHNEIM[2] a nié l'existence de l'hystérie, comme, avec DEL-

1. Voir LUCIEN LAGRIFFE (ancien interne de REMOND de Metz). Du rêve au délire. *Gazette des hôpitaux*, 1902, p. 453.

2. BERHNEIM. Conception du mot hystérie. *Revue médicale de l'Est*. et Doin, 1904.

BOEUF et HARTENBERG, il a nié l'existence de l'hypnotisme. Après avoir cité une phrase de LASÈGUE et une de moi[1], il ajoute : « je crois que (la définition de l'hystérie) est impossible, parce que l'hystérie n'est pas une entité morbide, n'est pas une maladie. »

Il y a deux choses, dit-il, dans l'hystérie : les crises et les manifestations, qui s'y associent ou les remplacent.

Les crises « ne sont que l'exagération d'un phénomène habituel d'ordre psychologique ». Entre l'apathique le plus froid et l'hystérique le plus violent, nous trouvons tous les termes de transition, en passant par les degrés divers de l'émotivité et du tempérament nerveux. Il y a des gens plus ou moins nerveux, à réaction nerveuse plus ou moins vive, des gens plus ou moins hystérisables. Et voilà tout.

Quant aux autres symptômes ou stigmates de l'hystérie, BERNHEIM s'attache à démontrer qu'on les retrouve aussi chez des sujets non hystérisables. Ainsi l'anesthésie, avec ses caractères et sa distribution, se trouve en dehors de l'hystérie ou plutôt n'existe pas dans l'hystérie ; elle est créée par « l'esprit du sujet, souvent actionné par l'idée préconçue du médecin qui la cherche ». De même pour le rétrécissement du champ visuel. « L'examen périmétrique de l'œil suffit à donner à certains l'idée d'une vision affaiblie et crée un rétrécissement variable du champ visuel que la suggestion peut d'ailleurs élargir de nouveau. » Les stigmates moteurs (paralysies, contractures, spasmes...) se rencontrent avec une grande fréquence à la suite de maladies ou de causes diverses chez des sujets nullement hystérisables et, en tous cas, dit BERNHEIM, ne sont pas plus fréquents chez les sujets hystérisables que chez ceux qui ne le sont pas.

En somme, pour ce neurologue de premier ordre, l'hystérie

1. LASÈGUE a dit (*Archives générales de médecine*, 1878) que « la définition de l'hystérie n'a jamais été donnée et ne le sera jamais » ; et j'ai ajouté (*Dictionnaire encyclopédique des sciences médicales*, 1889) : « je ne sais si elle sera jamais donnée (il ne faut désespérer d'aucun progrès) ; mais je sais qu'elle est encore actuellement impossible ».

n'existe pas. Il y a uniquement des gens plus ou moins nerveux, à réaction nerveuse plus ou moins vive.

Cette conception négative s'étend à toutes les névroses si, avec Dubois[1] de Berne, on fond l'hystérie dans un grand groupe complexe de psychonévroses, qui comprend : la neurasthénie, l'hystérie, l'hystéroneurasthénie, les formes légères d'hypocondrie et de mélancolie, enfin certains états de déséquilibre plus graves frisant la vésanie, dont il dit : « j'insiste d'emblée sur l'impossibilité de tracer des limites nettes entre la neurasthenie, l'hystérie et les états hypocondriaques et mélancoliques. »

Comme le dit Maurice de Fleury[2], pour Dubois « tous les sujets sont hypnotisables et tous les névropathes sont des malades imaginaires justiciables du seul traitement par la suggestion ».

C'est l'extension à toutes les névroses de la conception de Babinski[3] pour l'hystérie, quand il dit que le seul caractère commun de toutes les manifestations hystériques et des seules manifestations hystériques est « la possibilité d'être reproduits par suggestion et de disparaître sous l'influence exclusive de la persuasion[4] ».

Voilà comment on supprime les maladies nerveuses ou plutôt comment on les réunit aux tempéraments nerveux, aux états physiologiques et comment on s'efforce, par suite, d'établir le premier principe de cette théorie du bloc unique. Et on conclut : il y a sériation continue du normal au fou; l'humanité entière forme un bloc unique au point de vue de l'état psychique et mental.

1. Dubois. *Les psychonévroses et leur traitement moral*, préface de Déjerine, 1904.

2. Maurice de Fleury. Conférence analysée dans la *Gazette des hôpitaux*, 1904, p. 1329.

3. Babinski. Définition de l'hystérie. *Société de neurologie*, 7 novembre 1901. *Revue neurologique*, 1901, p. 1074.

4. Babinski propose de remplacer le mot hystérie par le mot *pithiatisme* de πειθω (persuasion) et ιατος (guérissable) : état psychique qui se manifeste par des troubles guérissables par la persuasion.

2° Le deuxième principe se déduit facilement du premier : il ne faut pas diviser les hommes en responsables et irresponsables ; il n'y a qu'une série continue de gens, tous plus ou moins irresponsables.

Les juristes se sentent envahis par les hésitations et les doutes. « Y a-t-il donc, dit SALEILLES[1], même au point de vue pathologique, une distinction nettement tracée entre l'homme sain de raison et d'esprit, qui se laisse envahir par une crise passagère de criminalité et celui qui la laisse devenir chronique ; et entre ce dernier et l'homme pathologiquement anormal ? La transition entre le criminel de nature et l'aliéné tend déjà à disparaître, de sorte que l'on peut prévoir, ce premier degré franchi, que le second s'abaissera encore plus facilement ; car la différence entre la crise aiguë et la crise chronique n'est que dans la permanence d'intensité, et non dans le caractère, en même temps pathologique et psychologique, de la criminalité au moment où elle se produit ».

En neuroclinique, BERNHEIM a admirablement développé cette doctrine de l'échelle continue des responsabilités, depuis la plus complète jusqu'à la plus nulle[2].

La suggestion hypnotique supprime la responsabilité ; ceci est évident. Un individu à qui on suggère, dans l'hypnose, de commettre un crime et qui le commet, n'est pas responsable. Mais, d'après BERNHEIM, le mot suggestion a un sens très étendu et comprend la persuasion, le conseil, la prédication... tous les moyens qu'a un psychisme d'exercer une action sur un autre psychisme. La suggestion est toute idée acceptée par le cerveau, « que cette idée vienne par l'oreille, exprimée par une autre personne, par les yeux, formulée par écrit ou consécutive à une expression visuelle, qu'elle naisse en apparence spontanément, réveillée par une impression interne ou développée par les circonstances du monde extérieur, quelle que

1. SALEILLES. *Loco cit.*, p. 148.
2. Voir *L'hypnotisme et la suggestion*, p. 57 et 458.

soit l'origine de cette idée, elle constitue une suggestion ». « Ainsi envisagée la doctrine de la suggestion s'élargit singulièrement; elle comprend l'humanité tout entière; car la suggestion, c'est l'idée d'où qu'elle vienne, avec toutes ses conséquences, qui s'impose au cerveau et devient acte... Elle est dans les idées courantes dont on se pénètre, dans l'imitation, dans les instincts qui imposent les opinions préconçues, dans l'éducation philosophique, religieuse, politique, sociale, dans la lecture, dans les excitations de la presse, dans la réclame. » La suggestion est donc dans tous les actes, tous les hommes agissent sous son empire[1]; ils ne diffèrent les uns des autres que par le degré de leur suggestibilité... Et ces idées n'appartiennent pas au seul professeur de Nancy. Crocq et beaucoup d'autres bons esprits déclarent que la définition de la suggestion de Bernheim est « la meilleure qui ait été donnée jusqu'à présent ».

Tous ces auteurs, qui, avec Bernheim, font de la suggestion une influence psychique quelconque sur un autre psychisme, étendent par là même énormément l'irresponsabilité ou plutôt la suppriment pour la remplacer par une chaîne continue de responsabilités plus ou moins diminuées, appliquant et développant la phrase de Tarde[2] : la responsabilité absolue et l'irresponsabilité absolue sont des limites idéales que les faits ne réalisent pas.

Bernheim précise la doctrine avec un grand talent. « La suggestion, dit-il, joue un rôle dans presque tous les crimes. » Et il la montre dans le crime d'Émile Henry, le jeune anarchiste qui lança une bombe à l'hôtel Terminus et dans le crime de Pranzini qui assassina pour la voler une femme galante qu'il fréquentait. Sous la forme d'autosuggestion, il retrouve le même élément de diminution de responsabilité dans les cas où il n'y a pas du tout d'hypnotiseur, comme dans l'affaire

1. Bernheim parle même quelque part des « suggestions héréditaires ».

2. Tarde. Citat. Henri Lemesle. L'évolution de l'idée de responsabilité. *Revue de l'hypnotisme*, t. X, p. 304.

Meunier qui, sans suggestion exogène, pour épouser une femme, tue pour les voler un prêtre et sa servante, brûle sa maison, tue un de ses enfants, puis un inconnu... Tous les fous deviennent des suggérés. Les crimes des foules sont également dus à l'autosuggestion. « Les principales influences suggestives, dit SCHRENK NOTZING, résultent du milieu social, de l'éducation, de la religion, de la mode, de la politique, de la presse et principalement des infections produites par le fanatisme et la superstition. Des contagions psychiques de ce genre ont bien souvent conduit au crime. »

BERNHEIM prévoit très bien l'objection. « J'entends encore dire : avec vos idées, tout est suggestion, déterminisme, libre arbitre douteux, responsabilité morale douteuse, où allons nous ? Si l'homme évolue de par son organisation, pourquoi lutter ? Il se démène ; Dieu et le diable le mènent ! c'est le fatalisme ! c'est la négation de la volonté et de la dignité humaine ! » Certainement il ajoute : « ils ont mal conçu notre doctrine, ceux qui en déduiraient cette conclusion. » Mais il ne démontre pas en quoi ces déductions de ses adversaires sont fauses. Et il conclut son rapport au Congrès de Moscou[1] : « ... 6° la suggestion, c'est-à-dire l'idée, d'où qu'elle vienne, s'imposant au cerveau, joue un rôle dans presque tous les crimes ;... 10° le libre arbitre absolu n'existe pas. La responsabilité morale est le plus souvent impossible à apprécier. »

De cette doctrine de BERNHEIM on peut tirer deux conclusions identiques malgré leur opposition, et admettre ou que tous les hommes sont irresponsables ou que tous sont responsables. Voilà donc établi le deuxième principe de la théorie du bloc unique : la sériation continue du plus irresponsable au plus responsable.

3° Cette théorie du bloc unique est enfin couronnée et complétée par la sériation continue, admise par tous les évolu-

1. BERNHEIM. *L'hypnotisme et la suggestion dans leurs rapports avec la médecine légale*. Rapport au Congrès de Moscou, 1897, p. 101 et 102.

tionnistes modernes, du caillou à l'amibe et de l'amibe à l'homme; comme le déterminisme est certain dans le monde minéral, on le retrouvera, plus ou moins complexe et dissimulé, mais aussi absolu dans son essence, chez l'homme[1].

« Une conduite où la moralité n'intervient pas, dit HERBERT SPENCER[2], se transforme par des degrés insensibles et de mille manières en une conduite morale ou immorale. » Que signifient les mots *bons, mauvais?* « La conduite est bonne ou mauvaise suivant que les actes spéciaux qui la composent, bien ou mal appropriés à des fins spéciales, peuvent conduire ou non à la fin générale de la conservation de l'individu » et « de la vie de l'espèce ».

De même, LE DANTEC[3] étudie la volonté des plastides et remonte ensuite jusqu'à l'homme : « le passage graduel et raisonné des protozoaires à l'homme autorise l'extension du principe de l'inertie à tous les corps de la nature. » Tout est déterminé chez l'homme; rien n'est libre : nous n'avons que l' « illusion de la volonté ».

« Ayons donc, dit DUPRAT[4], la franchise de dire, d'enseigner que la liberté, telle qu'on la conçoit trop souvent, est une illusion due, comme SPINOZA l'avait pressenti, à l'ignorance de la plupart des causes déterminantes de nos décisions. »

Pour SCHOPENHAUER[5], « les actes humains sont absolument déterminés... La volonté est un phénomène de même ordre que les réactions du monde inorganique ».

PIERRE LAFFITTE[6] : « le résultat le plus fondamental du déve-

1. Voir *les Limites de la biologie*, 4e édit., p. 23 et *le Psychisme inférieur*, p. 438.

2. HERBERT SPENCER. *Les bases de la morale évolutionniste*. Bibliothèque scientifique internationale, 6e édit., 1880, p. 4 et 17. Paris, F. Alcan.

3. LE DANTEC. *Le déterminisme biologique et la personnalité consciente*. Bibliothèque de philosophie contemporaine, 1897, p. 19. Paris, F. Alcan.

4. DUPRAT. *La Morale. Fondements psychologiques d'une conduite rationnelle.* Bibliothèque internationale de psychologie expérimentale, normale et pathologique, 1901, p. 98.

5. SCHOPENHAUER. Citat. NAVILLE. *Le libre arbitre. Etude philosophique*, Bibliothèque de philosophie contemporaine, 1898, p. 216.

6. PIERRE LAFFITTE. Citat. NAVILLE, *ibid.*, p. 247.

loppement de la science est que tous les phénomènes sont soumis à des lois invariables, depuis les phénomènes géométriques jusqu'à ceux de l'homme et de la société. »

Büchner [1] : « l'homme, comme être physique et intelligent, est l'ouvrage de la nature. Il s'ensuit par conséquent que non seulement tout son être, mais aussi ses actions, sa pensée et ses sentiments sont fatalement soumis aux lois qui régissent l'univers. »

Fouillée [2] cite ce passage de Jean Weber : « la loi morale est le plus insolent empiètement du monde de l'intelligence sur la spontanéité... le devoir n'est que la tyrannie des vieilleries à l'égard de la nouveauté. » « La vraie morale est celle du fait... le fait accompli emporte toujours toute admiration et tout amour, puisque l'univers qui peut le juger est à ce moment conséquence de ce fait ; ainsi nous appelons *bien* ce qui a triomphé... La raison du plus fort est toujours la meilleure. Cette proposition voudrait être une audace ; ce n'est qu'une naïveté. »

On trouvera peut-être un peu brutale l'expression de cette doctrine qui est la justification de tous les coups d'État, de toutes les inquisitions et de toutes les persécutions. Mais voici (pour finir) la conclusion d'un livre tout récent d'Albert Bayet [3] sur *la morale scientifique*.

Sur les ruines de l'ancienne morale métaphysique ou religieuse, l'auteur cherche à élever, sur le déterminisme le plus absolu, une *science* des mœurs (étude des *faits*, et des seuls faits moraux) ; d'où on déduit un *art* moral, science d'application ou mieux science des mœurs appliquée. Il rencontre naturellement dans son exposé l'idée de responsabilité individuelle. Il considère « avec un soin particulier » cette idée

1. Büchner. Citat. Naville, *Le libre arbitre*, p. 198.

2. Fouillée. *Le mouvement idéaliste et la réaction contre la science positive*. Bibliothèque de philosophie contemporaine, 1896, p. 267. Paris, F. Alcan.

3. Albert Bayet. *La morale scientifique. Essai sur les applications morales des sciences sociologiques*. Bibliothèque de philosophie contemporaine, 1905. Paris, F. Alcan.

« sainte, mais vieillie », « principe et fondement de la morale classique ». Il lui semble que cette idée « craque » et qu'on en peut, « sans témérité, prévoir la disparition ». « Dès l'instant, ajoute-t-il, qu'on admet dans le monde social l'existence de lois en tout point semblables à celles qui régissent la chute d'une pierre, il est aussi puéril de rendre un individu, quel qu'il soit, responsable de ses actes, que de blâmer l'arbre chétif ou de féliciter l'arbre vigoureux. Toute tentative en vue d'atténuer la rigueur de cette conséquence est foncièrement antiscientifique. »

Voilà la théorie du bloc unique bien complétée, unifiée et poursuivie dans ses dernières conséquences : il ne peut pas être question de demifous et de demiresponsables, puisqu'il n'y a pas même à distinguer les fous des raisonnables et les responsables des irresponsables.

Scientifiquement, on doit placer cette théorie du bloc unique bien au-dessus de la théorie des deux blocs. Elle s'appuie sur des faits vrais, bien observés. Je la crois cependant erronée dans les déductions qui la constituent et dans les conclusions qui la formulent.

L'entière édification de cette doctrine repose sur le développement de cette idée que je crois fausse et antiscientifique : l'existence d'un grand nombre d'intermédiaires entre deux êtres ou deux phénomènes prouve l'identité de ces deux êtres ou de ces deux phénomènes ; ou encore : deux termes d'une série sont identiques, quand on peut les relier l'un à l'autre par une série continue d'autres termes.

Ceci est vrai des nombres : entre neuf et trois cent, il n'y a qu'une différence de quantité ; c'est encore vrai des grandeurs ou des poids ou d'une manière générale des termes qui varient dans un seul sens, de l'un à l'autre ; mais le principe n'est plus du tout applicable aux êtres vivants ou aux phénomènes de la vie.

Entre un être inférieur et une colonie de ce même être inférieur, il n'y a qu'une différence de nombre et de degré ; mais entre l'amibe et l'homme, on aura beau accumuler les termes de transition, on n'établira pas leur identité. Il ne suffit pas d'ajouter l'amibe à lui-même, de le multiplier par un nombre quelconque pour en faire un homme. Entre l'amibe et l'homme, il n'y a pas seulement une différence de *quantité*, mais une différence de *qualité*, qui exclut toute identification.

Il en est de même pour les phénomènes nerveux de l'homme. Entre le réflexe élémentaire qui fait sauter la jambe quand on percute au-dessous de la rotule et le phénomène psychique le plus élevé d'un Shakespeare, d'un Wagner ou d'un Victor Hugo composant un chef-d'œuvre, on peut décrire une infinité de termes de transition, qui établissent une sorte de sériation continue d'un phénomène à l'autre. Qu'est-ce que cela prouve ? Que l'un et l'autre phénomènes sont des phénomènes nerveux, comme la série de tout à l'heure prouvait que l'amibe et l'homme sont l'un et l'autre des êtres vivants. Mais tout cela ne prouve nullement que ce soient des phénomènes ou des animaux identiques et qu'il ne faille pas les étudier à part et séparément l'un de l'autre.

Cela posé, toute la théorie du bloc unique s'effondre.

Depuis Claude Bernard on admet (et avec moins de preuves scientifiques on admettait même avant lui) que les phénomènes pathologiques sont de même nature que les phénomènes physiologiques : les uns et les autres sont des manifestations de la vie, du fonctionnement du même être vivant. Mais cela n'empêche pas que les phénomènes pathologiques ou morbides soient différents des phénomènes physiologiques ou normaux.

La fièvre est un symptôme tout à fait différent de la précipitation du pouls causée par une émotion. Entre 36°5 à 40°, entre 60 pulsations et 140, on constate tous les termes de transition. Il est même impossible de fixer le chiffre absolu à partir duquel l'état physiologique cesse pour devenir état pathologique. Il n'en est pas moins vrai que la fièvre existe en tant que phénomène pathologique et qu'il y a un fonctionnement pathologique des organes qui ne doit pas être confondu avec leur fonctionnement physiologique et que ces deux fonctionnements doivent être décrits à part.

La paralysie est autre chose que la faiblesse momentanée d'un muscle fatigué. Le rêve n'est pas l'hallucination, encore moins le délire...

Les frontières de la maladie peuvent être parfois difficiles à préciser, à cause de notre ignorance; elles peuvent être modifiées dans leur tracé, au fur et à mesure que nous savons mieux analyser le sujet et diagnostiquer plus vite son état. Mais ces frontières existent : il y a des malades et des non-malades.

De ce que des gens très bien portants ont, sous l'influence d'une émotion, un peu de constriction à la gorge ou au thorax, qu'un autre tremble un instant, qu'un troisième s'arrête une minute ou qu'un quatrième vocifère, vous ne pouvez pas conclure que ce sont là des crises d'hystérie en miniature : une crise de boule chez le premier, une crise convulsive chez le deuxième, une crise de contracture chez le troisième et une crise de délire chez le quatrième.

Il peut y avoir des termes intermédiaires dans lesquels le diagnostic hésitera entre le tempérament nerveux et la névrose ; c'est ce que l'on appelle le nervosisme. Mais l'existence de ces faits difficiles de transition ne doit pas faire oublier les cas bien nets d'hystérie, comme nous en voyons tous les jours.

Avec Colin[1] et la plupart des neurologues il faut garder l'hystérie comme une maladie distincte, au sens que l'on donne habituellement à ce mot, et la distinguer absolument des états physiologiques.

Encore moins peut-on rayer du cadre nosologique toutes les névroses pour les confondre avec Dubois dans le groupe flou

1. Colin. *Traité de pathologie mentale de Gilbert Ballet*, p. 818.

et confus des psychonévroses. Ce serait supprimer, d'un trait de plume, tous les travaux cliniques de ce dernier demi-siècle qui, abstraction faite de toute idée théorique, ont admirablement constitué et séparé cliniquement l'hystérie et la neurasthénie. Comme l'a très bien dit MAURICE DE FLEURY, « alors que nos neurologistes français se sont efforcés, dans les derniers temps, de tirer du vieux chaos du nervosisme les caractères distinctifs de la neurasthénie et de l'hystérie, DUBOIS les y replonge » ; et il renverse ainsi tout l'édifice de l'histoire des névroses sans fournir d'arguments cliniques nouveaux à l'appui de sa manière de voir.

Donc, malgré la sériation plus ou moins continue, il faut continuer à distinguer et à envisager séparément les phénomènes physiologiques et les phénomènes pathologiques, les non-malades et les malades et plus spécialement ceux qui sont atteints de maladie de système nerveux et ceux qui n'en sont pas atteints.

Ceci est vrai également du fonctionnement de notre cerveau psychique : chez les uns ce fonctionnement est normal ; chez d'autres, il est anormal ou morbide. Il ne faut donc pas faire un seul bloc des raisonnables et des fous.

Parmi les malades, nous avons déjà vu qu'il faut distinguer ceux qui le sont tout à fait, les déraisonnables ou les fous, et ceux qui le sont à un moindre degré ou qui ne le sont que passagèrement dans de courts accès transitoires, les demifous.

La ligne de démarcation peut parfois être indécise entre deux groupes contigus, le diagnostic différenciel est parfois difficile; il y a des sujets qu'on est tenté de jucher sur la muraille de séparation de deux domaines contigus ou pour lesquels on voudrait jeter un pont sur le fossé qui les délimite. Mais l'existence des trois groupes n'en est pas pour cela ébranlée : malgré la sériation continue et le nombre d'intermédiaires, il faut distinguer les raisonnables, les demifous et les fous.

Le même raisonnement peut être fait pour la responsabilité.

C'est par un étrange abus de mots qu'on veut assimiler à la suggestion hypnotique : l'enseignement, le conseil, la prédication et tous les moyens qu'a un psychisme d'exercer son influence sur un autre psychisme[1].

Quoi qu'en dise Bernheim (dont on n'ose se séparer qu'avec inquiétude sur de pareilles questions) la suggestion vraie — la seule qui entraîne l'irresponsabilité, celle pour laquelle le mot devrait être réservé — la suggestion vraie suppose l'annulation complète du centre supérieur de contrôle du sujet et l'obéissance passive, imposée, de ses centres inférieurs au centre supérieur de l'hypnotiseur. Quand on s'adresse au seul polygone d'un sujet, entièrement désagrégé de son O, on enlève à ce sujet la responsabilité de son acte ; mais quand on s'adresse aux centres supérieurs du sujet, on ne lui enlève nullement la responsabilité des actes qu'il pourrait commettre sous cette influence. La suggestion est un phénomène pathologique ou tout au moins extraphysiologique et tout le monde ne peut pas être mis en hypnose, c'est-à-dire en état de suggestibilité. Le conseil, la persuasion, l'éducation... sont des moyens d'action absolument physiologiques, auxquels chacun est accessible à des degrés divers.

Si on acceptait, en science médicale, pour le mot suggestion, le sens mondain[2] et extramédical que défend Bernheim, ce serait une véritable confusion de langage. Alors, comme dit Pierre Janet, « on voit décrire sous le même nom la leçon d'un professeur à ses élèves et les hallucinations provoquées chez une hystérique... Il n'est plus possible de distinguer la maladie mentale, qui est pourtant une triste réalité, de l'état psychologique normal ». La distinction est si réelle que, même chez le sujet hypnotisable, tout n'est pas suggéré : à certaines pério-

1. Voir *L'hypnotisme et la suggestion*, p. 457, 460 et 498.

2. C'est le sens dans lequel on dit qu'une toilette ou un spectacle sont « suggestifs ».

des de sa vie, on peut lui donner des conseils ou des ordres, qui ne sont pas des suggestions.

On peut chercher à persuader, à insinuer ou à démontrer des idées à des auditeurs ou à des lecteurs sans désagréger préalablement et annihiler leurs centres psychiques supérieurs. C'est précisément ce que j'essaie de faire en écrivant ce chapitre, cherchant à convaincre le centre O de mes lecteurs, qui gardent leur libre examen et leur faculté de contrôle, et nullement à imposer ma manière de voir à leurs centres polygonaux, à la façon de l'hypnotiseur qui fait manger une pomme de terre crue à son sujet en lui affirmant simplement que c'est une pêche exquise ! Et on ne peut pas condamner au même titre et de la même manière le sociologue dont les écrits ou l'enseignement auront conduit un malheureux à commettre un crime politique et l'hypnotiseur qui a, dans l'hypnose, nettement suggéré à un sujet endormi l'exécution de ce même crime.

Il faut donc se garder de donner aux divers mobiles et motifs de nos actes la valeur d'une suggestion, au sens médical (le seul que nous gardons) de ce mot.

A moins précisément d'être fou, l'homme a toujours des motifs ou des mobiles pour ses actes même criminels ; cela n'empêche pas qu'il en soit responsable, s'il est sain d'esprit et s'il a pu juger la portée de son acte.

Il est donc impossible, en se basant sur la science de l'hypnotisme et de la suggestion (que Bernheim a tant contribué à édifier, avant de la démolir de fond en comble), de dire qu'il n'y a ni responsables ni irresponsables, qu'il y a seulement un bloc unique de gens tous plus ou moins irresponsables.

Il est également antiscientifique de soutenir que l'homme criminel est aussi peu responsable « que l'arbre chétif ».

J'admets pour un moment que l'homme et l'arbre soient, l'un et l'autre, soumis au déterminisme ; ce caractère les rapprochera, mais ne les identifiera pas. Les lois de ce déterminisme restent différentes pour l'arbre et pour l'homme.

Pour l'arbre, la terre, l'air, l'humidité... sont les seuls éléments de détermination de sa croissance et de ses mouvements. Chez l'homme, il y a des centres psychiques dont l'activité propre intervient pour apprécier, classer et juger les mobiles et les motifs avant tout acte. C'est là un fait brut, scientifiquement établi.

L'acte humain est le résultat d'un jugement entre les divers mobiles et les divers motifs. Est responsable l'homme qui a des centres nerveux sains, qui est en état de juger sainement la valeur comparée de ces divers mobiles et motifs. L'arbre n'ayant pas de centres psychiques, la question ne se pose pas de chercher chez lui la persistance ou la destruction de cette responsabilité.

Donc, même si on les admet rapprochés dans un déterminisme aussi absolu, l'homme et l'arbre ne sont pas comparables pour la question de la responsabilité.

Pour se garantir de l'arbre qui menace de vous tuer en tombant, il suffit d'établir des tuteurs assez forts sous ses branches; pour se garantir de l'homme qui menace de vous tuer, il faut lui donner des connaissances, lui fournir des mobiles et des motifs qui l'empêchent de commettre l'acte.

Le médecin a à juger si l'homme est ou non capable de sainement apprécier la valeur de ces divers mobiles; il n'a rien à voir dans la question de l'arbre.

En d'autres termes, même en supposant qu'on arrive un jour à supprimer la responsabilité morale devant la conscience, à supprimer le mérite et le démérite, la vertu et le vice, l'entière obligation morale, même sous le régime absolu de la « morale scientifique », la question[1] survivrait de la responsabilité sociale devant la loi et la société ; cette responsabilité varierait suivant le psychisme de chacun. Et, pour cette responsabilité comme pour le psychisme, il est scientifiquement impossible de grouper tous les hommes en un seul

1. Voir sur cette question le troisième paragraphe de notre cinquième chapitre.

bloc dont les divers termes différeraient seulement par le degré du psychisme et le degré de la responsabilité.

De tout ce chapitre, peut-être un peu long mais absolument indispensable pour établir les droits à l'existence du sujet même de ce livre, on peut conclure que :

1° Il est scientifiquement *impossible* de grouper tous les hommes en un bloc unique d'êtres, tous plus ou moins raisonnables et plus ou moins responsables.

2° Il est scientifiquement *impossible* de diviser tous les hommes en deux blocs, comprenant, l'un les fous irresponsables, l'autre les raisonnables responsables;

3° Le terrain est déblayé des doctrines dans lesquelles il n'y a pas place pour les demifous; il reste *possible* d'établir scientifiquement l'existence des demifous.

Cette preuve médicate de l'existence des demifous, je vais essayer de la donner dans le chapitre suivant.

CHAPITRE III

DÉMONSTRATION CLINIQUE DE L'EXISTENCE DES DEMIFOUS. ÉTUDE MÉDICALE

I. — Les demifous d'après le livre de Trélat :

1° Imbéciles et faibles d'intelligence.
2° Satyres et nymphomanes.
3° Monomanes.
4° Erotomanes.
5° Jaloux.
6° Dipsomanes.
7° Dissipateurs et aventuriers.
8° Orgueilleux.
9° Méchants.
10° Kleptomanes.
11° Suicides.
12° Inertes.
13° Maniaques lucides.

II. — Les demifous d'après la neuroclinique contemporaine.

A. *Symptômes que l'on observe chez les demifous.*

Classification des fonctions et des actes psychiques en général.

1. Illusions et hallucinations.
2. Obsessions.
   1° Phobies. Peurs morbides.
   2° Obsessions idéatives ou obsessions proprement dites.
3. Délires.
4. Impulsions.
5. Aboulies et paraboulies.
6. Troubles de la cénesthésie.
   1° Phénomènes autoscopiques.
   2° Fausses sensations de maladie. Hypocondrie.
   3° Mécontentement et contentement exagéré (euphorie) du moi physique.
   4° Troubles de quelques sensations cénesthésiques particulières.
7. Troubles de l'idée du moi et de la personnalité.
   1° Diminution et exagération de l'idée du moi. Egoïsme et timidité morbides.
   2° Optimisme. Idées de grandeur.
   3° Idées de négation ou de transformation, partielle ou totale, du moi.

Dans un livre comme celui-ci, ce chapitre ne doit pas avoir l'importance, absolument prédominante, qu'il aurait si je m'adressais exclusivement à des médecins ; mais il garde toujours une importance capitale puisqu'il est le pivot et la condition de tous les autres.

L'existence ou la non-existence des demifous est une question de médecine. La clinique peut seule la résoudre.

C'est la preuve clinique de cette existence que je dois résumer ici d'après les classiques.

Je diviserai cet exposé en deux paragraphes : I. les demifous d'après le livre de Trélat; II. les demifous d'après la neuroclinique contemporaine.

I. — Les demifous d'après le livre de Trélat

L'étude médicale des demifous débute vraiment, en 1861, avec le beau livre de Trélat[1] sur la *folie lucide*, dans lequel on trouve vraiment d'excellentes descriptions cliniques de ces malades.

« Ce livre, dit Trélat, est entièrement consacré à l'examen, à l'étude des demialiénés... Ces malades sont fous, mais ne paraissent pas fous parce qu'ils s'expriment avec lucidité. Ils sont fous dans leurs actes plutôt que dans leurs paroles. Ils ont assez d'attention pour ne laisser échapper rien de ce qui se passe autour d'eux, pour ne laisser sans réponse rien de ce qu'ils entendent, souvent pour ne faire aucune omission dans l'accomplissement d'un projet. Ils sont lucides jusque dans leurs conceptions délirantes. Leur folie est lucide... Il s'agit de signaler et de faire reconnaître comme malade plus d'un esprit regardé jusqu'ici comme sain. »

Pinel parle déjà de ces malades qui, tout en donnant des signes de détraquement mental, « font les réponses les plus justes et les plus précises, lisent et écrivent comme si leur entendement était parfaitement sain ».

Une malade d'Esquirol « parle au premier venu contre son mari, l'accuse de mille torts qu'il n'a pas. Inconsidérée dans ses propos, elle révèle des secrets qu'une femme tient ordinairement cachés; imprudente dans ses démarches, elle s'ex-

1. Trélat. *La folie lucide étudiée et considérée au point de vue de la famille et de la société*, 1861.

pose à de justes soupçons. Son mari, ses parents veulent-ils lui faire quelques représentations, elle se fâche et prétend qu'on la calomnie. Elle raconte aux uns et aux autres mille faits controuvés, cherchant à répandre le mécontentement, la mésintelligence et le désordre. Il semble que le démon du mal inspire ses paroles et ses actions. — Si elle est en société, elle se compose avec tant de soin, que les plus prévenus reviennent sur son compte. Elle prend part à la conversation, adresse des choses obligeantes et des flatteries aux personnes de qui elle a mal dit la veille ou dans la matinée même ».

Il est de ces malades, dit Guislain, « qui sont capables de désarçonner des logiciens solides. Leurs controverses sont parfois on ne peut plus spirituelles. Je me rappelle une dame qui était un vrai tourment pour moi, comme pour toutes les personnes de l'établissement. Chaque fois que la conversation s'engageait, j'avais à lutter contre ses assauts d'esprit. Toutes mes réponses étaient passées au creuset de l'analyse, et cela avec une profondeur de vues qui étonnait tout le monde ».

Et Trélat conclut cette vue d'ensemble en disant que ces demifous « sont les aliénés les plus contestés par les gens du monde... On ne saurait dire jusqu'où va l'empire que les aliénés lucides peuvent exercer sur eux-mêmes ». Certains pourront garder et laisser ignorer leur « conception délirante pendant plusieurs mois, pendant six mois, pendant un an, jusqu'au jour où, désespérant de vaincre la résistance qui les retient, leur secret leur échappera tout à coup dans un moment d'orgueil ou de colère ».

Pour entrer ensuite dans le détail de la description clinique, Trélat adopte une classification sans prétention scientifique[1] qui est plutôt une nomenclature clinique.

Je dirai un mot de chacun de ses types.

1. « L'important est de les faire connaître (les aliénés lucides) et c'est à quoi nous tenons avant tout, plus qu'à la rigueur de notre classement. » (Trélat, *loco cit.*, p. 291.)

1° *Imbéciles et faibles d'intelligence.*

« Parmi les imbéciles, il en est qui ont assez de mémoire, assez d'aptitude relative pour apprendre et savoir beaucoup... sans être pour cela capables de se diriger. Il en est qui savent bien lire et écrire ; il en est qui font de la musique ou qui parlent deux langues... Beaucoup d'imbéciles ne savent point seulement écrire pour copier, mais faire très convenablement une lettre d'invitation avec toutes ses formules de politesse et de langage du monde. Ils font bien ce qu'ils ont l'habitude de faire. Nous avons vu une jeune fille capable s'acquitter du soin de toutes les quittances de loyer d'une maison considérable. Un certain nombre de jeunes gens des deux sexes, très corrects, même très élégants dans leurs vêtements, contribuant à l'ornement d'un bal, dansant bien, peuvent être assez dépourvus d'intelligence pour n'avoir pas à répondre de leurs actions... »

2° *Satyres et nymphomanes.*

« ... Il est des jeunes filles qui sont complètement dépourvues de pudeur... Une enfant de quinze ans, honnêtement élevée par ses parents, pendant que son père resté veuf faisait son état de facteur, appelait par la fenêtre les soldats qu'elle voyait passer... Une autre... à douze ans... sortait le soir sous prétexte d'aller chez des amis de sa famille et se tenait sur le trottoir pour arrêter et provoquer les passants. Elle les conduisait dans une maison qu'une autre jeune fille lui avait fait connaître. Ses parents ne furent instruits de sa conduite que par la police avec laquelle elle n'était pas en règle et qui lui chercha noise... »

L'observation XVI de Trélat a trait à un homme dont l'histoire paraît avoir beaucoup servi à Michel Corday. C'est un obscène, violent déraisonnable, dangereux, qui fait subir toutes les tortures physiques et morales à sa femme, admirablement courageuse et discrète. En même temps, ce même homme « administre régulièrement ses biens, se fait exactement payer ses fermages, se montre économe dans ses dépenses... (Il) n'est pas regardé dans le pays comme un aliéné. On le considère seulement comme un *grand original*, c'est le nom qu'on lui donne ».

3° *Monomanes.*

Esquirol qui, le premier, a étudié les monomanes a prononcé déjà le mot *délire partiel* que l'on préfère aujourd'hui. « Les malades atteints de cette variété de folie, a-t-il dit, ont vraiment un délire partiel. »

Une malade de Trélat « répond très exactement aux questions qu'on lui fait, raconte avec précision, fait preuve de discernement et de sagacité, cause agréablement. Elle montre souvent de la bonté. Si elle est témoin d'un accident, d'une souffrance, elle cherche avec empressement à porter secours. Et pourtant... toute son activité se met au service de ses conceptions délirantes. Elle se tourmente et attaque sans relâche ceux qui l'entourent », son mari surtout, puis le médecin...

Une autre malade écrit une série de lettres très correctes, certaines « très remarquables », indiquant « autant de vigueur et autant de netteté dans la pensée que d'élévation dans les sentiments », parfois une grande « fierté de langage » et beaucoup « d' « indépendance ». Rien « ne semble indiquer la moindre atteinte à l'intelligence. Pendant quelque temps les conversations les plus prolongées, les épreuves les plus étudiées ne trahissent aucun état maladif ». Puis un beau jour la « monomaniaque est devinée ». Elle a écrit, à la fin d'une lettre « modèle de dialectique » : « je suis... nous sommes riches. » Alors elle écrit « au préfet de police, au préfet de la Seine, à l'archevêque... au ministre de l'Intérieur, au ministre des Finances, à l'empereur ». — « Cet esprit si clair et si précis se livre à la monomanie des inventions. Elle a un procédé pour abolir la fraude dont le trésor est victime par suite du lavage du papier timbré (lettre au ministre des Finances)... L'examen attentif qu'elle fait du sable apporté à la Salpêtrière, les pétrifications et les morceaux nombreux de charbon qu'elle y trouve, lui prouvent qu'il existe à Paris une source pétrifiante et dans les environs une mine de houille dont le gisement doit être à fort peu de profondeur (lettres au préfet de la Seine et au ministre de l'Intérieur). A la même époque, elle adresse à l'archevêque, au ministre de l'Intérieur, à l'empereur l'exposé d'un nouveau système universel. Elle a trouvé l'explication du Denderah, de la boussole et de la plupart des phénomènes naturels... »

Au même groupe appartiennent aussi les monomanes inventeurs, qui ne déraisonnent pas, mais se ruinent toujours.

Un homme a ruiné sa famille par ses essais et par ses inventions. Il a trouvé le moyen de faire mouvoir indéfiniment une roue sans moteur. On le conduit à l'observatoire où Arago et de Humboldt discutent poliment ses idées et concluent : « pas de mouvement sans moteur, Monsieur... je vous affirme que vous vous êtes trompé. » Le malade fond en larmes. A trente pas de l'observatoire, il s'écrie en frappant la terre du pied : « c'est égal ; M. Arago s'est trompé. Je n'ai pas besoin de son moteur. Ma roue, à moi, tourne toute seule. Elle se meut dans l'eau stagnante. »

Un fort habile ouvrier opticien gagnait 8 à 10 francs par jour et mettait par son travail l'aisance dans sa famille. Mais il a l'idée, un jour, de faire une « invention sublime... il réunira dans ses mains l'œuvre entière de la photographie. Son procédé est si simple et si satisfaisant, si supérieur à tous les autres... En attendant, la famille entière est tombée dans la gêne et même dans la misère. Tous les meubles, tous les effets ont été vendus ou mis en gage ».

4° *Erotomanes.*

Bien différents des satyres et des nymphomanes [1], « les

1. Les mystiques sont plutôt des érotomanes que des nymphomanes. Voir : Georges Dumas. Comment aiment les mystiques chrétiens. *Revue des Deux Mondes*. 15 septembre 1906.

érotomanes sont des amoureux que tourmente une passion ordinairement unique, nous disons *ordinairement* parce qu'on a vu l'un de ces monomaniaques qui aimait à la fois deux sœurs d'un amour égal... Il les aimait trop toutes deux pour pouvoir en épouser une; mais il lui était impossible de supporter la pensée qu'aucune des deux pût appartenir à un autre homme ». Il se suicida en apprenant le futur mariage de l'une des deux et on ne découvrit cette demifolie qu'à ce moment.

« Comme tous les monomaniaques, dit Esquirol, les érotomanes sont nuit et jour poursuivis par les mêmes idées, par les mêmes affections qui sont d'autant plus désordonnées qu'elles sont concentrées ou exaspérées par la contrariété. La crainte, l'espoir, la jalousie, la joie, la fureur semblent concourir toutes à la fois ou tour à tour pour rendre plus cruel le tourment de ces infortunés. Ils négligent, ils abandonnent, puis ils fuient leurs parents, leurs amis; ils dédaignent la fortune, méprisent les convenances sociales, ils sont capables des actions les plus extraordinaires, les plus difficiles, les plus pénibles, les plus bizarres. »

Quoique différents, l'érotomanie d'un côté, le satyriasis et la nymphomanie de l'autre peuvent se confondre ou se succéder chez la même malade (observation XXXIII de Trélat).

5° *Jaloux.*

Ce demifou « devient incapable de continuer ses occupations et fatigue sans relâche sa famille de ses plaintes, de ses reproches, de l'expression de son désespoir. Pour lui ni pour ceux qui l'entourent il n'y a plus de repos, plus d'intérieur réglé, plus d'heures de repas, plus de sommeil. Si c'est un homme, il abuse de son autorité pour faire souffrir, il tourmente, il menace, il outrage, il persécute, il frappe, il meurtrit, il blesse, quelquefois il tue. Si c'est une femme, elle pleure, elle crie, elle fait régner la violence, la lassitude et le dégoût... Hommes ou femmes, (ils) ne goûtent et ne laissent goûter aucune tranquillité, interprètent tout en mal, dénaturent les faits, accusent les intentions, compromettent les absents et... finissent, à force de nuire, par devenir odieux ».

Il y a même « des mères jalouses de leurs filles et capables de se porter dans leur passion aux plus terribles extrémités ».

6° *Dipsomanes.*

Bien différents des ivrognes « qui s'enivrent quand ils trouvent l'occasion de boire », « les dipsomanes sont des malades qui s'enivrent toutes les fois que leur accès les prend ».

« Un officier de hussards, brillant officier toute la matinée, toute la journée, brave au combat, instruit et aimable dans la conversation, charmant pendant tout le commencement du dîner,... n'avait jamais eu souvenir de la fin du repas. Son soldat l'emportait tous les soirs et le couchait ivre-mort. Les conseils de l'amitié, l'autorité des chefs n'avaient rien fait. Son service était irréprochable, mais toutes ses soirées paraissaient irrévocablement vouées à l'intempérance la plus immodérée. »

Un jeune homme était agréé comme fiancé dans une excellente famille. Il « avait de l'esprit, de l'instruction, il plaisait » à tout le monde. Et pourtant il était en même temps « assez déchu déjà pour entrer chez les marchands de vin, chez les liquoristes et pour boire à leur comptoir ».

7° *Dissipateurs et aventuriers.*

« Un Belge, n'ayant que trente mille francs, qu'il eût pu utiliser et faire fructifier par le travail, s'était mis à courir en voiture à quatre chevaux jusqu'à ce qu'il n'eût plus un sou. »

« Les dissipateurs aventuriers sont aussi des démoralisateurs. Souvent leur contact est funeste à ceux qui les entourent, non seulement au point de vue de leur fortune, mais encore pour leurs mœurs et pour leur probité. »

8° *Orgueilleux.*

Rien n'arrête ces malades. « Rien ne les intimide ; rien ne les modifie... Ils n'écoutent ni ne sentent ; ils ne respectent ni la force, ni la faiblesse, ni la vieillesse, ni l'enfance... Chefs de famille, (ils) sont loin de sentir la responsabilité de leur position et compromettent les intérêts de tous sans consulter personne. Ils ruinent leur femme, leurs enfants et prétendent, après l'épreuve qui les condamne, conserver la même autorité et le même pouvoir. Ils ont une volonté de fer ; nul autour d'eux n'est doué d'assez de fermeté pour leur résister. »

Un homme a « un orgueil excessif qu'on trouve dans tous les détails de sa vie. Il a toujours commandé à la fois à son tailleur dix pantalons d'hiver, vingt pantalons d'été, autant de gilets. Il avait une trentaine de paires de lunettes et, par une bizarrerie singulière, en se couchant, il posait sous son lit celles qu'il avait sur le nez, là où la plupart des personnes placent leurs pantoufles... Il croyait se placer plus haut en aidant les auteurs à publier leurs livres, les journaux à assurer leur existence, les sociétés commerciales à se fonder. Aussi s'enquérait-il continuellement de gens ayant besoin d'argent. »

Mlle R... est une « monomaniaque pétrie d'orgueil, prenant le nom d'*Étoile d'Or* et attachant à ce nom l'idée d'une influence surnaturelle sur sa destinée ».

D'une autre orgueilleuse le langage n'était d'ailleurs « jamais grossier, jamais de mauvais ton ; il était presque toujours correct, souvent méchant, quelquefois très spirituel. Elle savait toutes les plaisanteries de Molière sur les médecins et même celles de Beaumarchais ; mais elle y ajoutait de son cru et n'était pas toujours trop au-dessous de ses modèles ».

« Ces malades n'aiment personne, sont incapables de reconnaissance, de dévoûment, de regrets affectueux. Ils n'ont qu'une pensée, qu'un mobile, leur personnalité, leur orgueil. Ils aiment qu'on souffre pour eux, qu'on se prive pour eux, qu'on leur sacrifie à tout prix son sommeil, son appétit, son travail, ses affections, sa vie ».

9° *Méchants.*

J'indique ici simplement ce groupe qui aura mieux sa place dans notre cinquième chapitre (demifous nuisibles ; méfaits des demifous).

Je citerai seulement cette malade qui, en dehors de ses accès, était assez lucide pour se rendre chez le ministre des Finances M. de Villèle, lui développer le plan d'un journal financier et l'enthousiasmer « à tel point que le ministre lui fait toutes les promesses qu'elle désire, parle toute la soirée de la communication qu'il a reçue et ne renonce à y donner suite que quand on lui prouve qu'il n'a eu affaire qu'à une folle ».

10° *Kleptomanes.*

Ce sont les malades « qui sont invinciblement poussés à s'emparer de ce qui ne leur appartient pas », comme nous avons vu les dipsomanes invinciblement poussés à boire.

Les imbéciles « montrent infiniment d'habileté, infiniment de ruse dans leurs vols, soit pour les accomplir, soit pour détourner les soupçons et les faire planer sur d'autres ».

« Un Irlandais de noble race, qui avait été très riche et qui était encore dans l'aisance, prenait tous les jours, et depuis longtemps, des livres de luxe aux étalages de librairie... Il lui est arrivé de prendre jusqu'à quinze volumes en un jour... Il inspirait une confiance extrême aux libraires dont il fréquentait les magasins. »

Un jeune Kalmouk, observé par Bergmann, « était tombé dans une profonde mélancolie, parce que son confesseur lui avait défendu de voler. Comme il était très souffrant, on devint plus indulgent pour lui, mais à condition qu'il rendrait les objets dérobés. Il vola pendant la messe la montre de son confesseur et la lui rendit après la cérémonie... Dans la ville de Geseke, continue le Dr Bergmann, on voyait un épileptique qui, comme la pie, volait tout ce qu'il trouvait et allait cacher tout ce qu'il avait volé ».

11° *Suicides.*

Esquirol rapporte d'après Rush, l'histoire de deux frères jumeaux C. L. et J. L., qui « demeuraient à deux milles l'un de l'autre. Le capitaine J. L., revenant de l'assemblée de Vermont, se cassa la tête d'un coup de pistolet ; il était triste et morose quelques jours auparavant. Vers le même temps, le capitaine C. L. devint mélancolique et parla de suicide. Quelques jours après, il se lève de grand matin, propose à sa femme une partie de cheval, se rase ; après quoi, il passe dans une chambre voisine et s'y coupe la gorge ».

Des sept fils de M. G..., nul « n'éprouve de revers de fortune, quelques-uns, au contraire, augmentent leur patrimoine ; tous jouissent d'une bonne santé apparente, d'une existence honorable et d'une grande considération. Les sept frères, dans l'espace de trente à quarante ans, se sont suicidés ».

Trélat conclut ainsi son chapitre, qui contient beaucoup de faits semblables à ceux-ci : « les suicides, hommes et femmes, dont nous venons d'esquisser l'histoire, étaient parfaitement lucides. »

12° *Inertes.*

Paragraphe peu important dans l'œuvre de Trélat. Nous retrouverons ces malades, bien mieux étudiés, dans la période contemporaine.

13° *Maniaques lucides.*

Ce « sont des malades qui, tout en ayant des accès de manie bien caractérisés, exercent assez de puissance sur eux-mêmes pour les contenir et, jusqu'à un certain point, les ajourner. L'état de la plupart d'entre eux est longtemps ignoré dans le monde. Ils sont toujours lucides, ils le sont jusque dans leurs accès et ces accès n'éclatent ordinairement que dans l'intérieur de la famille. Ceux qui les voient chez eux ou ailleurs les tiendront pendant plusieurs années pour gens raisonnables. Ces malades peuvent sortir chaque jour, faire et recevoir de nombreuses visites, voyager, rendre et recueillir des hommages, obtenir des succès, contracter des liens intimes, mais non solides... Leurs emportements maniaques ont quelque analogie avec les accès de colère et paraissent souvent, comme les accès, avoir une cause accidentelle ».

Trélat dit enfin dans ses *Conclusions* générales : les fous lucides, nos demifous, « ont, à un examen superficiel, des airs de raison, peuvent acquérir plus ou moins d'autorité sur les personnes qui ne les voient que de temps en temps, s'y créer des partisans et faire naître ainsi et entretenir le désaccord et la division dans leurs relations et jusque dans leur famille.

» Quelles que soient leurs variétés infinies et leurs dissemblances, ils se réunissent sous deux traits communs, sous deux signes pathognomoniques qui ne manquent presque jamais chez ces aliénés : 1° nulle part on ne trouve autant d'ingratitude que chez eux... ; 2° ils n'écoutent aucune représentation, ne suivent aucun conseil, ne modifient aucune de leurs déterminations. »

Je n'ai pas craint d'allonger un peu l'analyse du livre de Trélat par ce qu'il me paraît donner et établir d'une manière définitive la base clinique de la description scientifique des demifous.

Les contemporains ont complété et approfondi cette analyse, ont modifié la conception générale qui réunit les faits ; mais les faits eux-mêmes, très bien observés par Trélat, restent avec leur valeur documentaire indiscutable.

II. — Les demifous d'après la neuroclinique contemporaine[1]

On peut cliniquement étudier la demifolie dans trois groupes distincts de faits :

1° Il y a des symptômes de demifolie chez certains fous internés dans les asiles. On observe souvent des délires partiels : pour tout le reste de leur activité psychique, ces malades ne sont que demifous. Tout le monde connaît les aliénés avec lesquels on peut causer longuement sans observer autre chose que de la bizarrerie ou un certain degré d'originalité, jusqu'au moment où ils sont amenés à dire qu'ils sont empereurs du désert ou persécutés par les loges[2] ;

2° Les aliénés, qui guérissent pour un temps et qui sortent de l'asile, restent sous la menace d'une rechute de leur maladie et sont très souvent des demifous dans ces périodes intercalaires de santé relative ;

3° Le plus important des trois groupes est certainement celui des demifous qui ne sont jamais fous ; qui n'ont jamais, même transitoirement, de vrais accès de folie, de vraies périodes d'irresponsabilité ; qui restent des demifous toute leur vie ou à peu près.

D'ailleurs, comme le groupe des fous lui-même, le groupe des demifous est formé d'un grand nombre d'éléments différents et quelque peu disparates.

Pour mettre de l'ordre dans cette étude, j'analyserai d'abord

1. Voir spécialement, pour tout ce paragraphe : Régis. *Précis de psychiatrie*, Nouvelle Bibliothèque de l'étudiant en médecine, 3e édit., 1906, et Gilbert Ballet. *Traité de Pathologie mentale*, 1903. Toutes les citations de ce chapitre sans autre indication appartiennent au livre de Régis.

2. De divers côtés, on a récemment publié de curieux documents sur *le Musée de la folie* (Marie) et sur *Les écrits et les dessins des maladies nerveuses et mentales* (Rogues de Fursac). Il ressort de ces travaux que les œuvres artistiques des fous sont, « pour la plupart, d'une modération et d'une mesure qui étonnent le visiteur. On voit, dans nos salons annuels, dit Marie, des œuvres autrement excentriques et baroques ! »

les *symptômes* que l'on observe chez les demifous ; je passerai ensuite en revue les *maladies* dans lesquelles on observe la demifolie.

A. — *Symptômes que l'on observe chez les demifous.*

Ces symptômes sont naturellement les mêmes que chez les fous. Ils ne se distinguent chez le semialiéné que par leur plus grande limitation, leur moindre profondeur, leur moindre intensité, leur moindre durée et parfois leur moindre ténacité.

Je peux donc, pour les décrire, rappeler d'abord la classification que j'ai proposée[1] pour l'étude des phénomènes psychiques et que résume le tableau suivant :

Classification des fonctions et des actes psychiques en général.

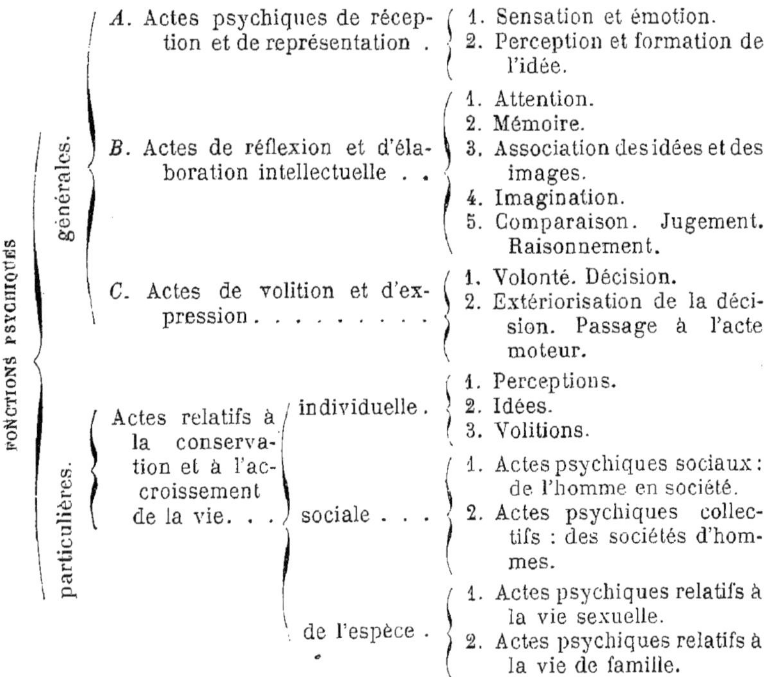

FONCTIONS PSYCHIQUES générales.	*A*. Actes psychiques de réception et de représentation .		1. Sensation et émotion. 2. Perception et formation de l'idée.
	B. Actes de réflexion et d'élaboration intellectuelle . .		1. Attention. 2. Mémoire. 3. Association des idées et des images. 4. Imagination. 5. Comparaison. Jugement. Raisonnement.
	C. Actes de volition et d'expression		1. Volonté. Décision. 2. Extériorisation de la décision. Passage à l'acte moteur.
FONCTIONS PSYCHIQUES particulières.	Actes relatifs à la conservation et à l'accroissement de la vie. . .	individuelle .	1. Perceptions. 2. Idées. 3. Volitions.
		sociale . . .	1. Actes psychiques sociaux : de l'homme en société. 2. Actes psychiques collectifs : des sociétés d'hommes.
		de l'espèce .	1. Actes psychiques relatifs à la vie sexuelle. 2. Actes psychiques relatifs à la vie de famille.

Dans les troubles pathologiques correspondant à chacun

1. Plan d'une physiopathologie clinique des centres psychiques, *Montpellier médical*, t. XIX, 1904 et *le Psychisme inférieur*, 1906, p. 160.

de ces groupes j'étudierai successivement : 1° les illusions et les hallucinations ; 2° les obsessions ; 3° les délires ; 4° les impulsions ; 5° les aboulies et les paraboulies ; 6° les troubles de la cénesthésie ; 7° les troubles de l'idée du moi et de la personnalité ; 8° les troubles du psychisme social et 9° les troubles du psychisme sexuel et familial.

L'étude de ces symptômes chez les demifous n'épuisera certes pas le sujet, mais en donnera, je crois, une idée exacte et suffisante.

1. Illusions et hallucinations.

L'*illusion* peut être définie une perception inexacte, crue exacte par le sujet ; cette dernière condition est nécessaire pour que le phénomène soit réellement pathologique. L'illusion du bâton vu courbé dans l'eau ne devient pathologique que si on croit à la réalité de la cassure.

On place le plus souvent l'*hallucination* dans les troubles de la perception (Seglas par exemple). Certainement il y a un phénomène de perception dans l'hallucination : il y a perception d'une sensation sans objet extérieur réel. Mais il y a aussi un phénomène d'imagination qui est cause et point de départ de perception, qui est le phénomène initial. L'élément caractéristique de l'hallucination est l'arrivée à la perception consciente d'une image dont O ignore l'origine, qui s'est formée inconsciemment dans le polygone et qui s'est formée avec une telle force d'objectivation que O croit à l'existence réelle et extérieure de cet objet de sa perception intérieure. Mais il faut aussi en même temps une grande faiblesse de l'intelligence qui perçoit. Il y a donc toujours un peu de *faux jugement* dans l'hallucination.

Il ne faut cependant pas identifier l'hallucination et le faux jugement : il y a, entre ces deux troubles psychiques, la même différence qu'entre la perception et le jugement.

Les illusions et les hallucinations s'observent chez les demifous avec un caractère de limitation ou de faible durée qui permet l'intégrité relative d'une grande partie du psychisme supérieur. Comme le fou, le demifou peut avoir de fausses sensations visuelles ou auditives ; l'un et l'autre les croient vraies ; mais, malgré cela, le demifou ne déraisonne pas sur tout le reste du domaine psychique : son erreur est partielle ; de plus, elle est courte et n'a pas le temps de déformer l'entier centre O du sujet.

L'illusion est d'ailleurs moins grave que l'hallucination et s'observe par suite plus facilement dans la demifolie.

Beaucoup de ces névrosés entendent un air musical dans le pas d'un cheval ou interprètent en bruits systématisés et significatifs de vulgaires bourdonnements d'oreille ; d'autres ont ce que Régis appelle des hallucinations *cinématographiques* : hallucinations de la vue « nocturnes, animées, mobiles et changeantes » ; beaucoup ont de fausses odeurs parfois « agréables, presque toujours pénibles, d'arsenic, de cuivre, de soufre, d'ammoniaque, d'œufs pourris, de brûlé, de fumée, de cadavre, etc. » ; d'autres ont de fausses sensations à la peau qu'ils rapportent, « suivant les cas, à des contacts manuels, à des électrisations, à des araignées, à des poux, à des vers... »

2. Obsessions[1].

Dans l'obsession il y a surtout, à première vue, un trouble intellectuel et émotif. Les auteurs ne discutent, en général, que sur le point de savoir quel est le principal et le plus important de ces deux éléments.

Il y a en effet, dans l'obsession, d'abord une *idée* fixe, spontanée ou provoquée, souvent délirante, et pour Westphal « l'obsession est un trouble avant tout intellectuel, dont l'élément idéatif est le symptôme principal. »

1. Voir encore : Pitres et Régis. *Les obsessions et les impulsions*. Bibliothèque internationale de psychologie expérimentale, normale et pathologique, 1902. — Voir aussi dans la *Province médicale* (1906, p. 206) le travail de G. Maurice. (Remarques cliniques sur l'anxiété, la phobie et l'obsession), travail dans lequel l'auteur veut bien se servir de mon schéma comme de « guide » pour analyser la pathogénie de l'obsession et spécialement de l'obsession à retour automatique et rythmé (obsessions d'habitude).

Il y a ensuite une *émotion :* pour MOREL et pour RÉGIS l'obsession est « un état pathologique foncièrement émotif ».

Je crois que l'idée fixe et l'émotion ne suffisent pas à faire l'obsession. Il faut que ces deux éléments agissent sur la volition ou tout au moins sur la délibération et le jugement des motifs qui précèdent la décision. Ce qui caractérise vraiment l'obsession, c'est le trouble de la *fonction de hiérarchisation des motifs ;* l'idée fixe prend sur la volonté du sujet un empire injuste et immérité, incoercible, irrésistible, disproportionné, insensé : c'est alors, et seulement alors, qu'est constituée l'obsession. Ce qui m'a fait classer l'obsession parmi les troubles de la volonté.

C'est l'avis formulé par ARNAUD [1] : « l'obsession, dit-il, est avant tout une maladie de la volonté [2]. »

D'ailleurs tout le monde se retrouve d'accord, dans l'analyse clinique, pour admettre, à la base de l'obsession, comme élément fondamental indispensable, un état particulier, indépendant de l'idée fixe et de l'émotion et antérieur à l'idée fixe et à l'émotion. Le rapportant à sa cause, MAGNAN l'appelle terrain de déséquilibration et de dégénérescence ; d'autres l'appellent paranoia rudimentaire. PITRES et RÉGIS déclarent que tout le monde admet un terrain prédisposé, préparé constitutionnellement, sous des noms divers. C'est cet élément antérieur et indiscuté que je précise un peu plus psychologiquement en le dénommant faiblesse de la volonté et plus spécialement trouble de la fonction de hiérarchisation des motifs.

Je diviserai, avec RÉGIS, les obsessions en deux groupes, suivant que « l'anxiété qui en fait la base se manifeste plus spécialement par une *crainte* ou par une *idée*. Le premier

1. Voir, pour les caractères cliniques de l'obsession : ARNAUD, *Traité* cité *de Ballet*, p. 680 et suiv.

2. RÉGIS dit aussi (p. 96) : « il n'est pas douteux que l'obsession soit un trouble non seulement de l'émotivité, mais aussi de la *volonté* et ARNAUD a raison d'insister à cet égard. »

type est l'obsession phobique ou *phobie*, le second l'obsession *idéative* ou obsession proprement dite. »

1° *Phobies. Peurs morbides.*

La phobie n'est pas la *peur ;* c'est une peur *morbide.*

La peur[1], qu'il ne faut confondre ni avec l'impression qui la cause, ni avec les actes qui l'expriment, ni même avec les phénomènes physiologiques qui l'accompagnent et qui ont été très bien étudiés dans ces derniers temps[2], la peur est un élément psychique normal, physiologique. Elle est nécessaire à la conservation et à la défense de l'existence. C'est une manifestation de notre instinctive répulsion pour le nuisible. C'est le phénomène psychique que fait naître la connaissance d'un objet dangereux ou nuisible et qui fait naître les actes nécessaires pour éviter ou combattre cet élément nocif. C'est un élément psychique normal de défense.

La peur, même exagérée, reste physiologique et ne constitue qu'un tempérament et non une maladie, tant que, à une intensité quelconque, elle reste logique, parallèle et proportionnée aux impressions qui la causent et n'entraînent pas de réactions anormales, vraiment morbides (*angoisse*[3]).

Il y a deux ordres de troubles morbides de la peur : l'*hypophobisme*[4] et l'*hyper* ou plutôt *paraphobisme* (phobies).

Je n'insiste pas sur les demifous hypophobiques, ce sont les aventuriers, audacieux, fanfarons, téméraires... le symptôme hypophobisme est très net dans l'euphorie, l'optimisme, la satisfaction de soi et la confiance en soi...

1. Voir mon article sur : La peur, élément psychique normal de défense (*Journal de psychologie normale et pathologique*, 1904, p. 265) à propos d'une Conférence du Dr Ménard sur *Les maladies de la peur et le phobisme.*

2. Voir notamment Mosso. *La peur. Etude psychologique.* Bibliothèque de philosophie contemporaine, trad. Félix Hément. Paris, F. Alcan.

3. Il est bon de distinguer, avec Brissaud, l'*angoisse* phénomène physique et l'*anxiété* phénomène psychique, les deux éléments n'étant pas nécessairement et toujours unis et parallèles.

4. Trop souvent on ne considère la peur que comme un phénomène pathologique ou du moins on ne l'étudie qu'en pathologie et dans ses formes morbides; avec cette notion trop étroite, on ne peut pas comprendre les troubles hypophobiques.

Les phobies jouent un rôle beaucoup plus important dans l'histoire de la demifolie.

Dans ces cas, le sujet a peur à contretemps. L'ordre des phobies n'est en rien l'ordre logique des impressions dangereuses pour l'organisme. Même quand le névrosé a peur de tout, l'émotion n'est pas proportionnelle à la valeur terrifiante de l'objet.

De plus, — et c'est là le caractère capital, — la peur, dans ces cas, est *angoissante* et *paralysante*. Au lieu d'être le point de départ de sages mesures de défense, les réactions inconscientes sur cette peur sont inhibitrices et frenatrices. Cette peur fait suer le sujet, lui serre la poitrine, le fait flageoler sur ses jambes ou le contracture, ou, si même elle lui fait fuir le danger, il le fuira maladroitement et follement. C'est en cela que cette peur est franchement maladive.

En tous cas, le fait important à constater, à étudier et à traiter, chez ces malades, ce n'est pas la phobie particulière d'une chose ou d'une autre, d'une place publique, d'un espace clos, d'une verticalité ou du chemin de fer (la liste s'allongera tous les jours, tant que le grec n'aura pas entièrement disparu de la culture classique des médecins), l'important c'est l'état du psychisme qui fausse la peur et, de cette émotion physiologique, fait une émotion morbide : ce n'est pas la phobie, c'est le phobisme qui l'engendre.

Cela dit, Régis distingue la phobie *diffuse* et la phobie *systématisée*.

Dans le premier type (*panophobie*), c'est, dit Ribot, « un état où l'on a peur de tout et de rien, où l'anxiété, au lieu d'être rivée à un objet toujours le même, flotte comme dans un rêve et ne se fixe que pour un instant, au hasard des circonstances, passant d'un objet à l'autre ». Régis raconte l'histoire typique d'une malade chez laquelle « chaque événement, chaque incident, chaque acte de sa vie devenait ainsi matière à décharge pour son anxiété, momentanément spécialisée par le hasard ». C'est le symptôme *psychisme anxieux* soit du passé (regrets, remords, scrupules), soit de l'avenir (indécision, appréhension).

Quant aux phobies systématisées, Régis les divise en :

1° Phobies des *objets* : couteaux, épingles, armes, allumettes, poussières, saleté, excréments, poison, cuivre, fer, velours, huile, fruits[1]...

2° Phobies des *lieux* (grands espaces, espaces étroits et fermés, sommets, précipices, domicile, théâtre, église, cimetières, voitures, chemin de fer), des *éléments* (air, vent, eau, rivières, mer, feu, terre, orages, tempêtes, tonnerre, éclairs, montagnes, pentes, vide, nuit, obscurité), des *fonctions* (sommeil, respiration, déglutition, rougeur, sueur, défécation, miction, station debout, marche, parole, écriture, signature), des *maladies* (anomalies de conformation, syphilis, spermatorrhée, épidémies, cancer, tuberculose, rage, microbes, angine de poitrine, cardiopathies, névroses, psychoses), de la *mort*.

3° Phobies des *êtres vivants* (animaux : chiens, chats, insectes, araignées, serpents, rats, souris ; l'homme, la femme, les foules)...

2° *Obsessions idéatives ou obsessions proprement dites.*

Ici « l'anxiété se manifeste surtout par une idée et non plus par une crainte ». D'ailleurs, « par une pente toute naturelle, la monophobie tend peu à peu vers le monoïdéisme » ; de là, de nombreux « cas intermédiaires ou de transition entre la phobie et l'obsession ».

« L'idée de l'obsession est une idée consciente, mais involontaire ou parasite, automatique, discordante avec le cours régulier des pensées, enfin irrésistible... Les idées obsédantes

1. Il me paraît inutile de reproduire ici les innombrables mots grecs qu'on a fabriqués comme *bélénophobie* pour les épingles, *rupophobie* pour la saleté, *aichmophobie* pour les objets pointus, *cremnophobie* pour les précipices, *amaxophobie* pour les voitures et *sidérodromophobie* pour les chemins de fer...

ne sont pas généralement des idées absurdes, impossibles ; d'ordinaire, elles sont *vraisemblables* et n'ont de morbide que leur grossissement, leur domination, leur persistance. »

Régis classe ainsi les principales obsessions : 1° les obsessions du doute proprement dit ; 2° les obsessions du scrupule ; 3° les obsessions du mot, du chiffre, du langage ; 4° les obsessions des sentiments et affections ; 5° les obsessions nosophobiques...

Les obsédés font des actes que Régis et Bellet ont bien étudiés sous le nom de *moyens de défense des obsédés*, soit pour prévenir les accès obsédants, soit pour dominer ces accès quand ils éclatent, soit pour en atténuer ou dissimuler les effets émotifs.

Ainsi, « les obsédés du doute paient deux fois un objet quand ils ne peuvent s'assurer s'ils l'ont ou non soldé. Beaucoup d'obsédés de la contamination portent constamment des gants et en changent tous les jours ; ils se préoccupent sans cesse de leurs vêtements et de leur linge de corps, veillant avec le plus grand soin, la nuit, à ce qu'ils reposent pliés avec art sur un dossier de chaise méticuleusement propre ; ils font enfin des lavages de mains perpétuels... Citons enfin la *répétition* plus ou moins fréquente *des actes* chez les obsédés qui souvent les recommencent jusqu'à ce qu'ils soient certains que leur exécution est parfaite à leur gré ou qu'elle est contemporaine d'une idée favorable, salutaire, et non d'une idée mauvaise, fâcheuse. »

3. Délires.

Il est difficile, et d'ailleurs inutile, de définir le délire : tout le monde s'entend sur ce mot.

J'ai déjà parlé de l'idée obsédante, de l'idée fixe, qui est souvent une *idée délirante*. Le degré inférieur du délire est l'*interprétation délirante*. Le degré supérieur est le *délire spontané*.

On a proposé un grand nombre de classification des idées délirantes.

Seglas propose les neuf groupes suivants : 1. idées d'humilité et de culpabilité (autoaccusation) et idées de ruine; 2. idées de persécution; 3. idées de défense (qui se rattachent aux précédentes); 4. idées de grandeur; 5. idées hypocondriaques; 6. idées de négation; 7. idées d'énormité (que Cotard rattache plutôt au délire triste et aux idées hypocondriaques); 8. idées religieuses; 9. idées érotiques.

Rogues de Fursac réunit les n°s 1, 5 et 6 sous le titre général d'idées mélancoliques; on peut y joindre le n° 7.

Régis adopte les six groupes suivants : 1. idées de satisfaction, de grandeur, de richesse, d'invention; 2. idées d'humilité, de désespoir, d'incapacité, de ruine, d'indignité, d'autoaccusation; 3. idées hypocondriaques, de négation, de transformation corporelle, d'énormité; 4. idées de persécution, de jalousie, de défense; 5. idées religieuses ou mystiques; 6. idées érotiques.

Ces diverses formes d'idée délirante peuvent se rencontrer chez les demifous, avec ce caractère constant ou de n'être pas très profondes ou surtout d'être *limitées*.

Et ici se pose la question, grave pour notre sujet, des délires *partiels*.

Les délires partiels ou systématisés (paranoïa, Verrückheit) « se manifestent *primitivement* par une déviation des fonctions intellectuelles, déviation, qui, par elle-même, ne comporte pas un véritable affaiblissement de l'intelligence et qui laisse intactes, au moins en apparence, les facultés logiques et de raisonnement. Le délire se présente comme un système limité à une *série d'idées* particulières, les opérations intellectuelles et l'intelligence dans son ensemble paraissant normales; c'est par là que le délire *partiel* s'oppose au délire *généralisé* (manie, mélancolie), qui attire tout d'abord l'attention par la perturbation générale de toutes les fonctions mentales ».

Cette conception actuelle du délire partiel diffère de l'ancienne (du temps d'Esquirol) au point que, dans la science contemporaine, « ce caractère de trouble partiel n'est que relatif, il doit s'entendre de l'*extension du délire* et non de l'étendue de la lésion intellectuelle; le délire ne se manifeste qu'*à propos* de certaines séries d'idées, mais l'esprit est faussé dans son ensemble, il est incapable d'apprécier exactement et de rectifier les éléments faux qui l'envahissent[1] ».

Malgré tout, on comprend que cette forme de délire se rencontre chez les demifous, au moins dans certains cas et dans les premières périodes de leur maladie.

Je dirai enfin un mot du délire *de rêve* ou délire *onirique* de Régis, qui est aussi une forme fréquemment observée dans la demifolie.

Ce délire « naît et évolue dans le sommeil ; il est constitué par des associations fortuites d'idées, par des reviviscences hallucinatoires d'images et de souvenirs antérieurs, par des scènes de la vie familiale ou professionnelle, par des visions le plus souvent pénibles, par des combinaisons d'événements étranges, impossibles, éminemment mobiles et changeants, ou doués, au contraire, d'une certaine fixité, qui s'imposent plus ou moins complètement à la conviction. Au degré le plus faible, ce délire est exclusivement nocturne et momentané ; il cesse au réveil et ne reparaît que le soir, soit dès le crépuscule, soit seulement plus tard, avec le vague assoupissement. A un degré plus marqué, il cesse encore au réveil, mais incomplètement et se reproduit dans la journée dès que le malade a les yeux fermés et somnole. Enfin, à son degré le plus élevé, le délire ne cesse pas au matin et il se continue le jour, tel quel, comme un véritable *rêve prolongé* ». Ces malades « gardent souvent implantée dans leur esprit, plus ou moins longtemps après la guérison, quelque idée fausse isolée, obsédante, tenace, reliquat d'une des conceptions principales de leur rêve hallucinatoire, sorte de monoïdéisme, d'*idée fixe postonirique*, identique au monoïdéisme, à l'idée fixe posthypnotique ».

1. Arnaud. *Traité* cité *de Gilbert Ballet*, p. 488.

Parlant ensuite de la nature de ce délire onirique, Régis veut bien ajouter : « Grasset[1] dit en passant... que le délire onirique... est un exemple de la dissociation du centre O et du polygone au profit de ce dernier, c'est-à-dire de l'activité psychique supérieure et de l'activité psychique inférieure ou automatique, celle-ci devenue prédominante. La réflexion est absolument juste et j'estime en effet que rien ne saurait mieux faire comprendre le délire onirique tel que je le conçois, comme de voir en lui le schéma et l'expression de Grasset, un type de *délire polygonal.* »

4. Impulsions[2].

Parmi les définitions de l'impulsion il faut choisir celles qui séparent l'impulsion de l'acte moteur qui en résulte. Telles sont celles de Magnan « un mode d'activité cérébrale qui pousse à des actes que la volonté est parfois impuissante à empêcher » et celle de Régis « une tendance irrésistible à l'accomplissement d'un acte ».

C'est un trouble du processus psychique d'exécution ou d'extériorisation de l'idée : il est caractérisé par un motif violent, impératif, doué d'une extrême force d'extériorisation, qui vient se substituer à tous les autres, les remplacer tous.

Le caractère brusque et impératif de l'impulsion supprime la délibération et raccourcit l'acte psychique de la décision au point que Pitres et Régis ont défini l'impulsion morbide : « la tendance impérieuse et souvent même irrésistible au retour vers le pur réflexe, dans le domaine de l'activité volontaire », et Dallemagne[3] a dit : « l'impulsion est, à sa façon, une sorte de réflexe cortical. »

Entre l'obsession et l'impulsion, il y a la différence qu'il y a entre le premier et le second temps de la volition, entre la

1. Voir *L'hypnotisme et la suggestion*, p. 392.
2. Voir Pitres et Régis. *Loco cit*, p. 271 et suiv.
3. Dallemagne. *Pathologie de la volonté*, p. 68.

décision et l'exécution. L'une et l'autre sont des motifs puissants qui annihilent les autres, mais l'impulsion est un motif qui a une grande force d'extériorisation, force que n'a pas l'obsession. L'obsession devient impulsion quand elle pousse à l'extériorisation.

Voici maintenant, d'après ARNAUD[1], les plus importantes impulsions, symptômes fréquents de la demifolie : 1° la *dipsomanie,* impulsion à boire ; 2° la *sitiomanie,* impulsion à manger (de σιτιος, aliment) ; 3° la *kleptomanie,* impulsion au vol[2] (voleurs aux étalages des grands magasins) ; 4° la *pyromanie,* « idée obsédante du feu, finissant par déterminer une véritable impulsion à l'incendie » ; 5° l'impulsion *homicide* : « le meurtrier impulsif... conserve la conscience, au moins relative, et le souvenir précis de son acte, qu'il juge abominable et sans excuse ; il est entraîné par une obsession impulsive qu'il réprouve, contre laquelle il lutte par tous les moyens et qui

1. ARNAUD. *Traité* cité de GILBERT BALLET, p. 737.

2. Fait divers : « *Un polytechnicien en conseil de guerre...* C'est un élève de l'Ecole polytechnique. Il y fut admis l'an passé avec le numéro 28. En même temps il était reçu treizième à l'Ecole normale supérieure. Et c'est un voleur. Il n'a pas volé une fois, dans un coup de folie. Il a volé souvent, méthodiquement, savamment. Il prépare, combine, exécute ses mauvais coups avec autant d'intelligence que de sang-froid. Il force les portes et les coffres en cambrioleur émérite. Et ce ne sont pas seulement ses camarades qu'il vole, ce sont les pauvres du quartier... On le découvre, on l'arrête. Il avoue et semble n'éprouver aucun remords. Chez cet intellectuel authentique, le sens moral est totalement aboli... Mais, regardez-le bien, ce polytechnicien aux yeux luisants, tour à tour effrontés et sournois, au visage asymétrique, aux épaules étroites secouées de tics nerveux. Visiblement, c'est un dégénéré ; on dira tout à l'heure un hystérique... Ce triste cas relève moins de la psychologie que de la pathologie... Tous (les témoins) disent : c'est un nerveux, un impulsif, un exalté, un déséquilibré, un malade. Il sentait violemment, raisonnait peu. Bizarre et fantasque, il avait fréquemment des absences. Pas de scrupules. Un jour, il déclare à son camarade V. : si je rencontrais au coin d'un bois quelqu'un avec la forte somme et si je pouvais le voler impunément, je n'hésiterais pas une seconde... Comme il l'avoue lui-même, piteux, il a gaspillé bêtement l'argent volé : il a acheté cette valise en cuir, cette théière modern style, cette canne à pomme d'or, ce peignoir de femme, cette fourrure d'automobiliste... Et c'est pour cela qu'il a brisé sa carrière, sali l'honneur d'une famille ? Non, comme le démontrent le major LEMOINE et le Dr VALLON, médecin aliéniste de Sainte-Anne, ces vols imbéciles ne peuvent s'expliquer que par des impulsions morbides. Depuis son arrestation, il a eu deux attaques de grande hystérie et il a dû être soigné au Val-de-Grâce. Sa responsabilité est donc très atténuée » (*Le Matin*, 27 mai 1906).

trop souvent subjugue sa volonté et la force à l'action; 6° l'impulsion *suicide;* 7° l'*onomatomanie*, impulsion à répéter un mot, et l'*arithmomanie;* 8° l'*écholalie*, impulsion « à répéter immédiatement, et à la manière d'un écho, la parole entendue, les mots écrits et quelquefois même sa propre pensée », et la *coprolalie*, impulsion « à prononcer des paroles ordurières ».

Ce dernier type est souvent associé aux tics. Celles de ces impulsions qui entraînent des répétitions d'actes peuvent être considérées comme des *tics psychiques*.

L'énumération suivante de Régis est plus complète : 1° impulsions à des tics, gestes, paroles...; 2° impulsions à des actes ridicules et bouffons; 3° impulsions à des actes stupides et extravagants; 4° impulsions à des actes grossiers, répugnants; 5° impulsions à des actes ambulatoires; 6° impulsions à des actes d'appropriation et de vol; 7° impulsions à des actes érotiques; 8° impulsions à des actes de destruction; 9° impulsions à des actes d'incendie; 10° impulsions à des actes de violence contre soi-même; 11° impulsions à des actes de violence contre les autres; 12° impulsions à s'intoxiquer.

Je dirai quelques mots des *fugues* des *ambulatoires*. Charcot[1] a publié une histoire, bien curieuse, de ce type de malade, qui est restée classique : un individu sort, dans Paris, chargé par son patron de toucher de l'argent; à un moment donné, il perd la conscience et la mémoire, oublie même son cocher et s'éveille, huit jours après, dans une ville inconnue, sur un pont, à côté d'un régiment dont la musique l'avait éveillé; craignant les quolibets, il n'ose pas demander le nom de la ville où il se trouve; il demande seulement le chemin de la gare et là lit avec stupéfaction « Brest »; il avait fait le voyage en chemin de fer, pris son billet, évité une série d'obstacles, mangé en route, peut-être couché quelque part, dépensé deux cents francs sur les neuf cent qu'il avait touchés pour

1. Charcot. *Leçons du mardi*, 31 janvier 1888 et 21 février 1889.

son patron... Il a alors la malheureuse idée de se mettre sous la protection d'un gendarme, à qui il montre une ordonnance de CHARCOT et qui lui répond : « c'est bien; je connais ça », puis le conduit au poste. On le fait coucher dans une casemate sur la paille, pendant qu'on télégraphie au patron pour contrôler son récit. Le patron répond télégraphiquement : « maintenez l'arrestation; l'argent qu'il porte est à moi ». Après une série de transferts, du poste au Palais et du Palais à la prison (où il reste dix jours), il peut enfin rentrer à Paris, où il est remercié par son patron; et la Société de secours mutuels dont il est membre lui refuse des subsides sous prétexte que sa maladie est causée par l'intempérance.

J'ai étudié [1] un malade qui avait été précédemment chez PITRES et dont l'observation a été publiée par BITOT [2].

Une année, en juillet, à Paris, il va à la gare d'Orléans sans motif. Chemin faisant, il ne voit que des figures sinistres et rien ne lui paraît naturel; il faisait du reste de l'orage. Au guichet, il demande un billet pour « n'importe où ». On pense avoir affaire à un original et on lui délivre un billet pour la localité voisine. Pendant le trajet, il croit aller à la rencontre d'un parent, puis il descend à l'endroit désigné, se promène, ne rencontre pas de parents et revient à Paris, assez ennuyé de cette aventure qu'il ne comprend pas.

PITRES [3] a également publié un cas très curieux de « voyageur » qui, en dehors de ses fugues, n'avait aucune idée délirante, mais qui faisait une série de voyages impulsifs, comme un véritable juif errant [4].

1. *Leçons de Clinique médicale*, 2e série, p. 111.

2. BITOT. Thèse de Bordeaux, 1890.

3. PITRES. *Leçons cliniques sur l'hystérie et l'hypnotisme*, 1891, t. II, p. 269.

4. Voir encore sur cette question : la thèse de TISSIÉ sur *les aliénés voyageurs ;* GEHIN. *Contribution à l'étude de l'automatisme ambulatoire ou vagabondage impulsif*. Thèse de Bordeaux 1892 ; MEIGE. *Etude sur certains névropathes voyageurs, le Juif errant à la Salpêtrière*. Thèse de Paris 1893, n° 315 ; ALFRED FOURNIER. J.-CH. KOHNE et GILLES DE LA TOURETTE. Rapport médicolégal sur un militaire déserteur atteint d'automatisme ambulatoire. *Nouvelle Iconographie de la Salpêtrière*, t. VIII, 1895, p. 348.

Ces malades à fugues, qui sont nombreux[1], prouvent mieux que tous les exposés théoriques, l'existence des demifous, leur caractéristique clinique et surtout l'importance qu'a leur étude, non pas seulement pour les médecins, mais pour la société tout entière. Bien des tribulations auraient été épargnées au malheureux malade de CHARCOT si, à défaut du gendarme, au moins les magistrats avaient mieux connu ce genre de malades. Évidemment ce n'était pas là un fou au sens complet du mot, puisqu'à Paris et à Brest il répondait et raisonnait très bien ; mais ce n'était pas non plus un homme psychiquement normal, puisque, entre Paris et Brest, il avait agi sans conscience, sans mémoire et sans responsabilité.

Quelle que soit leur forme, ces impulsions ont d'ailleurs des caractères communs : « conscience lucide, lutte angoissante, irrésistibilité, émotivité, soulagement consécutif à l'accomplissement de l'acte (MAGNAN et LEGRAIN) », sans que cependant cet accomplissement de l'acte soit constant et fatal.

5. ABOULIES ET PARABOULIES[2]

PIERRE JANET divise les aboulies (affaiblissement de la volonté) en : aboulies *systématisées*, « impuissances de la volonté portant, non sur l'ensemble des actions, mais sur un

1. FAITS DIVERS. « Le jeune R. P. est décidément incorrigible. Nos lecteurs se rappellent sans doute comment il quitta, le 2 mai dernier, en compagnie d'un de ses camarades de l'école... le domicile paternel rue... n°... (à Paris). Retrouvé dans le département de l'Aveyron et ramené par son père, il vient de nouveau de s'enfuir du logis avec cette circonstance aggravante qu'il a emporté une somme de cinq mille francs » (*Le Journal*, 26 mai 1906).
« Récemment un homme traversait Paris, marchant droit devant lui. Il était recouvert d'une épaisse couche de poussière. Tout à coup un fiacre arrive au grand trot et manque écraser le piéton. Un agent heureusement s'est précipité. L'homme se réveille. Il interroge : où suis-je ? — A Paris, lui répond-on. Le malheureux n'en revenait pas. Atteint de la volonté de marcher, il était, sans le savoir, venu de l'extrémité des pays méridionaux, traversant la France à pied, allant devant lui jusqu'à la capitale. L'accident dont il faillit être victime avait seul interrompu sa course. » (*Le Mistral* d'Avignon, 10 janvier 1906.)

2. Voir PIERRE JANET. *Etat mental des hystériques. Les stigmates mentaux*. Bibliothèque Charcot-Debove, 1893, p. 122 et *Névroses et idées fixes*, 2 vol., Paris, F. Alcan, 1898.

acte particulier ou un système d'actes spéciaux » ; 2° aboulies *localisées*, impuissances partielles comme les précédentes, mais pas systématisées ; aboulies momentanées, périodiques; groupe peu précis ; 3° aboulies *générales* « qui portent simultanément sur toutes les actions et toutes les pensées »

Dans les aboulies, Pierre Janet a très bien montré que le trouble porte sur la volonté vraie, supérieure, les actes polygonaux persistant au contraire. C'est ce qu'il exprime dans les trois caractères suivants : 1° conservation des actes anciens (devenus polygonaux) ; 2° perte des actes nouveaux (O) ; 3° conservation des actes subconscients et perte de la perception personnelle des actes.

C'est ce qu'exprime aussi la loi de Ribot : « la dissolution suit une marche régressive du plus volontaire et du plus complexe au moins volontaire et au plus simple, c'est-à-dire à l'automatisme ».

Au degré léger, c'est le « règne des caprices », qui sont des phénomènes polygonaux.

Il ne faut pas classer (comme on a trop souvent de la tendance à le faire) dans les abouliques les sujets (obsédés, anorexiques) dont la volonté est troublée par l'exagération d'une volonté d'arrêt partielle. Ce sont des parabouliques ; ils sont *têtus* dans une détestable direction.

Il faut distinguer l'aboulie de *volition* dans laquelle les sujets ne *veulent* pas et l'aboulie d'*exécution* dans laquelle les sujets ne *peuvent* pas extérioriser leur décision, la faire passer à l'acte moteur.

« Chez l'homme normal, dit Seglas, ces deux phénomènes se touchent, presque à se confondre. Mais dans certaines conditions, d'après les observations des malades eux-mêmes, la distinction est nécessaire et l'on doit séparer l'individu, qui se représente l'action à accomplir, mais qui ne trouve plus dans son esprit les moyens de l'effectuer, de l'aboulique qui ne conçoit pas l'action et qui ne fait aucun effort. » Le premier a du *non-pouvoir* (aboulie d'exécution), le second du *non-vouloir* (aboulie de volition).

Dans l'aboulie d'exécution, les malades, dit Guislain (cité par Ribot) « savent vouloir intérieurement, mentalement, selon les exigences de la raison. Ils peuvent éprouver le désir de faire ; mais ils sont impuissants à faire convenablement... le *je veux* ne se transforme pas en volonté impulsive, en détermination active ».

L'*hypomimie* (affaiblissement de la mimique émotive), l'*hyposémie* et l'*asémie* (affaiblissement du langage mimique) font partie, au moins dans certains cas, de ces aboulies d'exécution ou d'extériorisation.

6. Troubles de la cénesthésie [1].

« On a donné le nom de *cénesthésie,* sens de l'existence, au sentiment que nous avons de l'existence de notre corps, sentiment qui, à l'état normal, s'accompagne d'un certain bien-être. Chaque fonction vitale y contribue pour sa part et de cet apport complexe résulte cette notion confuse » qui constitue, en somme, la *conscience du moi physique* et comprend toutes les sensations endogènes que nous avons de notre corps et de ses organes. « C'est la somme, le chaos non débrouillé des sensations qui, de tous les points du corps, sont sans cesse transmises au sensorium (Henle). » C'est « le sentiment fondamental de l'existence (Condillac) », « le sentiment de l'existence sensitive (Maine de Biran) », très bien étudié par Jouffroy.

Je diviserai en quatre groupes les troubles de la cénesthésie observés chez les demifous.

1° *Phénomènes autoscopiques* [2].

Au polygone désagrégé dans le sommeil se révèlent par-

1. Voir Seglas. *Traité* cité *de Gilbert Ballet*, p. 172 ; Ribot. *Maladies de la personnalité*. p. 22. Bibliothèque de philosophie contemporaine. Paris, F. Alcan.

2. Voir Paul Sollier. *Les phénomènes d'autoscopie*. Bibliothèque de philosophie contemporaine, 1903. Paris, F. Alcan.

fois, avec une particulière force, certaines sensations cénesthésiques qui donnent au rêve l'apparence divinatoire ou prémonitoire. La chose est plus nette dans l'hypnose (SOLLIER); dans cet état, les relations deviennent beaucoup plus intimes *dans les deux sens* (centripète et centrifuge) entre les centres psychiques et les fonctions organiques normalement soustraites à leur influence.

COMAR[1] et SOLLIER ont décrit chez certains malades la possibilité de sentir et de se représenter certains de leurs organes (autoscopie interne). SOLLIER a rencontré même des malades qui lui décrivaient la « constitution microscopique » de leur ovaire et de leur cerveau !! Des malades de COMAR ont suivi des corps étrangers dans leur corps.

Dans d'autres cas, le sujet se représente son corps entier et l'objective ; il le voit devant lui : c'est l'autoscopie *externe*. C'est l'*hallucination autoscopique* ou *spéculaire* de FÉRÉ, la *deutéroscopie* de BRIERRE DE BOISMONT.

PAUL SOLLIER distingue trois formes d'autoscopie externe : 1° autoscopie *spéculaire* : le fantôme est identique au sujet actuel ; 2° autoscopie *dissemblable :* le fantôme est différent du sujet dans ses attributs externes, mais identique à lui moralement ; 3° autoscopie *cenesthésique :* le double est seulement senti, mais non vu, et reconnu identique au sujet.

SOLLIER décrit enfin, sous le nom d'autoscopie *négative*, les cas dans lesquels le sujet, se regardant dans une glace, ne s'y voit pas.

2° *Fausses sensations de maladie. Hypocondrie.*

L'hypocondrie, qu'il ne faut pas confondre avec la peur de la maladie (nosophobie), est bien vraiment un trouble de la cénesthésie : le sujet se *sent* malade ; c'est une erreur de sa cénesthésie, puisque réellement il n'est pas malade. C'est

1. COMAR. L'autoreprésentation de l'organisme chez quelques hystériques. *Revue neurologique*, 1901, p. 491 et *Presse médicale*, 17 janvier 1903. Voir l'entière bibliographie de la question dans le livre cité de PAUL SOLLIER.

plutôt une illusion qu'une hallucination, parce que le plus souvent le sujet interprète *mal* des sensations endogènes *vraies*. Cette sensation de maladie peut faire naître chez le sujet une émotion, un certain degré d'angoisse et de phobie ; mais le trouble de l'émotion n'est pas indispensable à la constitution de l'hypocondrie.

Avec Gilbert Ballet et Seglas, on peut reconnaître trois degrés au trouble hypocondriaque : 1° la *sensation* hypocondriaque (*hypocondria minor*) ; 2° la sensation hypocondriaque avec *émotion* (phobie hypocondriaque, nosomanie, nosophobie) ; 3° la sensation hypocondriaque avec *idée délirante* (*hypocondria major ;* idée fausse et absurde, systématisée ; folie hypocondriaque[1]).

3° *Mécontentement et contentement exagérés (euphorie du moi physique).*

Un degré atténué de l'hypocondrie est le *mécontentement* de soi (physique). Sans se sentir une maladie, on se sent mal à l'aise, on s'observe, on se cherche des sensations morbides, on consulte les médecins, on évite les causes présumées de maladie. Ce sont des *timides de la santé*. Ce mécontentement de soi peut entraîner (Pierre Janet) l'obsession de la honte du corps avec angoisse (sensation d'incomplétude dans l'effort).

De ce symptôme, il faut rapprocher son contraire : l'*euphorie*, contentement exagéré du moi physique (l'*optimisme* étant plutôt le contentement exagéré du moi personnel total). Ces malades ne craignent rien, se trouvent mieux que jamais, ne veulent pas consulter de médecin, ni prendre les précautions les plus élémentaires ; ils sont indifférents au milieu physique ou le méprisent ; ils bravent tout et le disent.

Ces troubles se compliquent le plus souvent de trouble

1. Voir Arnaud. *Loco cit.*, p. 537.

émotionnel : le mécontent de soi est triste et l'euphorique est gai.

4° *Troubles de quelques sensations cénesthésiques particulières.*

Chacune des sensations de notre corps peut être l'objet d'un trouble. Ce sont les troubles de l'*instinct de nutrition*, ainsi résumés par SEGLAS.

Instinct de nutrition :

Augmenté : voracité, boulimie, mérycisme.

Diminué : anorexie, sitiophobie ; manie du jeûne.

Perverti : préférence ou répugnance pour certains aliments ou liquides, dipsomanie... Ingestion de substances diverses non alimentaires, géophagie, scatophagie...

La fonction kinesthésique peut être le point de départ de symptômes du même groupe.

Certains malades « jouissent avec délices de la légèreté de leur corps, se sentent suspendus en l'air, croient pouvoir voler ; ou bien ils ont un sentiment de pesanteur dans tout le corps, dans quelques membres, dans un seul membre, qui paraît volumineux et lourd » ; ou bien le malade « se sent beaucoup plus petit ou beaucoup plus grand que dans la réalité[1] ».

7. TROUBLES DE L'IDÉE DU MOI ET DE LA PERSONNALITÉ.

1° *Diminution et exagération de l'idée du moi. Égoïsme et timidité morbides.*

La timidité devient morbide quand elle s'accompagne d'angoisse et devient phobie.

Les actes psychiques disparaissent, en commençant par le plus élevé et le plus altruiste et finissant par le plus personnel et le plus abaissé. Les émotions relatives au moi persistent les dernières et prennent de plus en plus d'importance. Aussi

1. RIBOT. *Maladies de la personnalité*, p. 35. Paris, F. Alcan.

l'égoïsme est-il un symptôme capital, à peu près constant, des psychoses et même des névroses en général.

Cet égoïsme prend d'ailleurs, suivant les cas, « des teintes variées, tels : l'autophilie soupçonneuse et vindicative, le caractère égocentrique du délirant systématique, l'indifférence distraite du mélancolique, de l'hypocondriaque, l'apathie du dément, la négligence du paralytique, la fourberie du raisonnant, l'hypocrisie de l'imbécile, le sans-gêne du maniaque[1] ».

2° *Optimisme. Idées de grandeur.*

L'optimisme est une idée heureuse du moi entier, physique et psychique : le malade est à la fois le plus fort physiquement et le plus intelligent.

Un degré de plus, on a les idées de grandeur que SEGLAS divise en : *a*. idées de satisfaction, de capacité, de force, de puissance, de richesse ; *b*. idées orgueilleuses, idées de grandeur proprement dites, idées ambitieuses.

3° *Idées de négation ou de transformation, partielle ou totale, du moi.*

Le mécontentement de soi forme le premier degré de ce groupe dans lequel il y a, à un degré plus élevé, les idées d'amoindrissement et enfin les idées de négation, partielle ou totale, du moi.

Chez les *négateurs*[2], on trouve « une conviction particulière, répondant à l'idée de changement, de destruction, d'absence, de nonexistence » ; ces malades « n'ont pas de nom, pas d'âge ; ils n'ont pas de famille, pas de sentiments »...

Ces idées de négation peuvent être systématisées ou non. On peut en rapprocher les idées de transformation du corps (délire *métabolique*) ; le malade est en verre, en bois, en caoutchouc...

1. SEGLAS. *Loco cit.*, p. 159.
2. Voir SEGLAS. *Loco cit.*, p. 256, 260, 270.

4° *Idées de persécution et de défense.*

Il suffit que le sujet cherche à interpréter ces idées tristes de négation ou de transformation de soi, qu'il leur attribue une origine extérieure, pour arriver aux idées de persécution.

C'est bien encore là un trouble para de l'idée de soi ; car, ce qui caractérise ces malades, « c'est l'orgueil, l'autophilie (Ball), le caractère égocentrique, comme disent les Allemands, qui porte l'individu, dans ses relations avec le monde extérieur, à tout envisager d'une façon particulière, pour le rapporter à soi-même ».

A côté de ces persécutés vrais, qui attribuent leur persécution à une cause extérieure, il y a aussi les persécutés *auto-accusateurs*, qui se considèrent comme la cause de la triste idée qu'ils ont de soi.

Aux idées de persécution étrangère s'ajoutent facilement et naturellement des idées de *défense* passive (Seglas) : le malade est convaincu qu'à côté d'individus qui le poursuivent, il en existe d'autres qui le défendent.

5° *Troubles de l'idée de personnalité.*

Tout individu n'a qu'une personnalité physiologique, vraie et normale, formée de l'ensemble et de la synergie de tous ses centres nerveux, aboutissant à l'idée du moi conscient.

Sans être fou, un psychique peut voir se développer des dédoublements, altérations ou transformations de la personnalité (hypnose, transe des médiums). Dans ces cas, la personnalité vraie, supérieure, n'est pas modifiée ; mais il surgit des personnalités anormales, polygonales, après désagrégation suspolygonale. Il y a alors suspension momentanée de l'idée de personnalité, sommeil de O ; mais, au réveil, tout rentre dans l'ordre ; il n'y a pas eu vraiment trouble morbide de l'idée de personnalité[1].

Si au contraire il y a eu altération et trouble de l'ensemble

1. Voir, sur ces faits : Alfred Binet. *Les altérations de la personnalité.* Bibliothèque scientifique internationale, 1892. Paris, F. Alcan.

des fonctions psychiques (O compris), l'idée de soi et de sa personnalité peut être réellement altérée et troublée ; ce sont les vraies maladies de la personnalité par trouble de l'idée supérieure de soi. Même alors on retrouve les caractères des types polygonaux indiqués plus haut, au moins chez les moins atteints, c'est-à-dire chez les demifous.

Quand O s'affaiblit, c'est une personnalité polygonale qui apparaît, *coexiste* avec la personnalité vraie, *alterne* avec elle, se *substitue* à elle ou *s'affaiblit* avec elle. Ce sont bien là les types de troubles décrits[1].

Pierre Janet a aussi décrit l'obsession de la dépersonnalisation.

8. Troubles du psychisme social.

A la vie en *société* correspondent des actes psychiques de deux ordres : les actes psychiques sociaux (de l'homme en société) et les actes psychiques collectifs (des sociétés d'hommes). A ces deux modalités de la vie en commun — le fait social et le fait collectif — correspondent des troubles que peuvent présenter les demifous. Nous les grouperons sous trois chefs : 1° troubles des idées sociales et morales ; 2° troubles des idées religieuses ; 3° troubles grégaires.

1° *Troubles des idées sociales et morales.*

A cette série appartiennent les deux groupes suivants de la classification de Morselli et Seglas[2].

a) Actes concernant les relations matérielles de l'individu avec le milieu social.

Capacité au travail :

activité désordonnée, diminution de l'activité ou inertie absolue, instabilité, travail automatique.

1. Voir Seglas. *Loco cit.*, p. 228 ; Rogues de Fursac. *Loco cit.*, p. 84, Ribot. *Les Maladies de la personnalité*, p. 136 et 147.

2. Seglas. *Loco cit.*, p. 168.

Instinct de propriété :

diminué : indifférence, prodigalité, impulsions destructives ;

augmenté : jalousie, crainte du vol, manie des achats.

perverti : kleptomanie, collectionnisme.

Intérêt juridique : folie processive, manie des querelles.

b) Actes concernant les relations affectives de l'individu avec le milieu social.

Dans la vie sociale :

négligence ou excentricité de la tenue, mépris des convenances et des règles du savoir-vivre;

sentiments altruistes : égoïsme, misanthropie, générosité, suggestibilité, tendance aux violences, coups et blessures, homicide;

sentiments de justice : calomnie, vol, pyromanie, exagération des intérêts et droits particuliers, réclamations, scandales, actes de vengeance destinés à attirer l'attention publique, pseudochantage, processomanie;

sentiments de solidarité : nostalgie, zoophilie, pseudoréformateurs, régicides, dispositions testamentaires étranges.

Les plus importants de ces troubles des idées sociales et morales peuvent se grouper sous trois chefs : 1° les délires politiques, anarchistes, régicides;... 2° les hypomoralisés : absence de sens moral, folie morale ou idiotie morale, obsession du crime, homicide;... 3° les paramoralisés : scrupules, remords, autoaccusateurs.

2° *Troubles des idées religieuses.*

Je pense pouvoir dire que SERGI[1] exagère un peu quand il considère la religion « comme une manifestation *pathologique* de la fonction de protection » ; il y a des individus religieux, de bonne foi, qui ne sont pas des malades.

1. SERGI. *Les émotions*, trad. PETRUCCI. Bibliothèque internationale de psychologie expérimentale, normale et pathologique, 1901, p. 404.

Mais, comme tous les autres actes psychiques, les idées religieuses peuvent être le point de départ ou la forme de certains troubles que SEGLAS énumère ainsi : folie du doute, superstitions, démonomanie sous ses formes diverses, manie du jeûne, mutilations, suicide, homicide, exagération maladive des pratiques religieuses, amulettes, illuminisme, visionnaires, prophètes et fondateurs de religions extravagantes.

On peut grouper les principaux de ces troubles sous les deux chefs suivants : 1° exagération maladive de l'idée religieuse ; extase[1], mysticisme, superstitions, pratiques rituelles allant jusqu'à l'automutilation ou même au suicide ou à l'homicide (sacrifices) ; 2° perversion de l'idée religieuse : démonomanie ou démonopathie, démonolatrie, théomanie, délires religieux[2] et blasphématoires, obsessions[3] et impulsions sacrilèges...

Tous ces malades sont religieux, ont l'idée religieuse, mais pervertie. Car l'incrédule vrai et complet n'a aucune tendance au blasphème ou au sacrilège. Ces crimes, n'existant que par leur caractère de profanation, ne se comprennent qu'avec une perversion d'une idée persistante. Il faut avoir encore une idée religieuse troublée pour mieux aimer voler une hostie consacrée que le vase précieux qui la contient.

Tous ces troubles sont donc para plutôt qu'hypo. Car un individu ne doit pas plus être considéré comme malade parce qu'il n'a pas de religion que parce qu'il en a une.

3° *Troubles grégaires.*

Je comprends sous ce titre les troubles du psychisme individuel dans les collectivités, les troubles psychiques présentés par les individus vivant en collectivité et puisant

1. Voir MURISSIER. *Les maladies du sentiment religieux*. Bibliothèque de philosophie contemporaine, 2e édit., 1903. Paris. F. Alcan.

2. Voir SEGLAS. *Loco cit.*, p. 261, et ARNAUD, *ibid.*, p. 568.

3. Voir PIERRE JANET. *Les obsessions et la psychasthénie*, t. I, p. 9. Paris, F. Alcan.

dans cette vie collective la cause plus particulière de leur développement ou de leur forme.

La *foule*[1], qui a été surtout étudiée dans ces derniers temps, n'est qu'une des formes de la collectivité. C'est un bon exemple à analyser, parce que la foule présente au plus haut degré, même avec exagération, les caractères psychologiques généraux de toutes les collectivités.

Ce qui domine la psychologie des collectivités, c'est que chaque individu constituant abdique plus ou moins volontairement la direction psychique supérieure de son centre O; son polygone désagrégé fonctionne seul comme dans la distraction, la passion et l'hypnose, et il est dirigé soit par les voisins (contagion des foules), soit par les meneurs. Aussi la responsabilité des actes *grégaires* doit-elle être le plus souvent reportée, au moins en grande partie, sur le *berger*.

Ainsi constituée, la collectivité forme une sorte d'individu complexe, mais un, dont on a étudié la psychologie sous le nom d' « âme des foules », soumise à la loi de l'unité mentale des foules.

La foule peut aussi être *éparse*, c'est-à-dire que, par la presse, les conférences, le livre... il peut s'établir une communauté d'*opinion*, qui forme une grande unité mentale, dont les membres sont séparés les uns des autres, dans l'espace et dans le temps. C'est ainsi que se forment les *partis*, les *sectes*, l'*esprit de corps*, de *caste*...

Voici la classification des foules d'après Le Bon :

Foules hétérogènes :

1° *anonymes* : foule des rues, par exemple;

1. Voir : Gustave Le Bon. *Psychologie des foules*. Bibliothèque de philosophie contemporaine, 11e édit., 1905, Paris, F. Alcan ; Scipio Sighele. *Psychologie des Sectes*, trad. Louis Brandin. Bibliothèque sociologique internationale, 1898 et *La foule criminelle. Essai de psychologie collective*. Bibliothèque de philosophie contemporaine, 2e édit.. 1901 ; Tarde. *L'opinion et la foule*. Même bibliothèque, 1901. Voir aussi, sur l'imagination des foules : Dugas. *L'imagination*. Bibliothèque internationale de psychologie expérimentale, normale et pathologique, 1903, p. 181. Voir encore Cabanès et L. Nass. *La névrose révolutionnaire*, préface Jules Claretie.

2° *non anonymes :* jurys, assemblées parlementaires...

Foules homogènes :

1° *sectes :* politiques, religieuses...

2° *castes :* militaire, sacerdotale, ouvrières. .

3° *classes :* bourgeoise, des paysans...

La mentalité de la collectivité est toute différente de celle des individus ; mais, comme au fond elle revient toujours à la mentalité des composants, il faut admettre que la mentalité des individus est modifiée, souvent profondément, par le fait même d'être en collectivité. « C'est ainsi, dit Le Bon, que parmi les conventionnels les plus féroces se trouvaient d'inoffensifs bourgeois, qui, dans les circonstances ordinaires, eussent été de pacifiques notaires ou de vertueux magistrats. L'orage passé, ils reprirent leur caractère normal de bourgeois pacifiques. Napoléon trouva parmi eux ses plus dociles serviteurs. »

Donc, comme dit le même auteur, « la foule psychologique est un être provisoire ».

Beaucoup d'auteurs admettent que toujours la collectivité diminue ou abaisse la mentalité des individus composants[1]. C'est vrai dans beaucoup de cas. Ainsi, dit Le Bon, « les décisions d'intérêt général prises par une assemblée d'hommes distingués, *mais de spécialités différentes*, ne sont pas sensiblement supérieures aux décisions que prendrait une réunion d'imbéciles ». L'explication du fait est dans les mots que j'ai soulignés : les individus, dans ce cas, ne sont pas supérieurs pour l'objet de leur assemblée ; ils feraient des choses supérieures s'ils se réunissaient entre hommes de la même spécia-

1. « Dès que les individualités sont peu à peu soumises à la tyrannie de la collectivité, on peut être assuré qu'elles présenteront un affaiblissement certain de leur puissance intellectuelle... Cent citoyens, tous d'une intelligence supérieure et réunis en Chambre législative, prendront des mesures et voteront des motions qu'ils seront les premiers à renier lorsque, rendus à eux-mêmes, ils en pourront peser tout le poids... Inversement, les assemblées peuvent déployer une générosité collective dont presque tous leurs membres, sinon tous, sont incapables isolément : la nuit du 4 août fournit de cette loi une illustration éclatante. » (Cabanès et Nass. *Loco cit.*, p. 428.)

lité et *pour leur spécialité;* ils feraient alors plus et mieux en collectivité qu'isolément, *à condition d'être bien dirigés*. Car, tout est là : la même foule, suivant l'impulsion du moment, éteindra courageusement un incendie et défendra héroïquement la patrie ou brûlera une usine et massacrera bêtement de faux coupables.

« La foule, c'est le peuple ou plutôt une fraction du peuple en délire. Délire d'enthousiasme ou délire de fureur. La foule portera en triomphe l'homme qu'elle vient d'insulter ou égorgera sans réflexion l'homme qu'elle vient d'acclamer et qu'on accuse et qu'on poursuit, impulsive dans l'admiration comme dans le meurtre. SHAKESPEARE l'a peinte admirablement avec ses reflux dans *Jules César*. Ce n'est pas la vile multitude dont parlait insolemment THIERS, c'est la bête humaine, fauve et éperdue que la peur trop souvent domine, la peur, cette peur irraisonnée qui sème la panique dans les armées, fait voter les assemblées, arme les agglomérats humains; la peur qui fait dire à Cambon, résumant en quelques mots les luttes géantes : nous nous redoutions — comme dans la nuit[1]. » La foule est souvent demifolle.

De même, « c'est ainsi qu'on voit des jurys rendre des verdicts que désapprouverait chaque juré individuellement, des assemblées parlementaires adopter des lois et des mesures que réprouverait en particulier chacun des membres qui les composent. »

Mais il ne faut pas prendre au pied de la lettre et poser en principe général cette assertion que « par le fait seul qu'il fait partie d'une foule organisée, l'homme descend de plusieurs degrés sur l'échelle de la civilisation. Isolé, c'était peut-être un individu cultivé; en foule, c'est un barbare, c'est-à-dire un instinctif », un primitif. Ceci est souvent vrai, mais pas toujours : le *public*, qui est une forme de foule éparse, est parfois

1. JULES CLARETIE. *Loco cit.*, p. 8.

bon juge, aussi bon, sinon meilleur, dans certains cas que chacun des individus composants.

A ce point de vue, les deux types physiologiques extrêmes et opposés sont :

1° le *meneur*[1], qui non seulement ne laisse pas sa mentalité se déformer par la collectivité, mais qui impose sa propre mentalité à la foule, la dirige, a la vocation et les qualités du *berger;* il entraîne les majorités et fait voter le *troupeau* ;

2° le *grégaire*, qui subit toutes les influences collectives ; tout seul, il peut être très solide dans ses convictions ; mais un article de journal, une conférence, un meeting le font immédiatement changer.

Entre ces deux types extrêmes est l'*indépendant*, qui n'est ni meneur ni mené, qui ne demande aux collectivités que des collaborations et des lumières, mais qui les juge, les hiérarchise et les utilise, s'il y a lieu, sans se laisser suggestionner par la foule : il n'a plus le culte du succès, de l'opinion et du nombre ; il fait généralement partie des minorités, vote souvent contre le gouvernement et est quelquefois guillotiné.

Cela dit, je ne crois pas (quoi qu'on en ait dit) que la vie en société, en collectivité, en groupe (vie politique, armée, vie religieuse) puisse suffire à déterminer des troubles psychiques vrais et permanents en dehors des causes ordinaires de l'aliénation mentale. L'hérédité, l'alcoolisme et la syphilis font plus de fous que les collectivités.

Mais on peut dire que certains entraînements grégaires sont des occasions que les demifous saisissent facilement pour manifester leur psychonévrose sous une forme tout à fait spéciale.

Les demifous sont facilement victimes de la *contagion*[2] men-

1. Voir, sur le meneur, ses moyens d'action et son prestige : LE BON. *Loco cit.*, p. 105 (tout le chapitre III) et aussi PASCAL ROSSI. *Les suggesteurs et la foule. Psychologie des meneurs*, préface MORSELLI, trad. ANTOINE CUNDARI, 1904.

2. Voir VIGOUROUX et JUQUELIER. *La contagion mentale.* Bibliothèque internationale de psychologie expérimentale normale et pathologique, 1905.

tale ou psychique. Ils sont naturellement « exposés à accepter comme véridiques les interprétations fausses qu'on formule autour d'eux. Plusieurs formes de délire peuvent ainsi se communiquer : MEYER a cité l'exemple d'un alcoolique dément qui en vint à partager les idées erronées d'un malade atteint de psychose polynévritique. Mais la plus contagieuse des vésanies est le délire de persécution ; car c'est lui, dit ARNAUD, qui présente le plus de vraisemblance et de logique, celui qui heurte le moins les idées reçues[1] ».

Ceci appartient plutôt à la folie, mais, dans ce même ordre d'idées, le demifou présente souvent un des deux types suivants : 1° le mégalomane avec idées ambitieuses, conducteur des peuples, faiseur de constitutions, réformateur, fondateur de religions baroques, souvent instrument des foules criminelles ; 2° le timide, phobique des foules et des collectivités quelconques, mélancolique, misonéiste, présentant ce que PIERRE JANET appelle des aboulies sociales.

9. TROUBLES DU PSYCHISME SEXUEL ET FAMILIAL.

La conservation et l'accroissement de la vie de l'espèce *humaine* ne comprennent pas uniquement la fonction *sexuelle de génération*. Le développement et l'*éducation* sont aussi importants que la mise au monde pour le nouvel être, incapable de vivre et de s'élever seul. L'espèce humaine ne se maintient et ne s'accroît dans sa vie totale, c'est-à-dire physique et psychique, que si tous les individus remplissent non seulement leurs devoirs sexuels, mais aussi leurs devoirs de *famille*. La famille doit donc être mise à part des autres collectivités[2] parce qu'elle est beaucoup plus *naturelle* dans son point de

1. ANGLADE. *Loco cit.*, p. 35.

2. Ce n'est pas l'avis de SPENCER, MERCIER, MORSELLI, SEGLAS (*Loco cit.*, p. 169) qui mettent au contraire les actes concernant la vie de famille hors des actes concernant la reproduction et la conservation de l'espèce, dans les actes concernant les relations effectives de l'individu avec le milieu social.

départ et a un *objectif* et une *raison d'être* bien supérieurs : l'espèce.

Je divise donc ce paragraphe en deux sections : 1° troubles des actes psychiques relatifs à la vie sexuelle ; 2° troubles des actes psychiques relatifs à la vie de famille.

1° *Troubles des actes psychiques relatifs à la vie sexuelle.*

« Sur ce chapitre, dit sagement J. Roux[1], nous serons bref de descriptions, avare même de définitions, acceptant d'être obscur pour certains. »

Il n'y a pas de trouble hyper de l'amour. La maladie peut *exagérer l'instinct sexuel*, mais elle ne peut que *dénaturer l'amour*[2]. Un exhibitionniste, un satyriasique ou une nymphomane ne peuvent pas être assimilés à un amoureux vrai, même porté à un haut degré d'exagération. Il n'y a pas d'hyperphilisme[3] vrai ; il ne peut y avoir, comme malades, que des hypo et des paraphiliques.

a) *Troubles hypo. Hypophilisme, anaphrodisie, horreur sexuelle.*

Ce groupe comprend l'hypesthésie et l'anesthésie sexuelles, la misogynie, l'androphobie...

L'anesthésie génitale est dite *frigidité* quand elle est congénitale et étendue à la fois à l'acte sexuel et à l'acte psychique (ni érection, ni désir), *impuissance* quand elle est acquise

1. Joanny Roux. *L'instinct d'amour*, 1904. — Voir aussi, pour ce paragraphe : Gaston Danville. *La psychologie de l'amour*. Bibliothèque de philosophie contemporaine, 1894, Paris, F. Alcan ; Ch. Féré. *L'instinct sexuel*, 2e édit., 1902. Paris, F. Alcan ; Rémy de Gourmont. *Physique de l'amour. Essai sur l'instinct sexuel*, 1903 ; Chevalier. *L'inversion sexuelle*. Bibliothèque scientifique judiciaire. Préface de Lacassagne, 1893 ; Tarnowsky. *L'instinct sexuel et ses manifestations morbides*, trad. franç. avec préface de Lacassagne, 1904 ; Seglas et Arnaud. *Loco cit.*, p. 168, 266, 573 et 764.

2. J'ai essayé de démontrer ailleurs que l'*amour* ne doit pas être ramené au seul *instinct sexuel* et de réfuter les théories trop étroites de l'amour émises par Bain (appétit et charme personnel), Sergi (stimuli de la reproduction et sens du toucher joint à celui de la température), Schopenhauer (manifestation de l'instinct sexuel). Delboeuf (besoin inconscient d'engendrer un enfant). Roux (faim sexuelle)...

3. Les *mystiques* ne sont *hyperphiliques* que pour l'élément *cérébral* de l'amour. (Voir Georges Dumas, *Revue des deux Mondes*, 15 septembre 1906).

(abus sexuels, maladies nerveuses organiques) et surtout qu'elle est limitée à l'acte sexuel (pas d'érection, persistance du désir). L'*horreur* sexuelle est, au contraire, plutôt psychique, mais s'accompagne d'anesthésie sexuelle.

A ce même groupe on doit rattacher certains cas d'*érotomanie* ou amour platonique morbide : l'excitation sexuelle existe, dit Arnaud ; « mais elle est comme transportée dans l'ordre intellectuel ; très vive cérébralement, l'excitation ne s'étend pas au centre génital médullaire (cérébraux antérieurs de Magnan). Il n'y a ni désir charnel, ni érection ». Ce sont bien des hypo.

Inversement, le trouble hypo peut porter sur les phénomènes psychiques de l'amour, les affaiblir, les supprimer même, sans supprimer, en exaltant même, les réflexes inférieurs de la sexualité : ce sont les spinaux de Magnan (onanisme).

b) *Troubles para.*

α. *Hyperesthésie sexuelle. Précocité et permanence morbides de l'instinct sexuel. Idées érotiques.*

Ce groupe comprend aussi le *priapisme*, le *satyriasis*, la *nymphomanie*.

A un degré inférieur, c'est l'*obsession amoureuse* et certains cas du besoin d'aimer et d'être aimé décrits par Pierre Janet. Ce sont aussi : l'expansion de certains sujets que J. Roux appelle *exhibitionnisme moral* et les « manifestations délirantes du sens génésique ». Ce symptôme correspond à de l'hyperesthésie sexuelle, au moins quand, comme dit Séglas, « le malade se complaît dans la représentation continuelle de la sexualité et de tout ce qui semble avoir un rapport avec la satisfaction de l'appétit génésique ». Ce sont des cas d'érotomanie avec persistance ou exagération des désirs sexuels.

β. *Perversions sexuelles. Paraphilisme.*

Les *pervertis* ne peuvent obtenir la satisfaction génésique « que par l'intervention d'un élément étranger à la sphère génitale », une association morbide d'actes psychiques autres que ceux de l'amour physiologique. Cet élément étranger « est d'ailleurs très variable et plus ou moins éloigné de l'excitation normale. Il consiste tantôt en une idée ou représentation mentale, tantôt en un sentiment, tantôt en un objet matériel dont la présence effective est indispensable à l'accomplissement de l'acte vénérien ».

Dans ce groupe, Lasègue a d'abord (1877) décrit l'*exhibitionnisme* : impulsion irrésistible à étaler en public, à exhiber ses organes génitaux ; exhibition à distance, sans aucune manœuvre lubrique, aux mêmes lieux, aux mêmes heures... dans les cas simples ; il y a aussi des exhibitionnistes onanistes et frotteurs (Magnan),

Krafft Ebing a ensuite classé les pervertis sexuels en : fétichistes, masochistes et sadiques.

« Le *fétichisme*[1] est une anomalie dans laquelle un objet étranger à la sphère génitale normale a le pouvoir exclusif d'éveilller les sensations et les désirs sexuels », partie du vêtement ou du corps (bonnet de nuit, natte). Le *masochiste*[2] est « un individu qui aime à être subjugué, humilié et même maltraité par un individu de sexe contraire et pour qui cet abaissement (*passivité* ou *passivisme* de Stefanowsky) constitue l'excitant sexuel par excellence, sinon l'excitant unique ». Le *sadisme*[3] « est une perversion dans laquelle l'excitation génitale ne peut être obtenue qu'à la condition de faire souffrir ou de voir souffrir; la souffrance de la victime éveille les sensations voluptueuses de celui qui la torture[4] ».

1. Le mot est de Binet (Féré).

2. Du nom de Sacher Masoch, romancier qui a décrit ces maladies.

3. Du nom du marquis de Sade. — Voir sur le comte, dit marquis, de Sade : *Medicina*, 1906, p. 22.

4. Fait divers : « L'Etrangleur. *Un émule de Jack l'éventreur à Paris. Les exploits d'un satyre.* Depuis plusieurs mois, de nombreuses femmes à Montmartre et dans les quartiers voisins avaient failli être victimes d'un individu qu'elles désignaient sous le nom de l'Etrangleur et dont voici la manière d'opérer. Lorsqu'il se trouvait dans une chambre avec une femme choisie au hasard de la rencontre, il essayait de distraire son attention, puis brusquement il lui passait autour du cou une cravate, parfois l'entourait simplement de ses doigts crispés et essayait de l'étrangler. Chaque

J. Roux y joint la *phobophilie*, « maladie de ceux qui, dans la peur seulement, savent retrouver l'émotion sexuelle ». C'est une forme de masochisme avec ce qu'on pourrait appeler le *pathophilie*.

Dans tous ces cas de perversion, il y a toujours les deux sexes en présence. Il n'en est plus ainsi dans la *bestialité* et la *nécrophilie*[1].

γ. *Inversion sexuelle.*

Comme transition entre les *hétérosexuels* et les *homosexuels* (invertis), on pourrait placer les *asexuels*, ceux qui n'ont pas de sexe ou ceux qui voudraient n'en point avoir, ceux qui ont *honte de leur sexe*, font tout ce qu'ils peuvent pour le dissimuler, prendre les allures, le costume et les habitudes de l'autre sexe. A un degré plus élevé, ce ne sont pas encore des invertis, parce que *n'est pas inverti qui veut;* mais ce sont des sujets qui désirent être invertis, qui regrettent presque de ne pas l'être.

L'inversion sexuelle (Casper, Griesinger, Westphal) *conträre Sexualempfindung*, *uranisme* (Ulrichs) « consiste dans la tendance génésique vers un individu du même sexe, accompagnée d'une répulsion vive, quelquefois insurmontable pour le sexe contraire ».

fois, les victimes de ces criminelles tentatives purent appeler à l'aide et le sinistre maniaque dut lâcher prise ; mais il avait échappé à toutes les recherches. Il y a quelques jours, dans une chambre de la rue des P. il s'en prenait à une jeune femme B. J. Cette fois il était muni d'un couteau et essaya d'égorger au lieu d'étrangler sa compagne. B. J. eut le temps de parer le coup avec la main et la gorge fut seulement entamée. Le meurtrier, arrêté sur l'heure, déclara se nommer C. Ses affirmations parurent suspectes. On vérifia à l'anthropométrie et il fut reconnu pour être L.-V. D., ouvrier tailleur né à Bruges. D. avait subi en France seize condamnations, dont plusieurs pour d'analogues faits de sadisme et il se trouvait sous le coup d'un arrêté d'expulsion. » (*Le Journal*, 26 mai 1906.). — Voir dans le *Matin* du 16 octobre 1906 cet autre fait divers intitulé : « Vierges flagellées, un sacristain fouettait de jolies pénitentes », qui se termine ainsi : « d'après M. le juge Heinrich Laurer, il est à prévoir que B... ne sera pas traduit devant le tribunal, on l'internera à l'asile des aliénés de Coire et tout sera dit ». — Au moment où je corrige ces épreuves, tous les journaux contiennent des dépêches (à vérifier) qui décrivent des perversions du même ordre à la cour d'Annam.

1. Voir Belletrud et Mercier. *L'affaire Ardisson. Contribution à l'étude de la nécrophilie*, 1906.

Krafft Ebing distingue : l'hermaphrodisme psychosexuel, l'homosexualité, l'effémination, l'androgynie...

2° *Troubles des actes psychiques relatifs à la vie de famille.*

On donne en général le nom d'*amour* à toutes les affections qui se rapportent à l'ensemble des actes psychiques concernant l'espèce : l'*amour* (sans épithète) visant l'affection mutuelle des deux sexes en vue de la génération, les *amours familiaux* visant l'affection mutuelle des divers membres d'une famille. Ceci est suffisant pour séparer l'amour et les divers amours des autres affections, comme l'amitié.

Dans les amours familiaux on distingue : l'amour *conjugal*, distinct de l'amour tout court (celui-ci pouvant se rencontrer en dehors de la famille) : amour mutuel des fondateurs d'une famille ; l'amour *paternel* (ou *maternel*), *filial* et *fraternel* : amour mutuel des chefs d'une famille et de leurs enfants, normalement incompatible avec tout amour sexuel.

Seglas énumère ainsi les actes morbides concernant les relations affectives de l'individu avec la famille : 1° misogamie, misopédie, inadaptation aux obligations réciproques de la vie de famille ; 2° isolement, fugues et vagabondage, diminution ou perte des sentiments familiaux, exagération de ces mêmes sentiments, jalousie morbide, uxoricide, libericide, suicide collectif.

B. — *Maladies dans lesquelles on observe la demifolie.*

Je reproduis d'abord (p. 110 et 111) le classement méthodique des psychopathies d'après Régis [1].

On remarquera que dans la première division (psychopathies-maladies ou psychoses) du premier grand groupe (états

1. C'est d'ailleurs avec l'excellent livre de Régis qu'a été fait tout ce chapitre.

CLASSEMENT MÉTHODIQUE DES PSYCHOPATHIES D'APRÈS RÉGIS

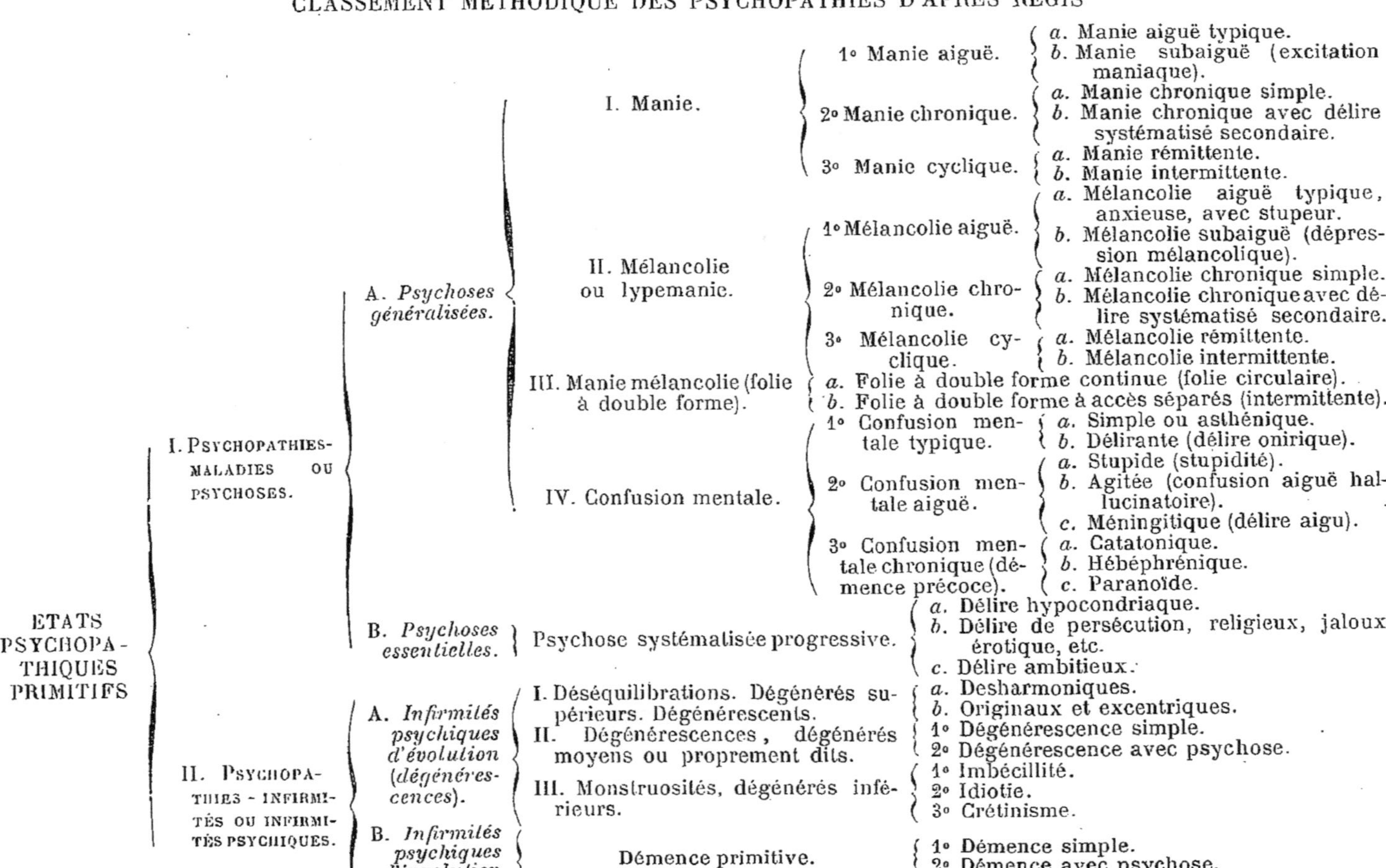

- **ÉTATS PSYCHOPATHIQUES PRIMITIFS**
  - I. PSYCHOPATHIES-MALADIES OU PSYCHOSES.
    - A. *Psychoses généralisées.*
      - I. Manie.
        - 1° Manie aiguë.
          - a. Manie aiguë typique.
          - b. Manie subaiguë (excitation maniaque).
        - 2° Manie chronique.
          - a. Manie chronique simple.
          - b. Manie chronique avec délire systématisé secondaire.
        - 3° Manie cyclique.
          - a. Manie rémittente.
          - b. Manie intermittente.
      - II. Mélancolie ou lypemanie.
        - 1° Mélancolie aiguë.
          - a. Mélancolie aiguë typique, anxieuse, avec stupeur.
          - b. Mélancolie subaiguë (dépression mélancolique).
        - 2° Mélancolie chronique.
          - a. Mélancolie chronique simple.
          - b. Mélancolie chronique avec délire systématisé secondaire.
        - 3° Mélancolie cyclique.
          - a. Mélancolie rémittente.
          - b. Mélancolie intermittente.
      - III. Manie mélancolie (folie à double forme).
        - a. Folie à double forme continue (folie circulaire).
        - b. Folie à double forme à accès séparés (intermittente).
      - IV. Confusion mentale.
        - 1° Confusion mentale typique.
          - a. Simple ou asthénique.
          - b. Délirante (délire onirique).
        - 2° Confusion mentale aiguë.
          - a. Stupide (stupidité).
          - b. Agitée (confusion aiguë hallucinatoire).
          - c. Méningitique (délire aigu).
        - 3° Confusion mentale chronique (démence précoce).
          - a. Catatonique.
          - b. Hébéphrénique.
          - c. Paranoïde.
    - B. *Psychoses essentielles.*
      - Psychose systématisée progressive.
        - a. Délire hypocondriaque.
        - b. Délire de persécution, religieux, jaloux, érotique, etc.
        - c. Délire ambitieux.
  - II. PSYCHOPATHIES - INFIRMITÉS OU INFIRMITÉS PSYCHIQUES.
    - A. *Infirmités psychiques d'évolution (dégénérescences).*
      - I. Déséquilibrations. Dégénérés supérieurs. Dégénérescents.
        - a. Desharmoniques.
        - b. Originaux et excentriques.
      - II. Dégénérescences, dégénérés moyens ou proprement dits.
        - 1° Dégénérescence simple.
        - 2° Dégénérescence avec psychose.
      - III. Monstruosités, dégénérés inférieurs.
        - 1° Imbécillité.
        - 2° Idiotie.
        - 3° Crétinisme.
    - B. *Infirmités psychiques d'involution (déchéances)*
      - Démence primitive.
        - 1° Démence simple.
        - 2° Démence avec psychose.

PSYCHO-PATHIES SYMPTOMATIQUES OU ASSOCIÉES	DES EXOINTOXICATIONS.		Morphinisme. Ethérisme, chloralisme, cocaïnisme, oxycarbonisme, etc. Pellagre. Paludisme.
	II. PSYCHOPATHIES DES AUTOINTOXICATIONS.	1° spéciales.	Gastro-intestinale. Hépatique. Rénale. Cutanée. Génitale. Thyroïdienne. Pituitaire, surrénale, etc.
		2° Générales.	Diathèses. Surmenage et inanition. Traumatismes. Opérations chirurgicales. Insolation.
	III. PSYCHOPATHIES DES INFECTIONS.	1° aiguës.	Fièvre typhoïde. Grippe ou influenza. Pneumonie. Polynévrites. Fièvres éruptives. Diphtérie. Erysipèle. Choléra. Rage.
		2° Chroniques.	Syphilis. Tuberculose. Cancer.
	IV. PSYCHOPATHIES DES MALADIES DU SYSTÈME NERVEUX.	1° Cérébro-spinales.	Abcès du cerveau. Tumeurs de l'encéphale. Artériosclérose cérébrale. Cardiopathies. Hémorrhagie et ramollissement. Paralysie générale. Tabes. Sclérose en plaques. Syringomyélie. Maladie de Parkinson.
		2° Névroses.	Epilepsie. Hystérie. Chorée.

psychopatiques primitifs) les divers types tirent leur unité de leur histoire clinique (étiologie, symptômes, évolution, pronostic et traitement); de même dans la deuxième division qui comprend les psychopathies-infirmités ou infirmités psychiques. Dans le second grand groupe (psychopathies symptômatiques ou associées), l'individualité des divers types est basée sur l'unité nosologique, l'unité de la maladie initiale.

Dans des proportions diverses, on peut d'ailleurs trouver des demifous à peu près dans chacun des types établis par les psychiatres.

Je n'ai donc pas la prétention d'épuiser le moins du monde le sujet en énumérant, à titre d'exemples, les types suivants dans l'ordre même du tableau de la page 110.

1. *Manie : délire systématisé postmaniaque.*

La manie aiguë n'appartient à aucun titre à la demifolie. Mais quand elle passe à l'état chronique, les idées deviennent moins mobiles et il peut s'organiser un « thème délirant ».

« Au fur et à mesure qu'elle reste seule », cette idée délirante « arrive à se constituer en une synthèse de plus en plus nette et de plus en plus fixe ». L'individu peut verser alors « dans un délire systématisé de persécution, d'invention et surtout de grandeur. C'est ce qu'on appelle le *délire systématisé secondaire postmaniaque.* »

2. *Mélancolie.*

1° Des cas précédents on peut rapprocher les *délires systématisés postmélancoliques.*

2° Il y a aussi une mélancolie subaiguë qu'on appelle *mélancolie avec conscience.*

« Le plus souvent, tout se borne à un état général de tristesse, de dépression, d'inaction, d'impuissance. Les malades fuient tout travail, toute occupation, toute société ; ils s'isolent dans leur chambre, où ils s'enferment quelquefois pendant des semaines et des mois entiers, sans vouloir recevoir personne, passant leur temps assis ou couchés, incapables de vouloir se décider, de faire un effort pour agir[1]... A ces symptômes, qui peuvent exister seuls, se joignent d'ordinaire des préoccupations maladives constituant plutôt des idées fixes ou des idées obsédantes qu'un véritable délire et dont les plus fréquentes sont : les idées hypocondriaques, les idées de persécution, les idées religieuses, les idées de scrupule, etc. Mais, malgré ces conceptions, qui se maintiennent du reste dans des limites relatives, le sujet conserve sa *lucidité* ainsi que la *conscience de son état maladif*... Les malades sont susceptibles d'apprécier leur affection sous son vrai jour et, parfois même, de résister à leurs tendances pathologiques. »

3. *Confusion mentale.*

Comme la manie et la mélancolie, la confusion mentale est une psychose généralisée. Mais dans certaines formes on note des particularités intéressantes pour notre étude.

C'est « un état d'engourdissement toxique de l'activité intellectuelle supérieure, avec domination plus ou moins complète de l'activité onirique sousconsciente ou inconsciente. Torpeur intellectuelle, rêverie automatique, ce sont donc là ses éléments symptomatiques essentiels... On comprend qu'au fur et à mesure que l'activité psychique consciente s'engourdit, l'activité onirique ou de rêve, libérée de ses liens, entre en jeu et tend à prédominer. »

Le délire onirique dont j'ai parlé plus haut (p. 84) est une des formes cliniques de cette confusion mentale.

4. *Psychose systématisée progressive.*

J'ai déjà parlé des délires systématisés reliquats, soit de manie, soit de mélancolie chroniques. Il y a aussi une psychose systématisée progressive qui, dans ses formes atténuées ou initiales, peut appartenir à la demifolie.

1. Dépression mélancolique simple, hypocondrie morale, mélancolie misanthropique, mélancolie perplexe, mélancolie aboulique.

« L'affection débute le plus souvent par du malaise intellectuel (Lasègue), de l'hypocondrie morale, c'est-à-dire par des sensations maladives qui commencent par étonner l'individu, attirent son attention et le conduisent à s'analyser... Le malade s'inquiète outre mesure de cet état de choses ; il s'examine, scrute attentivement tout ce qu'il éprouve et constate en lui un changement qui va croissant. Ce qui lui paraît le plus étrange, c'est qu'en dehors des troubles physiques qui l'assaillent, il sent son intelligence se bouleverser ; son esprit fonctionne malgré lui, il n'est plus maître de le diriger et cette partie automatique de son être devient quelquefois si forte que la pensée s'extériorise et se trouve plus ou moins consciemment projetée au dehors... Bientôt, par une pente naturelle de son esprit qui le différencie de tous les autres aliénés, il en arrive à chercher la cause de ses maux, non en lui-même, mais en dehors de lui... »

A ce moment, le malade ne nous appartient plus. Ce n'est plus un demifou, c'est un fou.

5. *Déséquilibrations ; dégénérés supérieurs.*

Les dégénérescences ou infirmités d'évolution représentent les anomalies (plutôt que les maladies) de l'organe psychique. Ce ne sont « pas simplement des accidents de la vie psychique » ; ce sont « de véritables tares originelles, pesant le plus souvent sur la race tout entière, c'est-à-dire plutôt familiales qu'individuelles ». Régis les divise en trois groupes (tableau de la page 110).

« Les *déséquilibrations* forment pour ainsi dire la transition entre l'état normal et l'état pathologique. Ce sont de véritables frontières où vivent des individus intelligents, parfois même brillants, mais incomplets et porteurs d'une tare qui se traduit par un défaut d'harmonie et de pondération entre les diverses facultés et les divers penchants. »

Dans ce domaine, qui est vraiment la grosse province de la

demifolie, Régis distingue : 1° les désharmoniques ; 2° les originaux et excentriques.

1° *Désharmoniques.* — « Dès l'enfance, ils se font remarquer par leur précocité, leur aptitude à tout saisir et à tout comprendre, en même temps que par leurs caprices, leur entêtement, leurs instincts cruels, leurs accès de colère violents et convulsifs. Au moment de la puberté, ils présentent souvent... des crises passagères d'excitation ou de dépression avec exagération de certaines tendances psychiques ou passionnelles (mysticisme, onanisme, aspirations sexuelles vagues, désirs de voyages, recherche d'actions d'éclat, etc.). Devenus hommes, ce sont des êtres complexes, hétérogènes, formés d'éléments disproportionnés, de qualités et de défauts contradictoires, aussi bien doués par certains côtés qu'ils sont insuffisants par d'autres. Dans l'ordre intellectuel, ils possèdent quelquefois à un très haut degré les facultés d'imagination, d'invention et d'expression, c'est-à-dire les dons de la parole, des arts, de la poésie. Ce qui leur manque, d'une façon plus ou moins complète, c'est le jugement, la rectitude d'esprit et surtout la continuité, la logique, l'unité de direction dans les productions intellectuelles et les actes de la vie. Il en résulte qu'en dépit de leurs qualités souvent supérieures, ces individus sont incapables de se conduire d'une façon raisonnable, de poursuivre régulièrement l'exercice d'une profession qui semble bien au-dessous de leurs capacités, de surveiller leurs intérêts et ceux de leur famille, de faire prospérer leurs affaires, de diriger l'éducation de leurs enfants : si bien que leur existence, sans cesse recommencée, n'est pour ainsi dire qu'une longue contradiction entre l'apparente richesse des moyens et la pauvreté des résultats. Ce sont des utopistes, des théoriciens, des rêveurs, qui s'éprennent des plus belles choses et ne font rien... En dehors de leur impondération mentale, les déséquilibrés offrent encore soit un excès de sensibilité émotive, soit au contraire un manque absolu de sensibilité; de la diminution ou de l'absence de sentiments affectifs ; de la perversion ou du défaut de sens moral ; de l'aboulie avec prédominance visible de la spontanéité sur la réflexion et la volition. D'où leur mobilité, leur instabilité, leur irrésolution, leurs alternatives d'apathie et d'activité, d'excitation et de torpeur, leurs accès d'emportements violents comme leurs crises de désespoir pour les motifs les plus futiles et les plus légers. »

2° *Originaux, excentriques.* — Degré plus marqué de déséquilibration, ces malades présentent des bizarreries ou des excentricités.

« Ce sont des anomalies isolées, des manies, comme les appelle le public, qui portent soit dans une habitude extérieure, dans la façon de se vêtir, de se coiffer, de marcher, d'écrire, de parler, soit dans un geste bizarre, une locution, un tic, une grimace. Souvent aussi l'originalité se révèle par une tendance impérieuse, obsédante, qui pousse le sujet dans une direction intellectuelle ou morale déterminée à l'exclusion de toute occupation pratique et utile : par exemple à s'entourer d'oiseaux, de fleurs, de chats, à collectionner des objets insignifiants, en particulier des objets de toilette tels que cravates, chapeaux, chaussures, robes de chambre de toute couleur et de toute forme, à s'absorber dans des recherches, des calculs, des inventions ridicules. Ou bien, ce sont des émotivités singulières, des appréhensions ou des attractions invincibles pour tel ou tel animal, ou tel ou tel objet. La prodigalité excessive, l'avarice sordide, l'exaltation religieuse et politique, l'érotisme sous ses modalités, ses perversions, les rites mystiques les plus bizarres, le mensonge spontané, l'esprit d'intrigue et de duplicité, la passion du jeu et de la boisson, l'hypocondrie et la misanthropie sont encore des tendances qui se retrouvent fréquemment chez ces individus que le public désigne vulgairement sous le nom d'excentriques, de maniaques, de toqués. »

Avec ceux qui suivent immédiatement, ce groupe clinique suffirait à prouver l'existence des demifous.

6. *Dégénérescences proprement dites ; dégénérés moyens.*

1° *Dégénérescence simple.* — Les dégénérés simples se font, en général, « remarquer par la lenteur avec laquelle s'opère leur évolution intellectuelle ; leur instruction est rarement complète et ils sont, pour la plupart, forcés de renoncer à leurs études. Ils peuvent posséder, bien que moins nettement que les déséquilibrés, des qualités brillantes, des aptitudes distinguées, des dispositions artistiques réelles ; mais ce qui domine en eux, ce sont des lacunes profondes dans le jugement et le sens moral, une mobilité d'idées et de sentiments extraordinaire, un entraînement presque impulsif vers l'excentricité, la fourberie, les excès, la violence, quelquefois les actes dangereux. Ce sont des composés de bien et de mal, susceptibles au même degré d'affection ou de haine, de sentiments égoïstes ou généreux, d'actions honorables ou malfaisantes ; brillant parfois par les dehors extérieurs, les agréments du physique, le tour vif et aiguisé de l'esprit, la facilité de l'évolution, l'excellence de la mémoire ; révélant au contraire leur infériorité et leur incapacité dans les choses sérieuses, dans la façon de vivre et de se conduire : en un mot, leur intelligence, comme l'a dit Marcé, est *un instrument auquel il manque un certain nombre de cordes* ».

2° *Psychoses des dégénérés.* — Sur ce terrain commun des dégénérés viennent parfois se développer des psychoses qui, au moins dans certaines formes atténuées ou leurs périodes initiales, appartiennent à la demifolie. J'en citerai deux exemples : le délire systématisé raisonnant ou des persécutés persécuteurs et la psychose raisonnante ou folie morale.

a) *Délire systématisé raisonnant ou des persécutés persécuteurs.*

« Le délire est un thème suivi, cohérent, vraisemblable, à

point de départ faux ou mal interprété, mais éminemment logique dans ses déductions... Il se traduit, qu'elle qu'en soit la forme, par des revendications plus ou moins chimériques, mais tenaces, persistantes, le plus souvent agressives et dangereuses... Les aliénés de cette espèce ont été rangés parmi les aliénés *raisonnants*, en égard à la persistance de leur lucidité et au caractère logique de leur délire. On les appelle aussi les *persécuteurs*, en raison de leur tendance absolument caractéristique à poursuivre le triomphe de leur cause par les moyens les plus violents. Le public, facilement trompé par l'apparence, les prend souvent pour des victimes aigries par les injustices... égoïstes, orgueilleux, méchants, avides de bruit et d'actions d'éclat... Leur délire, d'autant plus dangereux qu'il est plus vraisemblable et plus méconnu, les pousse aux aventures les plus bruyantes et aux plus graves attentats. »

Après cette description générale, Régis étudie cinq variétés principales.

α. *Persécutés*. — « Un militaire, un prêtre, un employé... est l'objet d'une réprimande ou d'une punition disciplinaire, par suite de ses écarts de conduite ou de ses manquements professionnels ; au lieu d'accepter la peine, son orgueil se révolte, il crie à l'injustice et se pose en victime. Le voilà persécuté, mais dès l'abord il devient *persécuteur*. Il proteste, récrimine, réclame, si haut et si fort, qu'il est changé ou perd sa place, Il ne voit là qu'un nouveau grief et sa haine pathologique s'en accroît. Désormais, il ne garde plus ni mesure, ni retenue dans ses revendications ; il fait démarches sur démarches, adresse plaintes sur plaintes à l'autorité ; il rédige de longs mémoires justificatifs, écrit aux journaux, placarde des affiches, en appelle au public de la légitimité de sa cause... Enfin, exaspéré de ses insuccès, traqué par la misère, tourmenté par son idée fixe, il passe des plaintes aux menaces et des menaces à l'attentat. Tantôt ces individus vont tirer un coup de revolver à la Chambre des députés, sur le passage d'un ministre ou du chef de l'État, déclarant qu'ils ont voulu attirer l'attention sur eux et se faire rendre justice (faux régicides de Régis); tantôt ils tuent quelqu'un, soit leur ennemi supposé, soit même un inconnu, dans le but d'être traduits devant les tribunaux, où ils pourront enfin exposer leur affaire au grand jour... »

β. *Ambitieux et inventeurs.* — La caractéristique de ceux-ci est « que leurs revendications ont pour objet non la réparation d'une offense, mais la reconnaissance d'une invention, d'une fortune ou d'un titre qui leur sont contestés... (Ils) s'imaginent qu'on leur a volé leur invention, qu'on les a frustrés de la gloire et de la fortune qui devait leur en revenir... (Ils) persécutent les gouvernements, les administrations ou les individus de leurs réclamations et de leurs menaces ».

γ. *Processifs.* — « La cause accidentelle du délire, dit Krafft Ebing (cité par Régis), est un procès dans lequel les malades ont perdu leur cause ou aussi le rejet de prétentions, légitimes selon leur avis, mais en réalité audacieuses... Au lieu de reconnaître que leur cause était vouée à l'échec parce qu'elle était injuste, les malades, pleins de méfiance, voient la cause de leur insuccès dans la partialité, la corruption des juges... Leurs recours en appel de plus en plus volumineux, leurs requêtes, leurs dénonciations sont bourrés d'invectives et d'offenses contre l'honneur des fonctionnaires... Ils se sentent martyrs et dupes; toute l'affaire judiciaire n'était qu'une comédie indigne... Ils se livrent à des voies de fait contre les huissiers, appellent les magistrats et les plus hauts fonctionnaires de l'État, canailles, voleurs, parjures. »

Il y a quelques années, à Montpellier, une processive a tué, dans une église, un notaire absolument innocent de tout méfait à son endroit. — Autre fait divers. On trouvera dans le *Matin* du 30 juin 1906, sous ce titre *Dix-huit ans de captivité,* le roman de Mlle R., une jeune femme, victime d'un notaire, d'un tribunal et d'un préfet, qui est enfermée dans un asile d'aliénés avec sa sœur qu'elle voit mourir de chagrin, s'évade, est internée de nouveau et recouvre sa liberté après un long martyre.

A côté du délire processif et, comme sous-variétés, Régis cite : le délire raisonnant de dépossession[1] (Pailhas, Régis), le délire de revendication (Cullerre)...

δ. *Érotiques et jaloux.* — J'ai déjà suffisamment parlé (p. 67 et 68) de ce type, facile à concevoir.

ε. *Mystiques et politiques.* — A ce groupe appartiennent « certaines dévotes mal équilibrées,... qui, sous l'influence de griefs plus ou moins imaginaires, accusent, poursuivent, menacent, frappent parfois des prêtres, des religieux, des dignitaires de l'Église » et surtout « des ecclésiastiques qui... s'insurgent contre leurs supérieurs et passent leur vie à les poursuivre ». Tel l'abbé Verger qui assassina Mgr Sibour.

A côté de ces mystiques persécuteurs, il y a les mystiques ambitieux « fondateurs de sectes ou de religions ».

Les persécuteurs politiques sont aussi des persécutés (l'avocat Sandon) ou des ambitieux (régicides). Régis a très bien étudié ces derniers depuis Jacques Clément et Ravaillac, les assassins d'Henri III et d'Henri IV, jusqu'à Caserio, Lucchéni et Bresci, les assassins du président Carnot, de l'impératrice Élisabeth d'Autriche et du roi Humbert.

b) *Psychose raisonnante ; folie morale. Les pervers.*

Ces malades se séparent des précédents « par ce fait qu'ils n'ont qu'exceptionnellement des idées délirantes proprement dites et que leur vice d'organisation se traduit surtout par

1. Expropriés de leurs biens, ces malades « refusent d'accepter la chose jugée et se considérant comme injustement dépouillés et toujours légitimes propriétaires, se livrent, pour défendre leurs soi-disant droits, à des revendications plus ou moins violentes ».

des perversions, des sentiments et des affections. Ce sont des individus qui, avec toutes les apparences du jugement et de la raison, se laissent aller, d'une façon inconsciente et souvent paroxystique, à des écarts de conduite, à des inconséquences, à des excès, à des immoralités véritablement pathologiques » (fous moraux).

Dès l'enfance, dit ARNAUD, « jaloux, rancuniers, vindicatifs, ils cherchent à faire du mal à ceux dont ils croient avoir à se plaindre et ils sont fort capables de préparer sournoisement et patiemment leur vengeance qu'ils poussent jusqu'à la férocité. Ils se plaisent à torturer les animaux, à battre leurs camarades plus faibles. A l'école... au lieu de travailler, ils passent leur temps à faire des misères à leurs maîtres, à voler leurs condisciples, à les dénoncer à l'occasion ou même à les accuser sans raison ; ils se font ainsi renvoyer de tous les établissements. »

La puberté « est souvent le point de départ d'une véritable excitation sexuelle, se traduisant par des impulsions et parfois même par des perversions et des aberrations. Plus tard, ces malades se livrent au vagabondage, au jeu, au vol, aux excès alcooliques, à la débauche... font un service militaire déplorable qui les mène presque infailliblement devant le conseil de guerre et aux compagnies de discipline... Ils sont incapables d'exercer une profession suivie et de gagner leur vie ; toujours sans argent, ils en arrachent à leurs parents, pour satisfaire leurs passions impulsives, par la menace et la violence, allant même parfois jusqu'au parricide... Et pourtant, chez la plupart, l'intelligence proprement dite est assez bien développée, assez cultivée, parfois même brillante d'apparence ».

Ce sont des anesthésiques du sens moral (BALLET), des daltoniques moraux (MAUDSLEY), des aveugles moraux (SCHULE), des idiots moraux (ARNAUD), « de véritables dégénérés moraux, chez lesquels s'observent de la façon la plus évidente ces stigmates psychiques caractéristiques, qui les résument à peu près entièrement : amoralité, inaffectivité, inadaptabilité, impulsivité ».

Au même groupe appartiennent les *pervers* [1], déjà décrits par PINEL (1806), chez lesquels ESQUIROL (1836) décrit un trouble morbide qui, « au lieu de porter sur l'ensemble des facultés intellectuelles et morales, n'atteignait qu'un petit nombre de celles-ci et respectait toutes les autres »; chez certains, « les idées conservent leurs liaisons et leurs associations naturelles, les raisonnements sont logiques, mais leurs actions sont contraires à leurs affections, à leurs intérêts et aux usages sociaux. »

A la suite de MOREL (1869), MARANDON DE MONTYEL voit chez ces sujets des *anormaux adultes*, anormaux par la moralité et la volonté, comme il y a des enfants anormaux par l'intelligence. « Le pervers, continue-t-il, est tout à la fois un instable à facultés désharmonisées et un déficient. Il est incapable d'attention, de réflexion et de persévérance pour tout excepté pour mal faire; car pour le mal il sait méditer, persévérer et déployer de grandes ressources... Presque tous sont des *idiots de la volonté*, selon l'expression spirituelle et juste de RIBOT; l'intelligence est normale, les passions, les appétits et les besoins sont normaux ; seulement la volition, la force de vouloir manque. » Ce qui caractérise ces sujets, c'est un « affaiblissement notable ou même un manque absolu du pouvoir d'arrêt » du cerveau supérieur sur l'entraînement passionnel et instinctif. « Il en résulte qu'ils sont les esclaves de leurs passions, de leurs instincts et de leurs besoins. »

D'ailleurs, conclut MARANDON DE MONTYEL, le pervers n'est pas un aliéné; leur isolement dans un asile « est en réalité une séquestration arbitraire. Ils se rendent parfaitement compte de l'illégalité commise à leur égard et, quand ils veulent sortir, ils savent l'invoquer, et l'invoquer avec

1. MARANDON DE MONTYEL. Les pervers. *Journal de Neurologie*, 1906, t. XI, p. 181.

cynisme. Incalculable est le nombre de ceux qui, sans vergogne, nous ont déclaré que nous pouvions les traiter de sales bougres, mais que nous étions un faussaire en les déclarant aliénés et que leur place n'était pas parmi les fous. Et en parlant ainsi, ils disent vrai ».

7. *Dégénérés inférieurs, monstruosités, imbéciles.*

« Les *imbéciles* ne possèdent qu'une somme plus ou moins restreinte d'intelligence ; c'est à peine s'ils peuvent arriver à apprendre à lire, à écrire, à compter ; susceptibles d'acquérir une teinte légère et superficielle en toutes choses, ils sont incapables d'une ligne de conduite correcte et suivie, de rien faire de sérieux. Cependant, certains d'entre eux se font remarquer, comme les faibles d'esprit, mais à un degré moindre, par des aptitudes artistiques plus ou moins brillantes, de grandes qualités de mémoire ou d'imitation et souvent aussi par une certaine vivacité d'esprit, une promptitude et une finesse de répartie qui font qu'ils ont toujours le dernier mot et mettent les rieurs de leur côté... Au point de vue moral, les lacunes sont peut-être plus profondes encore que dans le domaine de l'intelligence ; et, si ces malades sont susceptibles de présenter, à divers degrés, des sentiments et des affections d'ordre un peu élevé, ce sont surtout les sentiments inférieurs et les mauvais instincts qui dominent en eux. La plupart sont vaniteux, gourmands, poltrons, crédules, paresseux, irascibles, enclins aux excès vénériens ou alcooliques et aux actes de violence (MARCÉ) ; presque tous se livrent à l'onanisme, quelques-uns même à des pratiques contre nature. A certains moments, ils peuvent être pris plus ou moins brusquement d'accès de mélancolie ou de manie pendant lesquels ils commettent surtout des actes d'obscénité, ou même se livrent à l'incendie, au vol, au suicide ou à l'homicide. »

8. *Épilepsie. État mental des épileptiques.*

L'épilepsie est le type des maladies dans lesquelles on

peut nettement distinguer et séparer des périodes de folie et des périodes de demifolie.

Pendant l'attaque (quelle qu'en soit la forme clinique : classique, procursive, etc.), la folie est complète et je n'ai pas à m'en occuper ici, pas plus que des psychoses épileptiques (psychoses vraies de l'épilepsie non convulsive ou convulsive, démence épileptique).

Je ne dois mentionner que ce qu'on décrit sous le nom d'*état mental des épileptiques*.

« C'est principalement, dit toujours Régis, dans le caractère et l'humeur que se manifestent ces particularités. Il y a à cet égard deux catégories d'épileptiques : les uns sombres, taciturnes, défiants, ombrageux, toujours prêts à se fâcher, à blesser les gens, à s'emporter, à frapper ; les autres, au contraire, obséquieux, prévenants, calins, pleins d'effusion et de douceur. Mais ces différences ne portent que sur les dispositions extérieures. Au fond, les épileptiques sont tous ou presque tous des irritables, sujets à des crises de colère et d'emportement subites, violentes et furieuses, pendant lesquelles ils ne s'appartiennent pour ainsi dire plus. Cette irritabilité est la note dominante de leur caractère. Beaucoup ont en outre des vices et des instincts pervers ; ils sont gourmands, violents, menteurs, masturbateurs, érotiques, etc. Ils ont fréquemment une tendance à la piété maladive, à une espèce de religiosité outrée mêlée de tartuferie... »

9. *Hystérie.*

Il y a une folie hystérique, qui est une complication et dont je n'ai pas à m'occuper ici.

Mais chez la plupart des hystériques non fous, il y a des stigmates psychiques qui en font souvent des demifous.

Dans ces cas, l'hystérie est bien toujours une maladie psychique (Charcot) ; mais ce n'est pas une maladie mentale. C'est seulement une maladie polygonale, une maladie du psychisme inférieur, laissant intactes ou à peu près les fonctions psychiques supérieures.

C'est la pensée que j'ai développée avec RAUZIER [1] en 1894 en précisant la formule corticocérébrale, de cette névrose. L'hystérique assiste souvent, avec les débris de sa personnalité consciente, aux dévergondages pathologiques de son subconscient ; mais il sait que c'est pathologique ; il ne croit pas ensuite que ce soit arrivé.

PIERRE JANET comprend bien cela quand il dit : « toutes les maladies mentales ne se confondent pas les unes avec les autres... L'hystérique n'est pas une aliénée comme les autres. » Non seulement, ce n'est pas une aliénée comme les autres, mais le plus souvent ce n'est pas une aliénée du tout. C'est simplement une demifolle.

REGIS comprend dans ce groupe des troubles psychiques *élémentaires* des hystériques : l'état mental dans l'hystérie, les idées fixes subconscientes, les hallucinations oniriques.

1° *Etat mental dans l'hystérie.*

« Dès le jeune âge, les futures hystériques... sont pour la plupart des jeunes filles d'une grande vivacité intellectuelle, précoces à l'excès, impressionnables, coquettes, cherchant à fixer sur elles l'attention, habiles à feindre et à mentir, sujettes en outre aux terreurs nocturnes, aux rêves, aux cauchemars. L'hystérie une fois établie, l'état mental et moral de ses tributaires se caractérise principalement, du côté de l'intelligence, par une mobilité excessive qui fait que les malades n'ont aucun esprit de suite, aucune idée arrêtée et que, tout en étant capables de déployer, à l'occasion, une intelligence cultivée, brillante, souvent caustique, elles sont absolument hors d'état de mener à bien une chose sérieuse. Avec cela une tendance très manifeste à la contradiction, à

1. *Traité pratique des maladies du système nerveux*, 4e édit., 1894, t. II, p. 807. Voir aussi *Leçons de Clinique médicale*, 3e série, p. 230, et *Hypnotisme et suggestion*, p. 24.

la controverse, aux idées paradoxales, à toutes les opinions et théories qui peuvent les distinguer et les mettre en évidence, comme aussi à l'imitation, à la suggestibilité, à l'autosuggestion. Moralement l'état est le même. Caractère bizarre, capricieux, fantasque, mobile à l'excès ; sensibilité très vive et hors de proportion avec les événements ; changements perpétuels et subits dans les sentiments, les affections ; enthousiasmes irréfléchis ; duplicité, mensonge, habileté à simuler, à tromper, à inventer ; fourberie ; propension brusque et intempestive aux actes les plus pervers et les plus criminels, comme aux actions d'humanité, de bravoure et d'éclat les plus méritoires ; besoin constant de mouvement, de se donner en spectacle, d'occuper l'entourage, le public, la presse, et par conséquent de provoquer des coups de théâtre ou de tisser les fils d'un roman inextricable ; rêves habituels, imagés, vivants, à type mystique, érotique, professionnel, zoopsique, très analogues à ceux des alcooliques et retentissant fréquemment sur la vie éveillée (PITRES, ESCANDE DE MESSIÈRES, TISSIÉ, etc.)... Tous ces troubles qu'ils soient réunis au complet ou, ce qui est plus fréquent, en partie seulement, révèlent en somme chez l'hystérique un manque absolu d'équilibre. Ils s'exagèrent presque toujours à l'occasion des divers événements de l'existence, surtout des grands processus de la vie génitale, comme grossesse, menstruation, ménopause. Chez l'homme, ils s'associent ordinairement à des symptômes de neurasthénie (CHARCOT, COLIN). »

2° *Idées fixes subconscientes ou polygonales* [1].

« Ces idées fixes, dit RÉGIS, nées dans le subconscient nocturne ou diurne du sujet et non agrégées à sa personnalité principale, d'origine polygonale, comme dirait GRASSET, » influent cependant puissamment sur la vie psychique du sujet, sans qu'il puisse indiquer la cause des perturbations psychiques qui se produisent.

1. *Le Psychisme inférieur*, p. 187.

Pour révéler ces idées fixes polygonales, il faut dégager le psychisme inférieur en mettant le sujet dans un des états connus de désagrégation suspolygonale, c'est-à-dire que cette idée fixe se révélera dans la distraction, le sommeil, par l'écriture automatique ou mieux encore dans une crise de somnambulisme spontané ou provoqué. L'hypnotisme est le meilleur moyen de les déceler. PIERRE JANET en a donné de nombreux exemples.

Ainsi cet auteur cite une anorexique qui menaçait de mourir de faim, quand on apprit, dans le sommeil hypnotique, qu'elle était hantée par des apparitions de sa mère qui lui disait de la rejoindre au ciel et, pour cela, de mourir de faim. Elle fut guérie par suggestion.

Ces idées fixes polygonales se retrouvent derrière divers symptômes de l'hystérie : dysesthésies, quand tout a l'odeur de l'éther ou du poisson ; hyperesthésies, quand l'attention sensorielle est localisée et concentrée sur certains points ou quand le contact de la peau est possible ou insupportable suivant le but du contact... Beaucoup de tics, mouvements choréiques (toux, hoquet, rire, tremblement) représentent de mauvaises habitudes prises sous l'influence et la dépendance d'une idée polygonale constituée. Ainsi la toux s'établira après une angine ou un rhume, l'aboiement par l'imitation d'un chien ou d'un jouet...

3° *Hallucinations oniriques ou polygonales.*

Ces hallucinations « se produisent soit la nuit dans l'état intermédiaire entre la veille et le sommeil ou l'état de rêve, soit le jour dans un état analogue. Elles consistent surtout en visions, en apparitions colorées, mobiles, mais peuvent aussi affecter isolément ou simultanément plusieurs sens, en particulier le sens génital ».

A ce type se rattachent beaucoup d'hallucinations oniriques des mystiques (extase, ravissement, possession, incarnation)...

10. *Neurasthénie et psychasthénie.*

Je dois, en terminant, mentionner la maladie que Pierre Janet[1] a décrite sous le nom de psychasthénie et qui est une forme psychique dépressive de neurasthénie.

Pour Janet, « la psychasthénie est une psychonévrose très voisine de la neurasthénie et peut-être de certaines formes de paranoïas ; elle se place entre l'épilepsie et l'hystérie. Toutes ces psychonévroses sont caractérisées par une insuffisance du fonctionnement cérébral... état vague d'engourdissement ou d'intoxication... Dans la psychasthénie, la chute de la tension mentale est beaucoup moins brusque, moins profonde et plus prolongée que dans les accès épileptiques ; elle n'amène point le rétrécissement du champ de la conscience, la localisation sur certains points comme dans l'hystérie ; elle semble, dans cette psychonévrose, rester générale et déterminer dans toutes les opérations de l'esprit une simple diminution de la perfection et de la puissance d'adaptation à la réalité. Les fonctions les plus troublées sont les fonctions qui mettent l'esprit en rapport avec la réalité, l'attention, la volonté, le sentiment et l'émotion adaptée au présent. D'autres fonctions semblent rester intactes et elles se révèlent ainsi comme inférieures ; ce sont l'intelligence discursive et le langage, les émotions exagérées et incoordonnées, les mouvements mal adaptés et en partie automatiques. Cette diminution de la tension psychologique détermine un malaise mental, un état d'inquiétude, des sentiments d'incomplétude d'autant plus forts que le sujet a mieux conservé son intelligence. Sous l'influence de cette inquiétude excitante et par le fait de la suppression des phénomènes supérieurs, les phénomènes inférieurs conservés prennent une grande exagération et donnent naissance à des tics, à des agitations motrices, à des émotions angoissantes, à des ruminations mentales très variées. Enfin des

1. Raymond et Pierre Janet. *Les obsessions et la psychasthénie*, 2 vol., Paris, F. Alcan, 1903.

idées se forment suivant les circonstances pour résumer et interpréter tous ces troubles et les idées ainsi formées continuent à présenter les caractères de l'état mental précédent ; elles sont permanentes et obsédantes parce qu'elles résument et expriment un état permanent, elles ne se terminent pas, ne donnent pas naissance à de véritables convictions délirantes, mais gardent la forme des émotions angoissantes et des ruminations »...

Dutil[1] résume ainsi l'*état mental neurasthénique* : « un affaiblissement des facultés psychiques, et notamment de la volonté, une disposition habituelle de l'esprit à la tristesse, au pessimisme, aux préoccupations hypocondriaques, un défaut de résistance aux sensations, aux impressions morales, une émotivité exagérée, un état d'apathie traversé par des mouvements d'humeur et de colère, en un mot un amoindrissement conscient de la personnalité morale »...

Conclusions.

Dans ce long et encore insuffisant chapitre, je me suis efforcé d'établir la thèse fondamentale de ce livre : l'existence des demifous, que l'on ne peut, sans une égale erreur et une égale injustice, classer ni parmi les fous ni parmi les psychiques normaux. Ils se distinguent des sains d'esprit en ce qu'ils sont *psychiquement malades* et se distinguent des fous en ce qu'ils conservent un certain degré de conscience et de raison. Quelques-uns de ces malades deviennent plus tard ou ont antérieurement été fous : la demifolie n'est alors qu'une période de leur histoire. Certains guérissent et ne sont, eux aussi, demifous que pour un temps. D'autres, au contraire, le sont toute leur vie sans jamais être, à aucune époque, ni complètement raisonnables ni complètement fous.

Une caractéristique médicale unique est difficile à indiquer pour un groupe aussi vaste et aussi complexe. On peut dire

1. Dutil. *Traité de Pathologie mentale de Gilbert Ballet*, p. 842.

cependant que *chez les demifous il y a affaiblissement du psychisme supérieur et hyperactivité fonctionnelle, non contrôlée, du psychisme inférieur*. C'est ainsi que la doctrine de la distinction des deux psychismes (supérieur et inférieur) me paraît de nature à éclairer et à faciliter l'étude médicale des demifous.

CHAPITRE IV

VALEUR SOCIALE DES DEMIFOUS

I. — Généralités.

Différence entre les fous et les demifous au point de vue de la valeur sociale.
Thèse à établir : les demifous peuvent être des supérieurs intellectuels.

II. — Les tares psychiques dans la supériorité intellectuelle.

1. *Socrate et Pascal.*
2. *Auguste Comte et Saint-Simon.*
3. *Les Romanciers russes contemporains :* 1° Gogol ; 2° Dostoïewsky ; 3° Tolstoï ; 4° Garchine, Pomialovsky, Gorky.
4. *Supérieurs intellectuels français :* 1° Guy de Maupassant ; 2° Villemain ; 3° J.-J. Rousseau ; 4° Gérard de Nerval ; 5° Flaubert ; 6° Baudelaire ; 7° Alfred de Musset ; 8° Bernardin de Saint-Pierre ; 9° André Gill. Charles Bataille, Jean Duboys ; 10° Salomon de Caus, Voltaire, Molière, Condillac, Descartes, Montesquieu. Buffon, Santeuil, Crébillon, Ampère, d'Alembert, Lagrange, Chateaubriand, Enfantin, Villiers de l'Isle-Adam, Barbey d'Aurevilly, le Sar Peladan. Cujas, Bossuet, Bourdaloue, Malherbe, Napoléon : 11° Zola, les Goncourt : 12° Arthur Rimbaud, René Ghil, Mallarmé, Huysmans ; 13° Balzac, Diderot : 14° Mmes de Staël, Récamier, du Deffand, de Chaulnes, de Lamballe, du Châtelet, de Lespinasse ; 15° Victor Hugo. Charles Nodier, Alexandre Dumas fils : 16° de Chirac, Glatigny.
5. *Supérieurs intellectuels étrangers :* 1° Le Tasse ; 2° Nietzsche ; 3° Schopenhauer ; 4° Swift ; 5° Hoffmann ; 6° Edgar Poe ; 7° Thomas de Quincey ; lord Erskine, William Wilberforce, Coleridge ; 8° Haller, Jérôme Cardan ; 9° Newton ; 10° Zimmermann, O'Connell, Munkaczy, Watt, Manzoni, Olivier Cromwell ; 11° Gœthe, van Helmont, Weber, Fechner, Frédéric II, Schiller, Paisiello, Byron, Swedenborg, Darwin, Fries.
6. *Quelques grands musiciens :* 1° Schumann ; 2° Donizetti ; 3° Chopin ; 4° Wagner ; 5° Mozart ; 6° Beethoven ; 7° Rossini ; 8° Berlioz.
7. *Les épileptiques et les suicides célèbres.*

III. — Résumé et conclusions. Rapports de la supériorité intellectuelle et de la psychonévrose.

I. — Généralités

Je pense avoir démontré dans le chapitre précédent l'existence légale des demifous en neuroclinique et avoir déjà indiqué, par cette description même, que, si les demifous se distinguent des personnes raisonnables en ce qu'ils sont *malades*, d'autre part ce ne sont pas des malades assimilables aux fous et qu'il faut se garder de l'erreur trop répandue qui confond les fous et les demifous.

Le fou n'est qu'un malade et n'a par suite besoin que du médecin et de l'infirmier. Le demifou au contraire peut avoir et a parfois un rôle social important à remplir; il a une valeur sociale, qu'il faut savoir reconnaître et dont on aurait grand tort de se priver.

Tout ce que j'ai dit dans le précédent chapitre montre bien que chez le demifou tout le psychisme n'est pas atrophié, dégénéré ou malade. Il y a de l'inégalité dans le développement de ses divers centres psychiques; certains sont affaiblis, mais certains autres peuvent être très actifs, jeter même plus d'éclat et rendre plus de services à la société que d'autres cerveaux plus pondérés, mieux équilibrés, considérés comme plus normaux.

Au présent chapitre on pourrait donner pour épigraphe cette tirade du demifou conçu par Jean Richepin :

Quelques-uns ont germé, des bons grains que je sème.
Ce n'est donc pas en vain qu'ici-bas j'ai passé.
Les rêves dont je meurs, des fleurs en ont poussé.
O pauvres hommes, dans votre val de misères,
Ces irréelles fleurs d'en haut sont nécessaires,
Autant, et plus encor, certes, à votre bien,
Que la réalité du pain quotidien.
Et vous la méprisez pourtant, cette ambroisie :
Beau, vrai, grand, idéal, justice, poésie !
De ces splendides fleurs, chacun sarcle son champ.
C'est pourquoi, dans ce monde imbécile et méchant,

Il est bon que parfois un geste de démence
Vienne en renouveler l'immortelle semence.
Vous insultez ce fou. Vous lui crachez au front.
Qu'importe ! Il a semé. Les fleurs refleuriront.

Si, à certaines époques, dans certains pays, il y a eu des insensés qu'on n'enchaînait pas, dont on ne se moquait pas, qu'on entourait même d'une étrange vénération, qu'on regardait comme supérieurs, aimés du ciel, possédés et inspirés par les dieux (comme la Pythie de Delphes), c'étaient des demifous. Demifous également sont les épileptiques dont les anciens appelaient la maladie *morbus sacer*. Si Erasme avait vécu quatre cents ans plus tard, ce n'est pas l'*Éloge de la folie*[1] qu'il eût écrit, mais l'*Éloge de la demifolie*. C'est de demifolie qu'Anatole France souhaite un petit grain à ceux qu'il aime[2]. Le fou n'est jamais qu'un malade, nuisible ou au moins inutile à la société, le demifou est souvent un homme éminemment utile, parfois même un « surhomme[3] ».

C'est l'idée qu'expriment Tchekhov[4] (« les hommes ordinaires sont les seuls qui jouissent d'une santé normale »), Nordau[5] (« le Philistin... est un gaillard tout à fait réussi »)...

La thèse à établir est donc celle-ci : les *demifous peuvent être des supérieurs au point de vue intellectuel.*

C'est un point de vue différent de celui auquel on se place

1. Erasme fait dire à la Folie, dans son discours sur l'Amour et la Sagesse : « les femmes ne réjouissent les hommes que par la folie... Je pose en fait que tout repas languit s'il n'est animé de la folie... Toutes choses sont d'une telle nature que plus elles renferment de folie, plus elles continuent à faire vivre les hommes... Tout ce qui se fait chez les hommes est plein de folie. »

2. « *Nullum magnum ingenium sine mixtura dementiæ* fut un adage de la sagesse antique. » (Lauvrière.)

3. « Dans le royaume des sensations, le superhomme, c'est le névrosé. » Arvède Barine. Essais de littérature pathologique. I. Le vin : Hoffmann ; II. L'opium : Thomas de Quincey ; III. L'alcool : Edgar Poe ; IV. La folie : Gérard de Nerval. *Revue des Deux Mondes*, novembre 1895 à novembre 1897.

4. Anton Tchekhov. Le moine noir. *Revue de Paris*, 1897, t, IV, p. 449.

5. Max Nordau. *Dégénérescence*. Bibliothèque de philosophie contemporaine, trad. Auguste Dietrich, 1894, 2 vol. Paris, F. Alcan.

quand on étudie les *rapports* de la supériorité intellectuelle et de la névrose[1].

Au point de vue du présent chapitre je n'ai pas besoin d'établir que les supérieurs intellectuels sont plus souvent névrosés que les médiocres et j'échappe ainsi à l'objection que m'a faite EMILE FAGUET : que la névrose paraît plus fréquente chez les hommes de génie uniquement parce qu'on la remarque plus facilement chez eux.

Ceci m'importe peu ici ; il me suffit, pour ma thèse actuelle, de démontrer que beaucoup de supérieurs intellectuels présentent des tares psychiques, qui en font des demifous ; d'où découle cette conclusion que les demifous ont souvent une valeur sociale réelle.

II. — LES TARES PSYCHIQUES DANS LA SUPÉRIORITÉ INTELLECTUELLE

Nombreux (peut-être trop nombreux) sont les documents qui permettent d'établir l'existence de tares psychiques plus ou moins graves chez beaucoup de supérieurs intellectuels.

J'ai puisé surtout dans les ouvrages de MOREAU DE TOURS[2] et de LOMBROSO[3] et dans la *Chronique médicale* de CABANÈS. Je citerai aussi les livres de RÉVEILLÉ-PARISE[4],

1. La supériorité intellectuelle et la névrose. *Leçons de Clinique médicale*, 4e série, p. 683.

2. MOREAU DE TOURS. *La psychologie morbide dans ses rapports avec la philosophie de l'histoire ou de l'influence des névropathies sur le dynamisme intellectuel*, 1859.

3. CESARE LOMBROSO. *L'homme de génie*, traduction française (2e édit. sur la 6e édit. italienne) de COLONNA D'ISTRIA et CALDERINI. Préface de CHARLES RICHET. Bibliothèque d'Anthropologie et de Sociologie.

4. RÉVEILLÉ-PARISE. *Psychologie et hygiène des hommes livrés aux travaux de l'esprit ou Recherches sur le physique et le moral, les habitudes, les maladies et le régime des gens de lettres, artistes, savants, hommes d'Etat, jurisconsultes, administrateurs, etc.*, 1834, 2 vol.

Henri Joly [1], Regnard [2], Wechniakoff [3], Gelineau [4], Max Nordau [5]...

Plusieurs de ces auteurs (Henry Joly et Regnard notamment) et tout récemment Etienne Rabaud [6] ont insisté sur cette remarque très juste, que cette documentation (en particulier celle de Lombroso) est insuffisamment contrôlée. Avec Lanson il faut en effet regretter « la légèreté avec laquelle ces hommes de science recueillent les faits de biographie et d'histoire littéraire sur quoi s'échafaudent les théories » et répéter, avec Paul Bourget, qu'on doit toujours se méfier des « anecdotes ».

Mais je crois qu'il reste un faisceau d'observations bien prises suffisant pour établir la thèse que j'ai posée plus haut.

1. *Socrate et Pascal.*

Le but de ce livre, dit Lelut [7], en tête de la seconde édition de son livre sur Socrate, est « d'abord et d'une manière générale de montrer qu'il est tel état de l'esprit, qui peut durer toute une vie, dans lequel aux apparences ou plutôt aux réalités de la raison la plus entière et la plus puissante, se joignent de fausses perceptions, sans cause aucune dans le monde extérieur, et qui, pour l'individu qui les éprouve, sont des motifs de détermination identiques et équivalents à ses perceptions les plus vraies ».

« Socrate eut des extases, presque des accès de catalepsie,

1. Henri Joly. *Psychologie des grands hommes*, 2e édit., 1891.

2. Regnard. *Génie et Folie. Réfutation d'un paradoxe*, 1899.

3. Théodore Wechniakoff. *Savants, penseurs et artistes. Biologie et pathologie comparées*, publié par Raphael Petrucci. Bibliothèque de philosophie contemporaine, 1899. Paris, F. Alcan.

4. Gelineau. *Penseurs et savants. Leurs maladies. Leur hygiène*, préface de Cabanès, 1904.

5. Max Nordau. *Psychophysiologie du génie et du talent*, trad. Auguste Dietrich. Bibliothèque de philosophie contemporaine, 4e édit., 1906, et *Dégénérescence*, même trad., même bibliothèque, 2 vol., 1894. Paris, F. Alcan.

6. Etienne Rabaud. Le génie et les théories de Lombroso. *Revue des Idées*, 1905, p. 649.

7. L.-F. Lelut. *Le génie, la raison et la folie. Le démon de Socrate. Application de la science psychologique à l'histoire*, 1re édit., 1836 ; 2e édit. (avec une nouvelle préface), 1855.

ainsi que cela lui arriva au siège de Potidée et ailleurs. Bientôt ces extases prirent le caractère d'hallucinations plus tranchées, plus courtes, mais plus fréquentes; hallucinations du tact général, soit intérieur, soit extérieur; hallucinations de l'ouïe surtout et probablement aussi de la vue. SOCRATE ne douta plus de l'assistance de son Démon ou de son Dieu... A table, dans les rues d'Athènes, dans les camps, il s'arrêtait tout court, quelquefois sans motif apparent, d'autres fois à propos d'un éternuement venu de lui ou de l'un de ses voisins, et il agissait ou n'agissait pas suivant que l'éternuement avait eu lieu à sa droite ou à sa gauche. Mais il s'arrêtait surtout s'il avait entendu la voix du Dieu... Ces fausses perceptions ou ces hallucinations de SOCRATE, qu'il prenait pour les inspirations de son démon familier, ne firent qu'augmenter à mesure qu'il avança en âge et sa croyance en Dieu qui les lui donnait en augmenta d'autant. Il finit même par se persuader que, par le fait de cette assistance divine, il pouvait, à distance, exercer une influence favorable sur les jeunes gens qui le fréquentaient et les conduire, par cette sorte de magnétisme moral, au but de ses efforts réformateurs... SOCRATE a pu demeurer ainsi, durant toute sa vie, le représentant et le martyr sans doute, mais, à coup sûr, l'expression au moins hallucinée de la raison, de la philosophie et de la vertu. »

Dès son plus jeune âge, PASCAL[1] « ne pouvait souffrir de voir de l'eau sans tomber dans des transports d'emportement très grands ; et... ne pouvait souffrir de voir son père et sa mère proches l'un de l'autre ». A un an, il tomba « dans une langueur semblable à ce qu'on appelle à Paris *tomber en chartre* » et faillit mourir. On persuada à ses parents qu'une sorcière lui avait jeté un sort. Celle-ci avoua, mais consentit à « mettre le sort » sur un chat qu'elle jeta par une fenêtre et qui mourut. Puis, par un enfant de moins de sept ans, elle fit cueillir

1. LELUT. *L'Amulette de Pascal pour servir à l'histoire des hallucinations*, 1846.

avant le lever du soleil neuf feuilles de trois sortes d'herbes, en fit un cataplasme qu'on plaça sur le ventre de PASCAL qui « fut entièrement guéri et remis dans son embonpoint[1] ».

« A dix ans, à propos du bruit d'une assiette, il crée une sorte de théorie acoustique; à douze, il découvre la géométrie qu'on lui cachait; à quinze, il compose un traité des sections coniques, où DESCARTES refusa de voir l'œuvre d'un esprit aussi jeune; sublime et prodigieux enfant qu'un soir, après une comédie jouée par des acteurs de son âge, la duchesse d'Aiguillon put montrer au cardinal de Richelieu comme étant déjà un grand mathématicien! » Et en même temps commencent ses souffrances pour ne plus finir. Il a dit « quelquefois que depuis l'âge de dix-huit ans il n'avait pas passé un jour sans douleur ».

A vingt-quatre ans (1647) « il se trouva dans une espèce de paralysie depuis la ceinture en bas, en sorte qu'il fut réduit à ne marcher qu'avec des potences; ses jambes et ses pieds devinrent froids comme du marbre... PASCAL fut environ trois mois à se remettre de cette maladie dont la nature semblait si irrémédiable; mais enfin il en guérit et recouvra complètement et pour toujours le libre exercice de ses membres ». A ce moment se placent « dix ans de travaux et de gloire » pendant lesquels paraissent, « à une seule exception près, tous ses travaux en physique et en mathématiques ». Mais pendant tout ce temps il ne cesse de souffrir; il consulte plusieurs médecins, dont DESCARTES[2]. Il « fut saigné, baigné, purgé... ». Notamment, il ne pouvait « rien avaler de liquide, à moins qu'il ne fût chaud; encore ne le pouvait-il faire que goutte à goutte »; il avait « une douleur de tête insupportable, une chaleur d'entrailles excessive et beaucoup d'autres maux »... « L'affaiblissement de sa santé devint extrême; on put croire sa vie compromise. »

1. Ceci est pour montrer l'hérédité névropathique de PASCAL.

2. « Dont on connaît les prétentions à la science et presque à la pratique médicale. »

En octobre 1654[1], accident du pont de Neuilly. Deux des quatre (ou six) chevaux du carrosse dans lequel se trouvait PASCAL prirent le mors aux dents et se précipitèrent vers le fleuve. Heureusement les traits se rompirent et les deux chevaux emportés tombèrent seuls dans le fleuve. « La voiture resta comme suspendue sur le bord. Cet accident, où PASCAL s'était vu si près de sa fin, fit sur lui une impression terrible. Il eut, dit-on, beaucoup de peine à revenir d'un long évanouissement. »

Le 23 novembre 1654, il a une vision de dix heures et demie du soir à minuit et demi. Cette vision est probablement rapportée dans l'écrit bizarre et incohérent avec des phrases inachevées qu'il porta, dès lors, constamment cousu dans son pourpoint; il recousait lui-même cette *amulette mystique* (le mot est de CONDORCET) dans son vêtement, toutes les fois qu'il en changeait. « A partir de cette époque, ses journées, ses nuits de souffrance furent presque constamment troublées par la vue d'un précipice qui s'ouvrait brusquement à ses côtés. »

A trente ans il devient tout à fait valétudinaire ou plutôt voit ses misères s'accroître constamment. Et avec cela il publie *les Provinciales* (1656-1657).

L'intrication des manifestations géniales et des manifestations psychonévrosiques est continue et un violent et persistant « mal de dents » lui fait résoudre le problème de la *cycloïde* ou *roulette* (ce qui le guérit de sa névralgie).

Sur ses manuscrits ébauchés (*Pensées*) on voit « l'esprit s'arrêter au milieu d'une idée, la plume au milieu d'une phrase, quelquefois même au milieu d'un mot... les infirmités de PASCAL ne lui donnaient plus un seul instant de relâche ».

Surviennent quatre années (1658 à 1662) de douleur et de défaillance. Les maux de tête sont continuels; les troubles digestifs sont au plus haut degré. Il a des crises dans les-

1. PASCAL avait ving-neuf ans.

quelles il perd la parole et la connaissance, de grands étourdissements, de violentes convulsions... et, à l'autopsie, on trouve des intestins gangrenés et « au dedans du crâne, vis-à vis les ventricules du cerveau, deux impressions comme d'un doigt dans de la cire; et ces cavités étaient pleines d'un sang caillé et corrompu, qui avait commencé à gangrener la dure-mère ». De plus, dit Le Double[1], la suture médiofrontale ou métopique était encore ouverte, « ce qui, pour beaucoup d'anthropologistes, constitue un caractère de supériorité. Le caractère de supériorité est encore confirmé par la prodigieuse abondance de la cervelle de Pascal, dont la substance était si solide et si condensée que cela fit juger aux médecins que c'était la raison pour laquelle la suture frontale ne s'était pas refermée ».

2. *Auguste Comte et Saint-Simon*[2].

Auguste Comte[3], qui a eu une si large et si durable influence sur l'orientation philosophique des savants du XIXe siècle, était certainement un demifou, quand il n'était pas fou.

Il sort, ne rentre pas[4], écrit des lettres incohérentes avec des mots soulignés et des renvois tout à fait significatifs. Dans une promenade, il veut entraîner sa femme avec lui dans le lac d'Enghien. Il est interné chez Esquirol (qui diagnostique un accès de manie avec mégalomanie), plonge sa fourchette dans la joue d'un gardien. Le jour de sa sortie de l'asile, il signe son acte de mariage Brutus-Bonaparte Comte. Pendant les repas, il essaie de planter son couteau dans la table « comme le montagnard écossais de Walter Scott », demande

1. Le Double. La crâne et le cerveau de Pascal. *La Chronique médicale*, 1901, p. 671.

2. Georges Dumas. *Psychologie de deux messies positivistes, Saint-Simon et Auguste Comte*. Bibliothèque de philos. contemp., 1905. Paris, F. Alcan.

3. Voir aussi Hillemand et Cabanès. La folie d'Auguste Comte, *Chronique médicale*, 1897, t. IV, p. 36.

4. Le 12 avril 1826, quand les auditeurs se présentèrent pour la quatrième leçon, ils trouvèrent la porte et les volets clos.

le dos succulent d'un porc et récite des morceaux d'Homère. Plus tard, il essaie de se jeter du pont des Arts dans la Seine. Il part pour Montpellier ; mais, arrivé à Nîmes, il s'arrête et rebrousse chemin... Sa vie est composée d'accès de folie, séparés par de longs intervalles de demifolie, pendant lesquels il compose et publie son œuvre.

Georges Dumas conclut ainsi son étude : « tel fut, dans sa vie privée et sociale, dans sa mission, dans son amour, dans sa religion, Auguste Comte, fondateur du positivisme, qui, de 1824 à 1857, s'efforça de donner à la Terre un régime spirituel et mourut, à soixante ans, grand prêtre de l'humanité... qui a pu se faire taxer de folie par les profanes, tandis qu'il inspirait à des disciples qui ne furent pas médiocres une foi ardente que ni la mort ni cinquante ans écoulés n'ont pu éteindre » et que Stuart Mill « met sur le rang de Descartes et de Leibniz ». Auguste Comte, dit encore Georges Dumas, « avait un tempérament psychopathique et fut pendant longtemps exposé aux accidents cérébraux ». C'était un mystique avec « des hallucinations et des extases ». Comme d'ailleurs il ne crut jamais à la signification objective de ses hallucinations, et qu' « il les gouverna » (en dehors de ses crises de folie), tout cela « ne suffit pas pour faire » de lui « un fou[1] (après 1826) ». Mais cela suffit largement pour en faire, à cette même époque, un demifou.

De ce « Messie positiviste » Georges Dumas rapproche Saint-Simon qui « s'était proclamé vicaire de Dieu et pape scientifique » et avait écrit : « à l'époque la plus cruelle de la Révolution et pendant une nuit de ma détention au Luxembourg,

1. « Spécialiste de la physiologie mentale, Georges Dumas a réfuté très consciencieusement et avec beaucoup de lucidité les préjugés qui subsistent chez beaucoup d'ignorants sur la folie d'Auguste Comte. » (Lucien Moreau. *L'Action française*.) J'aime mieux l'appréciation de J. Bourdeau (*Journal des Débats*, 5 août 1905) à propos du même livre de Georges Dumas : « l'équilibre des facultés n'aboutit la plupart du temps qu'à une médiocrité heureuse. Les tendances géniales dépriment certaines facultés et en exaltent d'autres. Il y a dans le génie une part de névrose, qui lui donne, pour ainsi dire, sa force d'impulsion. »

Charlemagne m'est apparu et m'a dit : depuis que le monde existe, aucune famille n'a joui de l'honneur de produire un héros et un philosophe de première ligne ; cet honneur était réservé à ma maison. Mon fils, tes succès comme philosophe égalèrent ceux que j'ai obtenus comme militaire et comme politique ; et il a disparu. » Il monte même parfois plus haut et c'est à Dieu qu'il « passe la parole » pour développer sa mission et son programme...

C'est bien encore là un demifou, intelligent et remarquable, ne fût-ce que quand il a écrit : « la folie n'est autre chose qu'une exaltation extrême de l'âme et cette exaltation extrême est nécessaire pour faire de grandes choses. *Il n'entre dans le temple de la gloire que des échappés des petites maisons*[1]. »

3. *Les romanciers russes contemporains*[2].

La plupart des romanciers russes du XIXe siècle dont Ossip Lourié a étudié la psychologie rentrent encore dans le même groupe.

1° « Gogol s'ignore lui-même. Tantôt il se croit appelé à une *mission supérieure de prophète ;* tantôt il tombe dans une humilité sans bornes. Atteint de mysticisme morbide aigu les dernières années de sa vie, il meurt fou ou presque et laisse une très belle œuvre, vraiment compréhensible aux Russes seuls. » Tout en se demandant s'il n'aurait pas mieux fait de solliciter une chaire de botanique ou de pathologie, il brigue et obtient une chaire d'histoire russe et projette immédiatement d'écrire une histoire universelle, pour laquelle il n'est nullement documenté ; il est bientôt obligé de donner sa démission, se croit plus tard le don de prophétie, « se regarde comme le personnage le plus important et le plus intéressant de la création, l'alpha et l'oméga, le commencement et la fin ».

1. C'est moi qui souligne.

2. Ossip Lourié. *La psychologie des romanciers russes du XIXe siècle.* Bibliothèque de philosophie contemporaine, 1905. Paris, F. Alcan.

Avec cela, il écrit des scènes cornéliennes, notamment quand *Tarass Boulba* assiste à la torture de son fils, l'encourage et, au péril de sa vie, le félicite du silence avec lequel il subit les plus atroces supplices, et lui dit de temps en temps : Bien, fils, bien...

Trochine [1] admet bien avec Ossip Lourié que Gogol fut un mystique ; mais il ne veut pas le considérer comme psychiquement malade. Je crois qu'au point de vue médical il n'y a pas d'hésitation : Gogol était un malade psychique.

2° Dostoïewsky était épileptique.

Dans le développement de cette névrose chez l'auteur de *Crime et Châtiment* jouèrent certainement un rôle cette scène atroce, dans laquelle il entendit lire son arrêt de mort et crut qu'on allait l'exécuter, et les quatre années de travaux forcés qu'il dut vivre en Sibérie, en cohabitation forcée avec des meurtriers et des brigands, sans aucune consolation intellectuelle. En dehors de ses attaques d'épilepsie, il avait des frayeurs mystiques : « c'était, dit-il, la crainte douloureuse de quelque chose que je ne saurais préciser, de quelque chose que je ne conçois pas, qui n'existe pas, mais qui... se dresse devant moi comme un fait irréfutable, affreux, difforme et inexorable ». Cet état habituel était si pénible que les crises d'épilepsie devenaient les meilleurs moments de sa vie. « Pendant ces instants, écrit-il, j'éprouve une sensation de bonheur qui n'existe pas dans l'état ordinaire et dont on ne peut se faire aucune idée ». « Vous autres, gens bien portants, disait-il (d'après Sophie Kovalevsky), vous autres, gens bien portants, ne soupçonnez pas le bonheur que nous éprouvons, nous autres épileptiques, une seconde avant l'accès. Mahomet... a certainement vu le paradis dans une attaque d'épilepsie, car il en avait comme moi... » Avec cela, j'ai dit déjà avec quelle rigueur il analysait le caractère de Raskolnikoff.

1. Trochine. *Le génie et la santé de Gogol*. Analyse d'Ossip Lourié. *Revue philosophique*, 1906, p. 344.

« L'état de Dostoïewsky, conclut Ossip Lourié, n'alla jamais jusqu'à la démence, mais l'affaiblissement progressif de son sens critique est indéniable. C'est là que nous devons chercher les causes de toutes les contradictions dont sont remplies sa vie et ses œuvres. » C'est bien là la caractéristique d'un demifou.

Loygue [1] qui a étudié à fond la psychologie des Dostoïewsky donne les renseignements suivants sur son hérédité et le début de la maladie.

Une tante avait « une mémoire très faible, sans caractère ni résolution, elle est livrée à toutes les influences étrangères. Elle a peur des diables. » A son frère Michel, Dostoïewsky écrit de Sibérie : « j'ai reçu ta lettre ; j'ai peur que tes crises ne prennent un mauvais caractère, comme les miennes ». Dans ses premières années, il a eu des terreurs nocturnes et dans sa seconde enfance des hallucinations fréquentes. « Un ami de jeunesse de Dostoïewsky, témoin de ses crises, a aussi affirmé à Melchior de Vogüé [2] que dès cette époque il se roulait dans les rues l'écume à la bouche ».

3° Tolstoï appartient à cette catégorie des demifous qu'on appelle des originaux.

A huit ans, « il se prit d'un désir irrésistible de voler en l'air. Cette idée le hanta jusqu'au moment où il se décida à la mettre en pratique. Il s'enferma dans sa chambre d'études, gagna la fenêtre et fit un mouvement pour voler en l'air. Il tomba d'une hauteur de plus de cinq mètres et fut malade pendant un certain temps ». Un autre jour, « il lui vint à la pensée que le bonheur ne dépend pas des événements extérieurs, mais de la façon dont nous les acceptons, qu'un homme accoutumé à supporter la douleur ne peut pas être

1. Loygue. *Un homme de génie. Th. M. Dostoïewsky. Etude médicopsychologique*, Lyon, 1904. A la page 31, observation médicale reconstituée du sujet.

2. E. Melchior de Vogüé. Dostoïewsky. *Revue des Deux Mondes*, 15 janvier 1885.

malheureux. Et, pour s'accoutumer à la peine, il s'exerçait, malgré des douleurs atroces, à tenir un dictionnaire à bras tendu pendant cinq minutes, ou bien il s'en allait dans le grenier, prenait des cordes et se donnait la discipline sur le dos, avec tant de vigueur que les larmes lui venaient aux yeux. » D'une manière générale, dans sa jeunesse, il « ne voulait jamais rien faire comme tout le monde » et ne s'inscrivit à la Faculté des langues orientales que parce que tout le monde préférait la Faculté de droit. Une de ses tantes lui écrit : « tu as toujours voulu passer pour un original ; ton originalité n'est autre chose qu'un amour-propre excessif ». Du reste, en entrant à l'Université, il se propose de « savoir tout » en deuxième année et d'être, après sa thèse de doctorat, « le premier savant de la Russie ». Après une série d'avatars, « tout devient insupportable au maître ; il tomba malade plutôt moralement que physiquement ; enfin, il abandonna tout et partit pour le désert, chez les Baschkirs, respirer l'air et vivre de la vie animale ». En présence des trois filles du docteur Berce, « Tolstoï commença par s'éprendre de l'aînée, puis il crut aimer la seconde, définitivement il devint amoureux de la troisième ». Plus tard, il se met « à faucher avec les moujiks... en blouse de paysan ». A l'époque « la plus glorieuse pour le talent du romancier » et « la plus calme de sa vie intérieure », il écrit : « cependant je sentais que je n'étais pas tout à fait sain d'esprit et que cela ne pouvait pas se prolonger longtemps. » Le doute qu'il connaissait depuis son adolescence aboutit à l'idée de suicide. « Tout est mensonge, s'écrie-t-il, la mort seule est vraie » ; et il emploie des ruses pour ne pas se tuer...

Ossip Lourié conclut que « Tolstoï est un de ces hommes, rares, auxquels on peut appliquer l'aphorisme anglais : *they are certainly cracked; but the crack let in light* (ils sont certainement fêlés, mais la fêlure laisse entrer de la lumière) ». En un mot, Tolstoï est un *demifou de génie*.

Dans son *Autobiographie* récemment publiée[1], Tolstoï ajoute quelques renseignements sur son hérédité.

Sa grand'mère, Pélagie Nikolaievna, était « la fille d'un aveugle ». Son grand-père, Ilia Andreewitch était « un homme borné..., bêtement prodigue... joueur passionné, qui jouait l'ombre sans savoir jouer et qui de plus prêtait à tout venant des sommes qu'on ne lui rendait jamais » ; il entreprenait de « nombreuses affaires » et « tout cela se termina par la ruine ».

4° Petit-fils d'un homme « dur et cruel » qui « fouettait les moujiks, Garchine a, pendant son temps de lycée, une « légère aliénation mentale » qui guérit. Il garda une « susceptibilité morbide qui le faisait tressaillir à la vue des moindres souffrances ». Plus tard, son état mental devint « chancelant » et, à trente-trois ans, il fut trouvé « mourant dans la cage de son escalier... Y eut-il accident, suicide ou folie ? On ne sait ».

Pomialovsky est un dipsomane qui commence à s'enivrer d'eau-de-vie, dès l'âge de huit ans, et meurt, alcoolique, à vingt-neuf ans.

Gorky, qui fait une tentative de suicide à dix-huit ans, appartient à la catégorie de ces demifous, dont j'ai parlé, qu'on appelle des vagabonds ou des voyageurs.

4. *Supérieurs intellectuels français.*

1° Guy de Maupassant, cet esprit si fin et si français, qui, comme Alphonse Daudet, a manqué à l'Académie, est mort fou, après avoir été interné, dix-huit mois, dans la maison de santé du docteur Blanche[2]. Et sa psychonévrose remontait bien plus loin : depuis dix ans, dit Mme Alphonse Daudet[3], on le trou-

1. Comte Léon Tolstoï. Autobiographie, trad., J.-W Brenstock. *La Revue*, 1906, p. 206. — Voir aussi : *Léon Tolstoï, Vie et Œuvres, Mémoires*. 2 vol. Edition du *Mercure de France* et l'article d'Arvède Barine sur la jeunesse de Tolstoï dans le *Journal des Débats* du 3 octobre 1906.

2. Voir Cabanès. Guy de Maupassant chez le Dr Blanche. *Chronique médicale*, 1897, p. 682.

3. Mme Alphonse Daudet. Souvenirs et impressions. *Revue de Paris*, 1897, t. V, p. 321.

vait « plus physiquement changé à chaque fois par ces tiraillements, ces creusements de traits de la maladie nerveuse agitant l'être et le fatiguant par toutes ses fibres... Pour les clairvoyants et les expérimentés, ce besoin perpétuel de départ[1] et de solitude, mêlé à des désirs, des ambitions de vie mondaine et brillante ; c'était peut-être la mélancolie avertissante, cette première fatigue du cerveau affaibli, déjà prêt pour l'accident final ». On a pu dire ainsi[2] que les racines de son mal « semblaient se confondre avec celles mêmes de son talent » et les hallucinations de l'ouïe de *Sur l'eau* comme les hallucinations de la vue du *Horla*[3] prouvent qu'il devait « évidemment n'avoir pas un cerveau fait comme celui de tout le monde[4] ». GUY DE MAUPASSANT avait lui-même révélé à PAUL BOURGET[5] qu'il « voyait souvent son double. En rentrant chez lui, il se voyait assis sur son fauteuil[6] ».

2° VILLEMAIN[7] a eu des idées de persécution : il se croyait poursuivi par les jésuites. « A chaque instant, dit une dame à qui il vient de rendre visite, il regarde sous les fauteuils et sous les chaises. Et pourquoi ? Voilà : il regarde sous le siège

1. « Son yacht loué sur la Méditerranée, MAUPASSANT partait, revenait inopinément, recevant souvent à Cannes les invitations qu'on lui adressait à Paris. »

2. FAVEROLLES. *Gaulois*, 12 octobre 1897.

3. « La fêlure que trahissait *le Horla* n'est devenue visible à tous les yeux qu'au lendemain de la catastrophe où s'abîma la raison de l'auteur. » EMILE TARDIEU. *L'ennui*. Etude psychologique. *Bibliothèque de philosophie contemporaine*. Paris. F. Alcan.

4. A propos de *Pierre et Jean*, GUY DE MAUPASSANT écrivait à MAURICE DE FLEURY (*Introduction à la médecine de l'esprit*, 1897, p. 139) : « ce livre, que vous trouvez sage, et qui, je le crois aussi, donne la note juste, je n'en ai pas écrit une ligne sans m'enivrer avec de l'éther. » Et une autre fois, il écrit à EMILE TARDIEU (*loco cit.*, p. 18) : « je suis à moitié crevé de fatigue, de courbature cérébrale et de maladie nerveuse ». — Voir aussi GELINEAU. *Loco cit.*, p.178.

5. PAUL BOURGET. Deux séances chez Mrs P. de Boston. *Annales des Sciences psychiques*, 1895, t. V, p. 75.

6. Voir aussi le livre récemment paru de EDOUARD MAYNIAL, *La vie et l'œuvre de Guy de Maupassant* et spécialement la quatrième partie, p. 215.

7. MAX SIMON. Souvenirs littéraires d'un médecin. *Chronique médicale*, 1896 et 1897.

qu'il occupe ou à côté s'il n'y aurait pas un jésuite; il les soupçonne — mais ce n'est pas facile à dire; si pourtant — il les soupçonne de vouloir faire de lui un émule d'Abélard[1]. »

VICTOR HUGO[2] a admirablement décrit une visite faite à VILLEMAIN en décembre 1845. « Il était pâle, défait, vêtu d'une large redingote noire, boutonnée en haut d'un seul bouton, ses cheveux gris en désordre... Si vous saviez, dit-il à VICTOR HUGO, quelles machinations il y a contre moi... Ils ont commencé par me séparer de ma femme... Ensuite on m'a séparé de mes enfants... Maintenant je suis seul... Non, je ne suis pas seul! je ne suis pas même seul! j'ai des ennemis, j'en ai partout, ici, dehors, autour de moi, chez moi!... Ils disent que la nuit des maçons montent par cette fenêtre pour coucher avec moi... Je suis au second étage, mais ils ont tant de malice qu'ils mettent la nuit de grandes échelles contre mon mur pour le faire croire... quand je sortais, ils s'arrangeaient de façon que tout ce que je voyais eût un aspect sinistre; je ne rencontrais que des hommes boutonnés jusqu'au menton, des gens habillés de rouge, des toilettes extraordinaires, des femmes vêtues moitié en noir, moitié en violet, qui me regardaient avec des cris de joie, et partout des corbillards de petits enfants, suivis d'autres petits enfants, les uns en noir, les autres en blanc... Tenez, vous! vous êtes un homme noble entre tous... Eh bien, jugez de ma misère : en mon âme et conscience, je ne suis pas sûr que vous ne soyez pas envoyé ici par mes ennemis pour m'espionner... »

3° JEAN-JACQUES ROUSSEAU a d'abord une hérédité[3] névropathique chargée. A la quatrième génération, on vend du vin et on boit bien. Ensuite les horlogers chantent des psaumes ou

1. D'après LOMBROSO, son père et ses frères furent frappés de folie.

2. VICTOR HUGO. *Choses vues* (Victor Hugo, clinicien. Un cas de délire des persécutions observé et décrit par Victor Hugo. *Chronique médicale*, 1902, p. 170).

3. Voir EUGÈNE RITTER. *La famille et la jeunesse de J.-J. Rousseau*, 1896

des chansons et voyagent beaucoup : on trouve des oncles à Londres, à Hambourg, à Amsterdam, à Venise, au siège de Belgrade, en Perse, en Amérique, en Allemagne. Sa mère commence à huit ans le roman de son mariage. Son père avait parfois « des idées qui tombaient de la lune ». Il veut donner des leçons de danse, quoique horloger, et couche en joue un propriétaire qui veut l'empêcher de traverser un champ non fauché...

Jean-Jacques[1] lui-même, après avoir fait des lectures désordonnées, se met en route, à dix-huit ans, avec une fontaine de Héron pour gagner sa vie en la montrant, parcourt toutes les professions : horloger, bateleur, maître de musique, graveur, peintre, domestique... fait successivement de la médecine, de la musique, de la théologie, de la botanique ; médite au soleil, en plein midi, tête nue ; est amoureux à onze ans et déclare plus tard avoir passé dix années dans le délire. Il se croit poursuivi, d'abord par l'enthousiasme des foules, puis par la persécution de tout le monde : de la Prusse, de l'Angleterre, de la France, des rois, des femmes, des prêtres. On le torture même par les bienfaits et les louanges. Il quitte précipitamment les auberges en y laissant ses malles pour fuir les persécuteurs et voit dans les vents contraires une nouvelle preuve du complot universel. « Ses ennemis gagnent son marchand de café, son coiffeur, son aubergiste ; le décrotteur n'a plus de cirage » quand il lui en demande. On lui refuse même de le mettre en prison quand il le sollicite, et, pour achever la persécution, on arrête un libraire « qu'il ne connaît pas ». Il dédie « à tous les Français amis de la justice » et distribue lui-même dans la rue à tous les passants, qui ne lui paraissent

1. Lombroso. *Loco cit.*, et Brunetière. La folie de J.-J. Rousseau. *Etudes critiques sur l'histoire de la littérature française*, 4e série, 1894, p. 325. — Voir aussi l'Etude de Möbius (*J.-J. Rousseau Krankheitsgeschichte*. 1887), qui fait de Rousseau « un fou lucide atteint du délire de persécution et, dans toute la force du terme, un persécuté persécuteur » ; ce qu'il fut en effet, ajoute Regnard (*loco cit.*, p. 132). Dans un travail sur la surdité de J.-J. Rousseau (*Chronique médicale*, 1900, p. 5). Régis en fait « un type de neurasthénique artérioscléreux ».

pas hostiles, un mémoire justificatif. Il finit par écrire à Dieu « une lettre très tendre et très familière » et la dépose sous l'autel de Notre-Dame de Paris. Ayant trouvé la grille fermée, il voit que le ciel lui-même est ligué contre lui[1].

Régis termine ainsi sa très belle étude sur Rousseau[2]. « A l'heure actuelle, il (Jean-Jacques) m'apparaît non seulement comme un grand écrivain, mais comme une nature tendrement exquise, comme un être essentiellement doux et bon, dont les défaillances morales relevaient de la morbidité plutôt que du vice et qui, suivant la juste opinion de Brunetière, puisa dans sa sensibilité hyperesthésiée, avec le principe de sa névrose délirante, celui même de son talent... Pauvre Jean-Jacques !... T'étudier en ton essence intime, dans la vie de ton corps, de ton cerveau et de ton cœur, c'est voir en toi ce que tu fus : le plus humain, le plus délicat et le plus douloureux des génies ».

4° Gérard de Nerval[3], publiciste et poète, dont la névrose a été si bien décrite par Arvède Barine, ne descendait pas de l'empereur Nerva comme il le prétendait, mais d'un « original, d'humeur incommode, fuyant le commerce des humains. »

Lui-même est, dès l'adolescence, mystique, occultiste, noctambule, très précoce (imprimé six fois à dix-huit ans), buveur, nomade et bohème. Il a des hallucinations : on l'aperçoit, au coin d'une rue, le chapeau à la main, dans une sorte d'extase. Gautier dit qu'il paraissait extravagant; même entre les romantiques. Aux Tuileries, il voit les poissons rouges du grand bassin sortir leur tête de l'eau pour l'engager à les suivre au fond : la *reine* de Saba t'attend, lui disent-ils. On le

1. Voir encore l'importante Etude de Cabanès dans la troisième série du *Cabinet secret de l'Histoire*. Jean Jacques était masochiste et exhibitionniste cemme Restif de la Bretonne était fétichiste (Louis. *Chronique médicale*, 1904, p. 353).

2. Régis. Etude médicale sur J.-J. Rousseau. *Chronique médicale*, 1900, p. 5, 65, 134, 173, 194, 353 et 391. — Voir aussi Courtade. La surdité de J.-J. Rousseau. *Ibidem*, p. 90.

3. Arvède Barine. *Loco cit.*

trouve au Palais Royal traînant un homard vivant au bout d'un ruban bleu ; alors qu'on peut promener un chien ou un lion, il s'étonne que les médecins l'empêchent de promener un homard, cet animal tranquille, sérieux, qui sait les secrets de la mer et n'aboie pas. Il s'essaie à voler comme les oiseaux et, un jour, au moment où, dans une rue de Paris, il attendait, les bras étendus, que son âme montât dans une étoile, il est ramassé par une patrouille, « parce qu'il s'était préparé à cette ascension en quittant ses habits terrestres ». Ne sachant comment se faire payer un billet, il le fait toucher par un fort de la halle; « ces gros hommes, dit-il, ont une façon terrible de présenter les billets à ordre ». Un jour, « il se glissa dans la cuisine de M. Buloz à un moment où il n'y avait personne, ouvrit tous les robinets et se sauva, enchanté de son exploit ». Il voit « un soleil noir dans le ciel désert et un globe rouge de sang au-dessus des Tuileries » ; il pense avoir « une influence sur la marche de la lune » et impose les mains aux malades.

Il fut interné une série de fois chez le docteur BLANCHE et, quand il guérissait, il se demandait « s'il n'avait pas subi quelque déchéance en recouvrant ce qu'on appelle vulgairement la raison[1] ».

Une Société littéraire, sollicitée par lui, obtint malheureusement sa sortie de l'asile et il alla se pendre dans un cabaret ignoble, un garni à deux sous la nuit, dans la rue de la Vieille-Lanterne, avec un cordon de tablier qu'il présentait comme la ceinture de Mme de Maintenon quand elle faisait jouer *Esther* à Saint-Cyr ou la jarretière de la reine de Saba.

5° FLAUBERT fut épileptique ou hystéroépileptique.

1. Un autre poète, CHARLES LAMB, avait déclaré, quelques années auparavant, qu'il fallait lui envier les jours passés dans une maison de fous et écrivait à COLERIDGE : « ne croyez pas avoir goûté toute la grandeur et tout l'emportement de la fantaisie, si vous n'avez pas été fou. » — Le héros du *Moine noir* de TCHEKHOV aime sa névrose et, ayant été momentanément guéri, reproche amèrement son intervention au médecin qui l'a rejeté ainsi dans le troupeau des gens bien portants.

Maxime du Camp[1] décrit ainsi cette névrose : « avant que sa vingt-deuxième année fût tombée du sablier éternel, un mal implacable l'avait saisi, l'avait en quelque sorte immobilisé et lui donnait les étrangetés qui parfois ont surpris ceux dont il n'était que superficiellement connu... Le mal sacré, la grande névrose, celle que Paracelse a appelée le tremblement de terre de l'homme, avait frappé Gustave et l'avait terrassé... Bien souvent, impuissant et consterné, j'ai assisté à ces crises qui étaient formidables. Elles se produisaient de la même façon et étaient précédées des mêmes phénomènes. Tout à coup, sans motifs appréciables, Gustave levait la tête et devenait très pâle ; il avait senti l'aura... son regard était plein d'angoisse... il disait : j'ai une flamme dans l'œil gauche ; puis, quelques secondes après, j'ai une flamme dans l'œil droit ; tout me semble couleur d'or. Cet état singulier se prolongeait quelquefois pendant plusieurs minutes... puis son visage pâlissait encore plus et prenait une expression désespérée ; rapidement il marchait, il courait vers son lit, s'y étendait, morne, sinistre, comme il se serait couché tout vivant dans un cercueil ; puis il s'écriait : je tiens les guides ; voici le roulier ; j'entends les grelots ! Ah ! je vois la lanterne de l'auberge[2] ! Alors il poussait une plainte dont l'accent déchirant vibre encore dans mon oreille et la convulsion le soulevait. A ce paroxysme, où tout l'être entrait en trépidation, succédaient invariablement un sommeil profond et une courbature qui durait pendant plusieurs jours. »

Cette névrose avait du reste commencé de très bonne heure et paraît avoir occasionné sa mort. Ceci ressort de deux notes des Goncourt[3] relevées par Max Simon et Cabanès : « Flaubert nous dit que lorsqu'il était enfant, il s'enfonçait tellement

1. Maxime du Camp. *Souvenirs littéraires*, Paris, 1892.

2. La première crise avait eu lieu, une nuit, « aux environs de Bourg-Achard, au moment où un roulier passait à la gauche du cabriolet et que l'on apercevait au loin, sur la droite, la lumière d'une auberge isolée. »

3. *Journal des Goncourt*. t. II, p. 80 et t. VI, p. 114.

dans ses lectures, en se mordillant la langue et en se tortillant une mèche de cheveux avec les doigts qu'il lui arrivait, à un moment, de choir à terre. Un jour, il se coupa le nez en tombant contre une vitre de bibliothèque... Ce matin, POUCHET m'entraîne dans une allée écartée et me dit : Il n'est pas mort d'un coup de sang, il est mort d'une attaque d'épilepsie... il a été seize ans sans plus en avoir... samedi il est mort d'une attaque d'épilepsie congestive... oui, avec tous les symptômes, avec de l'écume à la bouche... Tenez, sa nièce désirait qu'on moulât sa main... on ne l'a pas pu... elle avait gardé une si terrible contracture[1]. »

BINET SANGLÉ[2] maintient le diagnostic d'épilepsie pour la névrose de FLAUBERT, tandis que FÉLIX REGNAULT[3] préfère celui d'hystérie. RENÉ DUMESNIL[4] qui a repris la question dans son ensemble conclut à de l'hystéroneurasthénie et attribue la mort à une hémorrhagie ventriculaire.

En tout cas, FLAUBERT avait une psychonévrose indiscutable. Quand il décrivait l'empoisonnement de Mme Bovary, il sentait le goût de l'arsenic sur la langue[5] et il en fut lui-même empoisonné au point de vomir. « Quand je fais un roman, dit-il[6], j'ai la pensée de rendre une coloration, une nuance. Par exemple, dans un roman carthaginois, je veux faire quelque chose de pourpre. Dans *Madame Bovary*, je n'ai que l'idée d'un son, cette couleur de moisissure de l'existence des cloportes.

1. MICHAUT (*Chronique médicale*, 1900) ne croit pas que FLAUBERT soit mort d'un accès ultime d'épilepsie. Voir les réponses de GELINEAU. *Ibidem*, p. 670 et de MICHAUT. *Ibidem*, p. 703.

2. BINET SANGLÉ. L'épilepsie chez Gustave Flaubert. *Chronique médicale*, 1900, p. 641 et 1901, p. 62.

3. FÉLIX REGNAULT. Les observations d'épilepsie sur les hommes de génie et notamment sur Gustave Flaubert, ont été jusqu'à présent mal prises. *Revue de l'hypnotisme*, 1900-1901, t. XV, p. 270.

4. RENÉ DUMESNIL. *Flaubert. Son hérédité. Son milieu. Sa méthode*, 1905.

5. Sur ce point, dit RIBOT (*Psychologie des sentiments*. Bibliothèque de philosophie contemporaine, 5e édit., 1905, Paris, F. Alcan, p. 365), « la déclaration de FLAUBERT rapportée par TAINE a été révoquée en doute, sans aucune raison »

6. MICHAUT. Un livre à écrire sur Gustave Flaubert. *Chronique médicale*, 1900, p. 775.

L'histoire, l'aventure d'un roman, ça m'est égal ! » FORTIN[1], le médecin particulier de FLAUBERT, dit que pour écrire il « tombait dans un deuxième état (état second) en s'extériorisant ». — « Croiras-tu désormais au présage des bottes? écrivait FLAUBERT à LOUIS BOUILHET en 1855. Te rappelles-tu que le jour où j'ai porté ta pièce chez Laffitte, je t'ai dit dans la rue Sainte-Anne : ça ira bien, je viens de voir des bottes. Et les bottes étaient neuves et on les tenait par les tirants[2]. »

6° BAUDELAIRE est mort de paralysie générale (LOMBROSO). Ses parents, dit-il lui-même, « idiots ou fous, moururent tous victimes d'une folie terrible ». Il abusait de l'opium, du tabac, du vin[3], et paraît avoir été un olfactif avec perversions sensorielles. « Il préfère aux bonnes odeurs, dit LOMBROSO, les odeurs qui, pour l'homme sain, constituent une puanteur. La pourriture, la décomposition, la pestilence ravissent son nez. » Et BERNARD[4] ajoute : « BAUDELAIRE, un autre gourmet d'odeurs, disait de lui : mon âme voltige sur des parfums, comme l'âme des autres hommes voltige sur la musique. BAUDELAIRE disait vrai : il y avait en lui une sorte d'amour maladif des parfums. »

« Il se teignait les cheveux en vert » et avait des actes impulsifs : un jour il essaya d'étrangler son beau-père.

Voici la description qu'il donne d'une de ses « plaisanteries nerveuses[5] ». S'étant « levé maussade, triste, fatigué d'oisiveté, et poussé, lui semblait-il, à faire quelque chose de grand, une action d'éclat », il ouvre la fenêtre et voit tout d'abord un vitrier dont le cri perçant, discordant, monte

1. FORTIN. Le subconscient chez Flaubert. *Chronique médicale*, 1901, p. 28.

2. *Echo du merveilleux*, 1900, p. 253 (*Chronique médicale*, 1900, p. 627).

3. Une division des *Paradis artificiels* porte ce titre : du vin et du haschisch comparés comme moyens de multiplication de l'individualité.

4. BERNARD. Conférence citée plus loin sur *les odeurs dans les romans de Zola*, p. 8.

5. Le mauvais vitrier. *Petits poèmes en prose.*

jusqu'à lui. Sans savoir pourquoi, il est « pris à l'égard de ce pauvre homme d'une haine aussi soudaine que despotique ». Il lui crie de monter et réfléchit, « non sans quelque gaieté, que, la chambre étant au sixième étage et l'escalier fort étroit, l'homme devait éprouver quelque peine à opérer son ascension et accrocher en maint endroit les angles de sa fragile marchandise ». Le vitrier paraît enfin. « J'examinai curieusement toutes ses vitres et je lui dis : comment! vous n'avez pas de verres de couleur? des verres roses, rouges, bleus, des vitres magiques, des vitres de paradis? impudent que vous êtes! vous osez vous promener dans des quartiers pauvres et vous n'avez pas même de vitres qui fassent voir la vie en beau! Et, continue BAUDELAIRE, je le poussai vivement vers l'escalier, où il trébucha en grognant. Je m'approchai du balcon et je me saisis d'un petit pot de fleurs et quand l'homme reparut au débouché de la porte, je laissai tomber perpendiculairement mon engin de guerre sur le rebord postérieur de ses crochets; et le choc le renversant, il acheva de briser sous son dos toute la pauvre fortune ambulatoire, qui rendit le bruit éclatant d'un palais de cristal crevé par la foudre. Et, ivre de ma folie, je lui criai furieusement : la vie en beau! la vie en beau! » Il déclare avoir éprouvé, dans ce moment, « l'infini de la jouissance » et il n'était pas encore aliéné, au moins officiellement.

Après cela, il est difficile de ne voir, avec PAUL BOURGET[1], dans les poésies de BAUDELAIRE, que des « paradoxes outranciers » ou des « mystifications laborieuses ». Il ne suffit pas de faire dans son œuvre la part de la « mystification[2] qui exagère en agressifs paradoxes quelques idées, par elles-mêmes seulement exceptionnelles ». Il faut aussi faire la part de la psychonévrose et de la demifolie.

1. PAUL BOURGET. Charles Baudelaire, *in* Essais de psychologie contemporaine. *Œuvres complètes*, 1899, t. I, p. 3.

2. Pour MICHAUT aussi, « CHARLES BAUDELAIRE n'a jamais été qu'un esprit très original, épris de dandysme et aimant à *mystifier* le bourgeois ».

BAUDELAIRE paraît être mort d'un ramollissement cérébral avec hémiplégie droite et aphasie ; il n'avait plus que trois mots : non, cré non, non [1].

7° ALFRED DE MUSSET était un toxicomane. « Après un fougueux départ passionnel, après avoir brandi un programme frénétique de jouissance surhumaine, (il) s'abat, échoue dans l'ennui si tôt, si profondément, si piteusement, que l'épuisement organique chez lui n'est pas contestable [2]. »

Il présentait de l'autoscopie interne (voir plus haut p. 91). C'est une hallucination de ce genre qu'il décrit dans *La Nuit de décembre* :

Devant ma table vint s'asseoir
Un pauvre enfant vêtu de noir
Qui me ressemblait comme un frère.

GEORGE SAND [3] a bien décrit une de ces crises de MUSSET. « Couché dans l'herbe, dans le ravin, Laurent (ALFRED DE MUSSET) avait *entendu* l'écho chanter tout seul et, ce chant, c'était un refrain obscène. Puis, comme il se relevait sur ses mains pour se rendre compte du phénomène, il avait *vu* passer devant lui, sur la bruyère, un homme qui courait, pâle, les vêtements déchirés et les cheveux au vent. « Je l'ai si bien vu, dit-il, que j'ai eu le temps de *raisonner* et de me dire que c'était un promeneur attardé, surpris et poursuivi par des voleurs et même j'ai cherché ma canne pour aller à son secours ; mais la canne s'était perdue dans l'herbe et cet homme avançait toujours vers moi. Quand il a été tout près, j'ai vu qu'il était ivre et non pas poursuivi. Il a passé en me jetant un regard hébété, hideux, et en me faisant une laide grimace de haine et de mépris. Alors j'ai eu peur et je me

1. MICHAUT. Comment est mort Baudelaire. *Chronique médicale*, 1902, p. 186. Voir : CABANÈS. Le sadisme chez Baudelaire. *Ibidem*, 1902, p. 725 et MICHAUT. Un dernier mot sur la maladie de Baudelaire. *Ibidem*, 1903, p. 27.

2. EMILE TARDIEU. *Loco cit.*

3. GEORGE SAND. *Elle et Lui*. Edition du Centenaire, p. 110.

suis jeté la face contre terre ; car cet homme... c'était *moi*[1] *!.* »

Lefébure[2] a bien étudié la suprasensibilité de Musset. Il aurait éprouvé des phénomènes de télépathie et, d'après Mme Martellet, aurait, dans sa dernière maladie, tiré un cordon de sonnette sans le toucher (!). Il avait l'audition colorée. « Il raconte à Mme Joubert, dans une de ses lettres (inédite), qu'il a été très fâché, dînant avec sa famille, d'être obligé de soutenir une discussion pour prouver que le *fa* était jaune, le *sol* rouge, une voix de soprano blonde, une voix de contralto brune. Il croyait que ces choses-là allaient sans dire[3]. » A huit ou neuf ans, « dans un seul jour, il brisa une des glaces du salon avec une bille d'ivoire, coupa des rideaux neufs avec des ciseaux et colla un large pain à cacheter rouge sur une grande carte d'Europe au beau milieu de la mer Méditerranée. Vers dix ou douze ans, il subissait la fascination du cadre doré d'un vieux portrait, qui lui servait à s'hypnotiser lui-même ». Il eut plusieurs fétiches, « et à tout âge : le médaillon armé de pointes de sa première maîtresse, le peigne cassé de G. Sand, la pièce de cinq francs de Fontainebleau, la plume brodée par sœur Marceline ». A Venise, il est « comme fou toute une nuit, à la suite d'une grande inquiétude. Il voyait comme des fantômes autour de lui et criait de peur et d'horreur ». George Sand a décrit une série d'hallucinations. Jusqu'à son dernier moment, dit Paul de Musset, « sa sensibilité ne fit que s'exalter davantage. C'étaient des agitations, des inquiétudes, des émotions perpétuelles ». Et Mme Martellet (Adèle Colin) écrit : « le nervosisme de M. Alfred touchait quelquefois au surnaturel et je me suis souvent demandé s'il n'avait point un sixième sens, comme un don de seconde vue... »

1. « Les particularités du récit nous permettent de penser que l'incident se passa dans la forêt de Fontainebleau lors du séjour qu'y firent les deux amants au début de leur liaison, à l'automne de 1833. Musset avait vingt-deux ans. » Paul Raymond. *Progrès médical*, 1905, p. 38.

2. Lefébure. Musset sensitif. *Annales des Sciences psychiques*, 1899, t. IX, p. 13 et 80.

3. Arvède Barine. Citat. *Chronique médicale*, 1906, t. XIII, p. 130, note.

CABANÈS[1] a étudié avec soin la dipsomanie de MUSSET et il commence son travail par cette citation de CHARLES MAURRAS : « il n'est guère possible de parler d'ALFRED DE MUSSET sans mentionner d'abord, pour en tenir compte dans tous les cas, l'espèce de folie qui le marqua depuis l'enfance la plus tendre. Né inquiet, visionnaire, un peu maniaque, sujet à des crises d'épilepsie[2], mais devenu alcoolique à l'âge de vingt ans... » Au café de la Régence, continue CABANÈS, « le plus souvent, le garçon lui apportait une assiette de cigares et un épouvantable mélange de bière et d'absinthe, qu'il avalait d'un trait, avec cette grimace de dégoût que provoque une médecine répugnante... Une fois drogué de la sorte, ALFRED DE MUSSET s'établissait solidement contre le dossier du divan, allumait un cigare, puis un autre, jusqu'à ce que l'assiette fût vide... A onze heures et demie, le garçon faisait avancer une voiture de louage, menait le poète par le bras, puis l'installait dans le fiacre. Il se laissait mener docilement à la maison ; sa vieille bonne l'accueillait et le couchait comme un enfant. »

8° BERNARDIN DE SAINT-PIERRE[3] voyait les objets doubles et mouvants, des éclairs lui sillonnaient la vue et « dès qu'il rencontrait du monde dans les jardins publics ou dans les rues, il se croyait entouré d'ennemis et de malveillants ». Il se figura qu'il était persécuté et calomnié comme J.-J. ROUSSEAU. Peu s'en fallut, à ce qu'il dit lui-même, que cette maladie morale lui fît perdre la raison. Les biographes ajoutent : « il vint cependant à bout d'en guérir ». Certains penseront peut-être que cette guérison était encore incomplète quand l'auteur de *Paul et Virginie* écrivait que les puces sont

1. CABANÈS. La dipsomanie d'Alfred de Musset. *Chronique médicale*, 1906, p. 142. — Voir aussi dans le même Recueil, p. 302, une lettre de Mme MARTELLET (ADÈLE COLIN), la vénérable gouvernante d'ALFRED DE MUSSET (elle est plus que nonagénaire).

2. Ceci n'est pas démontré.

3. MOREAU DE TOURS. *Loco cit.* et X. Notice sur Bernardin de Saint-Pierre, en tête de ses *Œuvres choisies*, 1881.

noires et se mettent le plus habituellement sur des objets blancs pour être plus facilement attrapées. BERNARDIN DE SAINT-PIERRE a décrit lui-même[1] sa névropathie : « comme Œdipe je voyais deux soleils... dans le plus beau jour d'été, je ne pouvais traverser la Seine en bateau sans éprouver des anxiétés intolérables... Si je passais seulement dans un jardin public, près d'un bassin plein d'eau, j'éprouvais des mouvements de spasme et d'horreur. Il y avait des moments où je croyais avoir été mordu, sans le savoir, par quelque chien enragé... il m'était impossible de rester dans un appartement où il y avait du monde, surtout si les portes étaient fermées. Je ne pouvais même traverser une allée de jardin public où se trouvaient plusieurs personnes rassemblées. Dès qu'elles jetaient les yeux sur moi, je les croyais occupées à en médire; elles avaient beau m'être inconnues... »

Au moment où BERNARDIN DE SAINT-PIERRE présentait les premiers symptômes du délire des persécutions, son frère en ressentait les prodromes avec monomanie des grandeurs. Tous ses frères et sœurs étaient d'ailleurs « condamnés à la disproportion des facultés. Natures nerveuses et mal pondérées, ils étaient d'esprit maladif ». Son fils, Paul de Saint-Pierre, fut interdit en 1854 et « termina dans une maison de santé une carrière qui avait été troublée sans cesser d'être médiocre[2] ».

9° Le célèbre caricaturiste ANDRÉ GILL[3] est interné à Charenton. Puis il en sort. ALPHONSE DAUDET le rencontre guéri. « Trois jours après, on le ramassait sur une route de campagne, jeté en travers un tas de pierres, l'épouvante dans les yeux, la bouche ouverte, le front vide, fou, refou... Ceux qui

1. Dans la *Chronique médicale*, 1904, on trouvera p. 470 cet entier passage de BERNARDIN DE SAINT-PIERRE. (*Etudes de la nature*, t. I, p. 461. Préambule de l'Arcadie) et p. 465 la description de cette même névropathie par SAINTE-BEUVE (*Causeries du lundi*, t. VI).

2. *Chronique médicale*, 1904, p. 465.

3. ALPHONSE DAUDET. André Gill. *Gaulois du Dimanche*, 7 novembre 1897.

vivaient près de lui ne s'étonnèrent pas, m'a-t-on dit. Pour moi, dit DAUDET, ce fut une stupeur et une épouvante. GILL était le troisième de notre petite bande que la folie me prenait : CHARLES BATAILLE, JEAN DUBOYS, morts aux aliénés, presque sous mes yeux. »

10° SALOMON DE CAUS a été fou (MOREAU DE TOURS).

VOLTAIRE[1] fut neurasthénique et hypocondriaque. Il a passé sa vie à geindre sur sa santé et à déclarer qu'il ne se plaint guère. Comme « un petit Job sur son fumier », il « meurt en détail », il se meurt « au pied de la lettre ». Il pense perdre la vue quand Mme DU DEFFAND devient aveugle. « J'ai passé ma vie à mourir, » dit-il ; « je suis plus squelette et plus moribond que jamais... » Et cela pendant quatre-vingts ans.

MOLIÈRE était un hypocondriaque et un mélancolique. LARROUMET[2] en a finement développé les preuves, tirées notamment de ses œuvres, bien plus que du pamphlet de 1670, *Elomire hypocondre*, signalé par MAURICE RAYNAUD[3].

D'après MOREAU DE TOURS, CONDILLAC eut de fréquents accès de somnambulisme.

GILBERT BALLET cite une vision qu'eut DESCARTES le 10 novembre 1619 (à vingt-quatre ans).

« MONTESQUIEU, dit LOMBROSO, laissait sur les carreaux de sa chambre l'empreinte de ses pieds, convulsivement agités pendant ses travaux ; BUFFON, SANTEUIL[4], CRÉBILLON, s'abandonnaient aux plus étranges contorsions du visage... AMPÈRE

1. ROGER. *Voltaire malade. Etude historique et médicale*, 1883. LOMBROSO classe au contraire VOLTAIRE dans les « génies intègres » qui « achevèrent avec sérénité leur carrière intellectuelle ».

2. LARROUMET. L'hypocondrie de Molière. *Comédie de Molière*. Citat. *Chronique médicale*, 1897, p. 108.

3. MAURICE RAYNAUD. *Les médecins au temps de Molière*.

4. SANTEUIL, dit MOREAU DE TOURS, faillit perdre la raison pour avoir trouvé une épithète qu'il cherchait depuis longtemps.

ne pouvait exprimer ses pensées qu'en se promenant, le corps agité tout entier d'un mouvement continuel. »

Dans les névropathes il faut aussi ranger, d'après Wechniakoff : d'Alembert (sa tête s'affaiblit, la mémoire disparaît, il ne peut plus juger), Lagrange (phase pathologique de dix ans : langueur, lassitude, véritable dégoût des mathématiques).

Chateaubriand, lui aussi, « fut un épuisé précoce, rapide, partiel il est vrai et se ressaisissant, un épuisé du désir et du rêve (Émile Tardieu).

Dans ses *mattoïdes*, « à tempérament voisin de la folie » (Maudsley) Lombroso classe Enfantin qui entrevit et essaya d'entreprendre le percement de l'isthme de Suez et d'autre part voulut réaliser une religion nouvelle si bizarre.

Chez certains supérieurs les bizarreries du costume et de l'existence suffisent déjà à indiquer l'état névropathique, tels : Villiers de l'Isle-Adam, Barbey d'Aurevilly, le Sar Peladan.

Cujas « travaillait couché à plat ventre sur un tapis » et Bossuet « dans une chambre froide la tête enveloppée de linges chauds ». Bourdaloue « raclait un air sur son violon avant d'écrire ses sermons ».

Malherbe (Moreau de Tours[1]) « avait la singulière manie, étant très frileux, de numéroter ses bas par les lettres de l'alphabet, de peur de n'en pas mettre également à chaque jambe ; il avoua un jour qu'il en avait jusqu'à cinquante[2] ».

Napoléon[3] « souffrait d'une convulsion habituelle de l'épaule

1. Toutes les autres citations sont de Lombroso.

2. Je ne relève pas les supérieurs qui ont été bègues ou gauchers, les ataxiques ni ceux qui avaient l'habitude de se ronger les ongles, pas plus que ceux à hérédité psychopathique plus ou moins lourde.

3. Lombroso. *Loco cit.* Cabanès. Les superstitions de Napoléon Ier. *Chronique médicale*, 1896. — Voir aussi : Barral. La santé de Napoléon Ier. *Ibidem*, 1900, p. 34, 104, 227, 322 ; Bougon. Quelques manies de Napoléon Ier. *Ibidem*, 1904, p. 490 et 1905, p. 524, Callamaud. Les heures de défaillance de Napoléon. *Ibidem*, 1904, p. 801.

droite et des lèvres ». Croyant aux pressentiments et aux horoscopes, il sollicitait ou acceptait les prophéties de sorcière, disait lui-même la bonne aventure ; était au désespoir quand il brisait une glace, avait l'effroi du vendredi, du nombre 13 et considérait la lettre M comme fatidique.

11° ZOLA[1] présente aussi des tics psychiques. Il a des sensations lumineuses le soir dans l'obscurité, des sifflements et des sonneries dans les oreilles.

C'est surtout un olfactif anormal. « Une de ses distractions est de diagnostiquer à distance (par exemple de son cabinet de travail de Medan, situé au-dessus de la cuisine) les mets que l'on apprête pour le repas. Il peut dire si ce sont des tomates, un poulet ou un gigot, ou encore du poisson, des sardines ou du hareng, de l'éperlan ou de la sole. »

BERNARD[2] a admirablement décrit dans ZOLA, « le musicien, le symphoniste des odeurs..., le romancier aux narines frémissantes... l'homme qui a le plus vécu par le nez » et montré l'importance qu'a cette analyse « pour le psychologue qui veut surprendre le secret de l'artiste, trouver la formule de son tempérament et de son talent ».

ZOLA compte dans la rue les becs de gaz, les numéros des portes et surtout les numéros des fiacres dont il additionne tous les chiffres comme des unités ; « pendant longtemps, les multiples de 3 lui ont paru bons ; aujourd'hui ce sont les multiples de 7 qui le rassurent ». Le chiffre 17 est mauvais : renversé par un fiacre, il se hate d'additionner les chiffres du numéro de la voiture et trouve 17 ! « Pendant longtemps, il craignait de ne pas réussir dans la démarche qu'il allait

1. EDOUARD TOULOUSE. *Enquête médicopsychologique sur les rapports de la supériorité intellectuelle avec la névropathie.* I. *Introduction générale. Emile Zola*, 1896.

2. BERNARD. *Conférence sur les odeurs dans les romans de Zola.* Montpellier, 1899.

tenter s'il ne sortait pas de chez lui du pied gauche. » Il touche certains objets ou ferme une porte plusieurs fois de file [1]...

Une « sensitivité morbide » s'éveilla chez les GONCOURT [2], « qui les mettait à la merci de la moindre contrariété morale, comme du plus léger choc extérieur ». Ils devenaient, suivant leur expression, « une sorte d'écorché moral et sensitif, blessé à la moindre impression, sans enveloppe et tout saignant [3] ». Ils cultivent d'ailleurs leur nervosité et sont fiers d'être « vibrants d'une manière supérieure », organisés pour goûter, comme pas un, soit un tableau soit au besoin une aile de poularde braisée [4]. Ils veulent être les écrivains de ces nerfs dont ils souffrent et pour cela il leur faut remanier la langue. « La langue française, disent-ils, a été maniée et façonnée par des gens bien portants. » Aujourd'hui on ne peut plus « se satisfaire du gros à peu près de nos bien portants devanciers [5] ».

12° Un assez grand nombre d'auteurs, dits décadents [6], présentent l'*audition colorée* ou le *goût auditif*, ont des sensations associées bizarres.

Ainsi ARTHUR RIMBAUD :

A, noir ; E, blanc ; I, rouge ; U, vert ; O, bleu ; voyelles.

1. Voir aussi l'entier n° 20, 1902, de la *Chronique médicale* et spécialement : TOULOUSE, La névropathie de Zola et La psychologie d'Emile Zola (p. 664 et 670).

2. RENÉ DOUMIC. *Portraits d'écrivains*.

3. *Journal des Goncourt*, t. III, p. 16. Citat. DOUMIC.

4. JULES DE GONCOURT est mort sans sa raison (MAURICE DE FLEURY. *Loco cit.*, p. 139). Voir plus haut, p. 26, ce que j'ai dit de l'*observation* de JULES DE GONCOURT, racontée par son frère.

5. Voir encore : GELINEAU. Une victime de la neurasthénie. Jules de Goncourt et MICHAUT. Une prétendue victime de la neurasthénie. Edmond de Goncourt. *Chronique médicale*, 1901, p. 625 et 698.

6. Outre les ouvrages cités de LOMBROSO et de NORDAU, voir : BRUNETIÈRE. Symbolistes et décadents. *Nouvelles questions de critique*, 1890. p. 304 ; EMILE LAURENT. *La poésie décadente devant la science psychiatrique*, 1897 ; P.-H. MARTIN. Névrose et poésie. *Etudes*, 1898, p. 145 et 138 ; mes *Leçons de Clinique médicale*. 2e série, 1896, p. 672 : et HENRI VIGEN. *Le talent poétique chez les dégénérés*. Thèse de Bordeaux, 1904 (président : RÉGIS).

Et plus loin :

A, noir corset velu des mouches éclatantes[1].

Un autre dit :

A, claironne vainqueur en rouge flamboiement.
E, soupir de la lyre, a la blancheur des ailes
Séraphiques. Et l'I, fifre léger, dentelles
De sons clairs, est bleu célestement.
Mais l'archet pleure en O sa jaune mélodie
. . . .
U, vide d'amour, à l'avril est pareil :
Vert comme le rameau de myrte que tu cueilles.

Et René Ghil dans son *Traité du Verbe* : « que surgissent maintenant les couleurs des voyelles, sonnant le mystère primordial. Colorées ainsi se prouvent à mon regard exempt d'antérieur aveuglement les cinq : A noir, E blanc, I bleu, O rouge, U jaune, dans la très calme beauté des cinq durables lieux s'épanouissant le monde au soleil. »

Pour Mallarmé cette corrélation des voyelles correspond « à une évolution progressive de nos sens élevés[2] ».

Dans le livre de Huysmans des Esseintes se donne un concert avec des sensations gustatives : « chaque liqueur correspondait, selon lui, comme goût, au son d'un instrument. Le curaçao sec, par exemple, à la clarinette dont le chant est aigrelet et velouté ; le kummel au hautbois dont le timbre sonore nasille ; la menthe et l'anisette à la flûte, tout à la fois

1. Pour Victor Ségalen. (Le double Rimbaud, *Mercure de France*, 1906, p. 486) « le sonnet intitulé *Voyelles*, indûment prôné comme une théorie d'art synesthésique, n'est en réalité qu'un rappel adolescent de premières sensations... Le mécanisme de ce hochet littéraire fut tel, à n'en pas douter, que nous l'explique Ernest Gaubert (*Mercure de France*, 1er novembre 1904).

A, noir ; E blanc ; I, rouge ; U, vert ; O, bleu...

Cela tout simplement parce que d'anciens abécédaires édités vers l'époque où Rimbaud épelait ses lettres comportent un A *noir*, illustré d'*abeilles*.

A, noir corselet velu des mouches éclatantes...

Un I, rouge ; un U, vert ; un O couleur d'azur. L'E seul diffère ; il est jaune. »

2. Voir aussi Jean Clavière. L'audition colorée. *Année psychologique*, 1899, t. V, p. 161.

sucrée et poivrée, piaulante et douce ; tandis que, pour compléter l'orchestre, le kirsch sonne furieusement de la trompette ; le gin et le wisky emportent le palais avec leurs stridents éclats de pistons et de trombones, l'eau-de-vie de marc fulmine avec les assourdissants vacarmes des tubas, pendant que roulent les coups de tonnerre de la cymbale et de la caisse frappés à tour de bras dans la peau de la bouche par les rakis de Chio et les mastics ! »

13° BALZAC[1] avait la manie ambulatoire. « Ce besoin de changement était chez lui si prononcé que souvent ni ses parents ni ses amis ne connaissaient sa résidence essentiellement temporaire. C'est ainsi qu'il fut impossible de le trouver lorsqu'on l'appela pour faire son service dans la garde nationale[2]. Mais c'était surtout un mégalomane : il se classait lui-même parmi les « maréchaux de la littérature moderne » ; avec NAPOLÉON, CUVIER et O'CONNELL il formait le groupe des quatre hommes qui « auront eu dans le siècle une influence immense ». « J'aurai porté une société entière dans ma tête », écrit-il à Mme Hanska ; « ce que NAPOLÉON avait commencé par l'épée, je l'achèverai par la plume ». « La conscience de sa grandeur débordait chez lui, écrit GEORGE SAND... Il parlait toujours de lui, de lui seul... Un soir, ayant une belle robe de chambre neuve, il voulut sortir, ainsi habillé, une lampe à la main, pour exciter l'admiration du public. » — Son père, d'après MOREAU DE TOURS, resta vingt ans au lit sans motif et puis, sans motif aussi, reprit le cours de sa vie antérieure.

DIDEROT louait des voitures, les oubliait et payait des journées entières ; il oubliait aussi les heures, les jours, les mois, « même les personnes avec lesquelles il avait commencé à s'entretenir ; il continuait alors à leur débiter de véritables monologues, comme un somnambule ».

1. Voir le n° 10 de la *Chronique médicale* 1899, entièrement consacré par CABANÈS à BALZAC à l'occasion du centenaire de sa naissance (20 mai 1799).

2. FOURNIER. *Statue de Balzac à Tours*. Citat. CABANÈS.

14° Mme de Stael abusait de l'opium, voulait qu'on l'enveloppât dans une fourrure avant de l'ensevelir et roulait « sans cesse entre ses doigts, quand elle était chez elle, de petites bandes de papier. Le valet de chambre avait ordre d'en laisser sur la cheminée une ample provision » (Moreau de Tours).

Mme Récamier[1] a eu « des crises de nerfs et des étouffements » qui lui donnaient « l'agréable sensation d'être étranglée », une « toux opiniâtre », des extinctions de voix subites qui duraient quelques heures avec « spasme nerveux du larynx »... tout cela fut considéré comme nerveux par le Dr Récamier et guérit.

Je nomme, sans insister, quelques autres femmes supérieures, dont la névrose a été bien curieuse, comme la marquise du Deffand, la duchesse de Chaulnes, la princesse de Lamballe, la marquise du Chatelet, Mlle de Lespinasse[2]...

15° Victor Hugo[3], à quatorze ans, écrit sur son journal de collège : « je veux être Chateaubriand ou rien. » En 1878, dans un projet d'autobiographie il cherche « à se fabriquer une généalogie, à se découvrir une lignée d'ancêtres ». Il signe, pour un collectionneur, la casquette avec laquelle il a quitté Paris après le coup d'État dans la nuit du 11 au 12 décembre 1851...

Louis Veuillot a bien mis en relief chez Victor Hugo cet « égoïsme intellectuel le plus absolu et par conséquent le plus irritable. C'est la maladie du moi[4] ».

1. Cabanès. La cécité de Mme Récamier. *Chronique médicale*, 1906, p. 161.

2. Sur les maladies de Catherine de Médicis. Voir la *Chronique médicale*, 1900, p. 161.

3. Cabanès. La mégalomanie (?) de Victor Hugo. *Chronique médicale*, 1902, p. 157 (et tout ce n° 5) et p. 242.

4. Dans certains vers de Victor Hugo on retrouve de curieux rapprochements de mots par assonance comme dans les poésies des aliénés. Ainsi dans *le Roi s'amuse* :

Sors !
Sortir, quand mon *sort* à ton *sort* est lié !

Je ne commettrai cependant pas l'irrévérence de rapprocher ce vers des

Charles Nodier[1], d'après Baudin, « fut atteint, dès au sortir de sa prime jeunesse, de neurasthénie » (c'est le diagnostic de Cabanès et de Fabre de Commentry) « et il mourut de neurasthénie ou plutôt de l'état de débilité sénile anticipée, où sa neurasthénie, mal ou point soignée, l'avait conduit peu à peu ». Comme symptômes : « faiblesse générale, incapacité de tout travail, insomnie, maux de tête, névralgies multiples, troubles gastriques, troubles cardiaques, troubles sensitifs et moteurs, exaltation, abattement, mélancolie, hypocondrie... »

Alexandre Dumas[2] fils a eu, en 1859, une maladie « ultra-nerveuse ». Son père raconte « qu'Alexandre est très malade et que, depuis deux jours, il est à genoux au milieu de sa chambre, sans qu'on ait pu le décider à se lever... Deux jours auparavant, ayant entendu son père ronfler dans une pièce voisine, cela avait produit sur ses nerfs une telle exaltation que la pensée lui était venue de tuer son père et qu'il n'avait pu y résister qu'en se mettant à genoux... Pendant un an encore, Dumas fils resta dans cet état de folie... Au sortir de cette maladie cérébrale, Dumas fut pris d'une crise violente de mysticisme ; à tout prix, il voulait se faire religieux... Enfin il triompha du mal... Disons pourtant qu'en 1873, après *la Femme de Claude*, il eut un nouvel accès de courte durée. »

16° De Chirac, dit Jules Claretie[3], était « un maniaque de pornographie, scientifiquement un malade. Et de son réper-

suivants dus à un aliéné et cités par Régis (La poésie dans les maladies mentales. *L'Encéphale*, 1906, p. 274) :

On peut tirer en s'amusant
Deux sous d'un sel qui lave tout
De soude, un sel qui lave tout

1. Charles Nodier médecin et malade. *Chronique médicale*, 1903, p. 165.

2. Une maladie mystérieuse d'Alexandre Dumas fils. *Chronique médicale*, 1906, p. 392.

3. Jules Claretie. La vie à Paris. *Temps*, 16 mars 1906.

toire scandaleux il avait la prétention de faire un apostolat... De Chirac fut un demifou qui ne fit point le mal à demi. Et d'abord à lui-même. Il est mort de sa demifolie..., sur les planches en simulant un accès de delirium tremens, l'agonie réelle se substituant à l'agonie factice, le hoquet final arrivant là comme un tragique jeu de scène ».

Albert Glatigny[1], dont on a reparlé beaucoup à propos du drame de Catulle Mendès, « fut quelque chose comme le Verlaine du second Empire... Il est de cette lignée des Gringoire, des Villon, des Assouci, des Scarron, de cette race des irréguliers et des hors la loi... C'était ce que les médecins appellent un *itinérant* ou un *métatopomane*... C'était un homme, avec une bizarrerie foncière de caractère ou plutôt d'humeur. C'était un homme qui contenait en lui ce que le docteur Grasset appelle un demifou ; mais c'était un homme droit, vaillant et loyal[2] ».

5. *Supérieurs intellectuels étrangers.*

1° Le Tasse[3] est encore un lypemaniaque. Il raconte lui-même ses hallucinations, surtout auditives (cris d'hommes et de femmes, rires de bêtes, chants, coups de sifflets, tintements, sons de cloches, battements d'horloges). Il croit voir un cavalier se jeter sur lui et le renverser par terre ; ou s'imagine qu'il est couvert de bêtes immondes. Sous ces influences, il tire un jour un couteau et cherche à frapper un valet qui entrait dans la chambre. Son mal « a pour cause un art magigique », il parle de son « lutin », qui lui emporte ses lettres ou d'un « magicien » qui lui enlève son pain. Et il écrit tristement : « je ne nie pas que je sois fou. » — « Enfermé de 1579 à 1586 chez les moines de Sainte-Anne, qui paraissent

1. Emile Faguet. La semaine dramatique. *Journal des Débats*, 19 mars 1906.

2. Voir aussi Camille Pelletan, Albert Glatigny. *La Dépêche*, 23 mars 1906.

3. Verga. *Lipemania del Tasso.* Citat. Lombroso. Voir aussi un article de Cabanès dans la *Chronique médicale* (cité 1900, p. 211).

avoir tenu une véritable maison de santé, il y manifesta tous les signes de la folie de persécution la plus complète, avec hallucinations de la vue et de l'ouïe, ayant tantôt affaire au diable, tantôt à la Vierge Marie, tantôt à un esprit follet qui lui enlève son pain, son dessert[1]. »

C'est à propos du Tasse que Montaigne (cité par Lauvrière) dit : « comme les grandes amitiés naissent des grandes inimitiés, des santés vigoureuses les mortelles maladies, ainsi des rares et vives agitations de nos âmes les plus excellentes manies et plus destracquées ; il n'y a qu'un demi-tour de cheville à passer de l'un à l'aultre. Aux actions des hommes insensés nous voyons combien proprement la folie convient avecques les plus vigoureuses opérations de nostre âme. Qui ne sçait combien est imperceptible le voisinage d'entre la folie avecques les gaillardes eslevations d'un esprit libre et les effects d'une vertu suprême et extraordinaire ? »

2° Frédéric Nietzsche[2], le philosophe qui a fait école en Allemagne et ailleurs, a été interné à plusieurs reprises dans des maisons de santé et est entré ensuite, comme dément incurable, dans l'établissement du Professeur Binswanger à Iéna, où il était, dit Nordau, suivant le dicton anglais, *the right man in the right place.*

D'après Lichtenberger[3], « c'est brusquement, sans transition », que « la nuit de la folie se ferma sur lui. Il fut frappé subitement, à Turin, dans les premiers jours de janvier 1889 ». Peut-être un critique médical trouverait-il des prodromes de ce mal dans certaines œuvres antérieures de ce « Prophète du Surhomme » et du « Retour éternel », voire même dans son œuvre capitale *Ainsi parla Zarathusthra* parue de 1883 à 1886.

1. Regnard. *Loco cit.*, p. 146.

2. Max Nordau. *Loco cit.*

3. H. Lichtenberger. Introduction aux *Aphorismes et Fragments* de Friedrich Nietzsche, Bibliothèque de philosophie contemporaine, Paris, F. Alcan 1899.

3° Le grand pessimiste SCHOPENHAUER[1] a une hérédité névropathique très lourde. « Sa grand'mère avait eu une tante et un grand-père aliénés. » Son père, sourd dès sa jeunesse, a la manie des voyages, des colères effroyables, des angoisses maladives; on le soupçonne de s'être suicidé. La femme de ce « misanthrope, bizarre jusqu'à la lypemanie » (mère du philosophe) était « femme écrivain, pleine de vivacité... ambitieuse et, disait-il lui-même, de mœurs assez légères ». « Son frère Frédéric fut, dès sa jeunesse, atteint d'imbécillité. »

Lui-même, dès sa jeunesse, sent un démon en lui, « passe des semaines entières sans parler à personne », parle tout haut et gesticule, seul, dans la rue ou à table d'hôte; casse un bras à sa propriétaire parce qu'il l'entend jaser dans son antichambre, devient furieux et refuse de payer ses dettes quand, en les lui réclamant, on écrit son nom avec deux *p*. Il brûle sa barbe, au lieu de la raser; cache de l'or dans un encrier, des lettres de change dans les couvertures, a peur d'un rasoir, de tout. Il rédige ses notes en grec, en latin, en sanscrit et les dissémine dans des livres pour qu'on ne les lui prenne pas. Il est victime d'une vaste conspiration des professeurs de philosophie. Il repousse la monogamie et exalte la tétragamie, à laquelle par un restant de raison il ne voit qu'un inconvénient: c'est de traîner à sa suite quatre belles-mères. Par testament, il laisse son héritage aux soldats et à son chien.

4° SWIFT[2] avait annoncé, dans sa jeunesse, qu'il deviendrait fou. Et, de fait, il commet toutes les inconséquences, perd la mémoire en restant loquace, « passe une année entière sans parler ni lire, ne reconnaît personne, marche dix heures par jour, mange toujours debout ou refuse la nourriture et se livre à des accès furieux lorsqu'on pénètre dans sa chambre... Il mourut en 1745 dans un état complet de démence, léguant... 11 005 livres sterlings aux fous ».

1. LOMBROSO. *Loco cit.*
2. Id., *ibid.*

5° HOFFMANN[1] s'alcoolisa avec du vin « et du meilleur ». « Il y ajoutait, çà et là, un bol de punch, pour le plaisir de contempler le combat entre les salamandres et les gnomes qui habitent dans le sucre. » Au début, il recommande pour bien faire « la musique d'église les vieux vins de France ou du Rhin, pour l'opéra sérieux le meilleur Bourgogne, pour l'opéra-comique le champagne, pour les canzonettas les vins chaleureux d'Italie, et enfin, pour une composition éminemment romantique comme le *don Juan*, un verre modéré de la boisson issue du combat entre les salamandres et les gnomes ».

Bientôt il note après du « vin épicé » : « léger accès de pensées de mort ; fantômes. »

Il entend les couleurs, puis il entend les odeurs et voit les sons. « Le parfum de l'œillet rouge foncé agit sur lui avec une puissance extraordinaire et magique... il entend alors, comme dans un grand éloignement, les sons d'un cor s'enfler et s'affaiblir tour à tour. » Pendant une fièvre grave qu'il fait, il prend ses gardes-malades pour des instruments de musique : la flûte est un ami qui parle très bas et dont la voix a quelque chose de langoureux, le basson est un autre qui a une grosse voix de basse.

A certains jours, il croit « répandre dans l'obscurité une lueur phosphorescente ». Un jour, dans un salon très éclairé et plein de monde, il voit un gnome sortant du parquet. Seul, la nuit, assis à sa table de travail, il est entouré de spectres et de figures grimaçantes. « Les contes fantastiques se vivaient alors autour de lui avec tant de réalisme que l'effroi le prenait et qu'il allait réveiller sa femme. La patiente Micheline se levait, tirait son tricot et s'asseyait auprès de son mari pour le rassurer. » Il avait peur de devenir fou ; mais il considérait chaque conte qu'il écrivait comme une « purgation intellectuelle », une « saignée » qui dégageait son cerveau.

1. ARVÈDE BARINE. *Loco cit.*

Déjà petit et disgracié à sa naissance, il devient une « triste loque humaine, si piteuse à voir parce qu'elle avait quelque chose de risible à force d'être réduite à rien, fripée, recroquevillée, lamentable. La servante portait HOFFMANN dans ses bras comme un enfant au berceau. Il trouvait cela très drôle, car il trouva tout drôle, jusqu'à la fin. »

6° EDGAR POE[1] boit l'alcool « en barbare », comme dit BAUDELAIRE ; il saisit un plein verre, sans eau ni sucre, et l'avale d'un trait, sans le goûter. Et alors il a d'horribles hallucinations qu'il expose dans ses contes. Il vit par la pensée dans les tombeaux, en compagnie des vers et des cercueils, entend « causer les putréfactions » et sait « les sensations des déliquescences ».

Ecoutez cette entrée du *Ver conquérant :* « voyez, à travers la cohue des mimes, une forme rampante fait son entrée ! une chose rouge de sang qui vient en se tordant de la partie solitaire de la scène ! Elle se tord ! Avec des angoisses mortelles, les mimes deviennent sa pâture et les séraphins sanglotent en voyant les dents du ver mâcher des caillots de sang humain. »

« Une fois, sur le minuit lugubre... soudain il se fit un tapotement, comme de quelqu'un frappant doucement, frappant à la porte de ma chambre... Je poussai alors le volet et, avec un tumultueux battement d'ailes, entra un majestueux corbeau digne des anciens jours. Il ne fit pas la moindre révérence, il ne s'arrêta pas, il n'hésita pas une minute ; mais, avec la mine d'un lord ou d'une lady, il se percha au-dessus de la porte de ma chambre : il se percha, s'installa et rien de plus. » Et alors commence cette scène célèbre, si connue, dans laquelle l'auteur pose une série de questions, auxquelles le corbeau, invariablement et lugubrement, dans un « sanglot noir » comme dit ALPHONSE DAUDET, répond le fatidique *Never more*. Jamais plus !

1. ARVÈDE BARINE. *Loco cit.*

La *terreur paralysante* imprègne tous les contes d'EDGAR POE. Un brigand pénètre, la nuit, dans la chambre d'un vieillard pour le tuer ; le veillard s'éveille et sent que quelqu'un est là ; l'assassin sent que le vieillard s'est éveillé ; et, dans le silence absolu et la nuit complète, ces deux hommes, également terrorisés, restent, pendant une heure, en présence l'un de l'autre, sans s'être vus, dans une silencieuse et inexprimable angoisse. — Un frère « a enterré sa sœur vivante, entend ses efforts pour briser sa bière et reste cloué sur son siège par une peur au-dessus de la raison humaine ». — Un condamné « contemple d'un œil hébété l'acier tranchant qui s'abaisse sur sa poitrine avec la lenteur d'un poids d'horloge ». — Un autre décrit ses sensations pendant qu'une grande aiguille d'horloge lui scie lentement le cou...

L'état d'épouvante s'accentue : la foule des pensées d'EDGAR POE devient hideuse et continue ; il n'aperçoit plus, « à travers les ténèbres enflammées de lueurs rouges, que des formes monstrueuses s'agitant de façon fantastique au bruit d'une discordante mélodie, tandis que, pareille à un flot rapide et spécial, à travers la porte pâle, une foule hideuse se précipite sans relâche et rit, mais ne sait plus sourire ». Il eut une série de crises de delirium tremens et mourut en disant : Dieu vienne en aide à ma pauvre âme !

On comprend BARBEY D'AUREVILLY s'écriant : « depuis PASCAL, peut-être, il n'y eut jamais de génie plus épouvanté, plus livré aux affres de l'effroi et à ses mortelles agonies que le génie panique d'EDGAR POE ! »

Le tableau précédent de la demifolie d'EDGAR POE était écrit[1] quand a paru la très belle étude de LAUVRIÈRE[2]. La

1. *L'alcoolisme insidieux et inconscient*. Conférence faite le 26 mars 1899 et publiée par la Société antialcoolique de l'Hérault, réimprimée en 1903 : *Deux conférences sur l'alcoolisme*. Montpellier, Coulet.

2. EMILE LAUVRIÈRE. *Edgar Poe. Sa vie et son œuvre. Etude de psychologie pathologique*. Bibliothèque de philosophie contemporaine, 1904, Paris, F. Alcan.

question de la psychonévrose d'EDGAR POE y est traitée dans toute son ampleur.

Le livre porte cette épigraphe : « les réalités du monde m'affectaient comme des visions et comme des visions seulement, tandis que les folles idées du pays des rêves devenaient, en revanche, non pas la matière de mon existence de tous les jours, mais en vérité mon unique et entière existence elle-même » (*Bérénice*). L'auteur a très complètement analysé ce « phénomène psychologique » (BRIGGS), ce malade; comme ARVÈDE BARINE, il voit en lui un dipsomane, mais il va plus loin. « Cette dipsomanie, dit-il, n'est elle-même qu'un trait, le plus saillant en ce cas comme en maint autre, d'un état nerveux de déséquilibre général nommé dégénérescence. Tous les traits de la dégénérescence, POE les a, aussi profondément inscrits dans la chair que dans son âme, dans sa pauvre face hagarde de bohème inspiré, que dans ses plus immortelles pages de prose et de vers. Physique et mentale, cette dégénérescence est la marque indélébile de tout son être ; elle explique tout en lui : sa force et sa faiblesse, son génie et sa folie, son malheur et sa gloire ; sans elle sa vie et son œuvre apparaissent comme des monstruosités vides de sens ; avec elle, plus de mystère : tout y devient clair, logique, harmonieux même[1]. »

7° THOMAS DE QUINCEY[2] a une lourde hérédité névropathique. Son père meurt phtisique. Un frère était une tête brûlée, il erra, devint pirate. Les autres « étaient des mélancoliques, des méditatifs de tempérament, qui aimaient à s'asseoir autour du feu à la tombée de la nuit et à frissonner en silence, tandis que l'ombre montait derrière eux avec son cortège de forces mystérieuses ». L'un d'eux, au cerveau fêlé, « cherchait le moyen de marcher au plafond la tête en bas, comme

1. Je reviendrai plus loin sur cette conception du talent, manifestation de la dégénérescence.

2. ARVÈDE BARINE. *Loco cit.*

les mouches » et d'ailleurs mourut avant d'avoir trouvé.

Lui-même eut toujours des « rêves oppressants » et, dès l'âge de dix ans, de véritables hallucinations. A quinze ans, il compose des poésies lyriques en grec, puis devient vagabond, commet « des excentricités de collégien mal équilibré » et a aussi « de petits accès de somnolence qui le prenaient à toute heure ». Il fréquente d'ignobles sociétés, étudie la philosophie, goûte à l'opium, arrive à prendre par jour dix à douze mille gouttes de laudanum, c'est-à-dire plusieurs verres à bordeaux. Après une courte « lune de miel du poison » il arrive aux hallucinations, à la paralysie morale, à l'idiotie. Il lutte en désespéré, mais roule toujours dans un gouffre, au fond duquel il se voyait guetté par trois spectres : la folie, le suicide ou la combustion spontanée. Quand il met le feu à ses papiers et à ses livres, il ne veut pas qu'on jette de l'eau pour éteindre, de peur de les mouiller[1].

Dans les mêmes articles Arvède Barine cite, comme ayant, à la même époque, « succombé à la tentation de l'opium, lord Erskine, le très pieux William Wilberforce, « plusieurs autres personnages considérables » et surtout Coleridge, « cet illustre mangeur d'opium, auprès duquel les désordres de Quincey n'étaient que jeux innocents » et dont Quincey lui-même a étalé la vie intime.

Il se disputait avec sa femme, prenait « un individu à gages pour l'empêcher de force d'entrer chez le marchand d'opium » et passait « sur le corps de son homme » ; il annonçait une conférence et ne s'y rendait pas ou s'endormait sur l'estrade ; il se levait le soir et apparaissait « en bonnet de nuit, avec plusieurs étages de mouchoirs par-dessus son bonnet » ; il se mettait en traitement chez un médecin et le convertissait à l'opium...

1. C'est Alfred de Musset qui a le premier traduit en français la *Confession d'un Anglais mangeur d'opium* de Thomas de Quincey : opuscule dont Charcot a pu dire que « cela touche également à la littérature et à la science ». (*Chronique médicale*, 1899, p. 32.)

8° HALLER [1] le célèbre physiologiste, « se croit poursuivi par les hommes, damné par Dieu pour la laideur de son âme et pour ses livres hérétiques » et prend des doses énormes d'opium.

JÉRÔME CARDAN [2], dont le père se croyait guidé par un esprit, eut lui-même, à cause de l'état astrologique du ciel au moment de sa naissance, beaucoup d'ennemis dont la plupart lui étaient inconnus, soit de nom, soit de visage. Il était visité et assisté par un esprit, qui l'avertissait et lui donnait des palpitations de cœur ; il avait des hallucinations de l'odorat...

Le même JÉRÔME CARDAN « dit, dans son *Autobiographie*, qu'il ne pouvait se passer de souffrir et, quand cela lui arrivait, il sentait s'élever en lui une telle impétuosité que toute autre douleur lui semblait un soulagement. Aussi avait-il l'habitude dans cet état de mettre son corps à la torture jusqu'à en verser des larmes ». RIBOT [3] à qui j'emprunte cette citation ajoute : « il y aurait une curieuse étude de psychologie pathologique à faire d'après le *de vita propria* de CARDAN, qui était manifestement ce qu'on appelle de nos jours un névropathe et un déséquilibré ».

9° NEWTON [4] est devenu fou dans sa vieillesse ; il tient des discours incohérents et bizarres. En voiture, il se cramponne des deux mains et défie Villars qu'il veut « aller combattre dans les Cévennes ». Il écrit des lettres confuses et obscures qui indiquent le délire de la persécution et devient mélancolique.

Toute sa vie, il avait été seulement un distrait. On ne peut guère douter, dit REGNARD [5], que NEWTON n'ait subi, en 1694,

1. LOMBROSO. *Loco cit.*
2. LELUT. *Loco cit.*
3. RIBOT. *La psychologie des sentiments*, p. 64. Paris, F. Alcan.
4. MOREAU DE TOURS. *Loco cit.*; LOMBROSO. *Loco cit.*
5. REGNARD. *Loco cit.*, p. 56.

c'est-à-dire à l'âge de cinquante-deux ans, une crise mentale sur la nature précise de laquelle il est difficile de se prononcer. — HENRI JOLY[1] cite également le témoignage de HUYGENS, emprunté à BIOT (*Mélanges scientifiques et littéraires*) : « l'illustre géomètre ISAAC NEWTON est tombé il y a dix-huit mois (raconté le 29 mai 1694) en démence... A la suite de cet accident, s'étant montré chez l'archevêque de Cambridge et ayant tenu des discours qui montraient l'aliénation de son esprit, ses amis se sont emparés de lui, ont entrepris sa cure et, l'ayant tenu renfermé dans son appartement, lui ont administré, bon gré mal gré, des remèdes, au moyen desquels il a recouvré la santé, de sorte qu'à présent il recommence à comprendre son livre des *Principes*. »

10° ZIMMERMANN est mort fou, halluciné et hypocondriaque ; O'CONNELL est mort de paralysie générale[2].

Tous les journaux ont annoncé que le grand peintre MUNKACZY avait définitivement perdu la raison et avait été interné. A la fin de 1899, une lettre de Mme Munkaczy au *Journal*[3] annonce que l'état de santé de son mari s'est soudain et sérieusement compliqué par la paralysie des extrémités inférieures. En outre les facultés cérébrales sont complètement éteintes et la cécité menace le malheureux artiste. La maladie s'est aggravée jusqu'à la mort.

WATT[4] est mort hypocondriaque[5].

MANZONI, l'auteur des *Fiancés*, avait souffert de la mélancolie dans sa jeunesse.

1. HENRI JOLY. *Loco cit.*, p. 117.
2. MOREAU DE TOURS. *Loco cit.*
3. *Chronique médicale*, 1900, p. 15.
4. MOREAU DE TOURS. *Loco cit.*
5. ARISTOTE, dit MAUDSLEY (*Pathologie de l'esprit*, trad. GERMONT, 1883) Paris, F. Alcan, a remarqué que les grands hommes ont de la tendance à la mélancolie et à l'hypocondrie.

Olivier Cromwell [1], étendu sur son lit, dans l'impossibilité de fermer les yeux, voit s'ouvrir les rideaux et une femme d'une taille gigantesque lui apparaît et lui prédit qu'il sera le plus grand homme de l'Angleterre. Il avait aussi des accès violents d'humeur noire.

11° Gœthe « a écrit beaucoup de ses poésies dans un état semblable au somnambulisme » ; il a un caractère qui « va de l'extrême joie à l'extrême mélancolie ». Il « assure avoir aperçu un jour sa propre image venir à sa rencontre ». — Hahn [2] a repris toute la question de la psychopathologie de Gœthe, d'après le livre de Möbius [3].

Son grand-père fut quelque peu visionnaire, eut des pressentiments, des rêves prémonitoires et d'autres phénomènes occultes. Sa sœur était originale, anormale, dégénérée. Lui-même dit qu'il tenait de naissance une tendance à l'hypocondrie. Il a eu des accès de colère que rien ne justifiait et dans lesquels il se livrait parfois à des actes délirants. Il a eu *tædium vitæ,* la tendance au suicide (*Werther*). Möbius a comparé ses périodes de production aux phases de la folie circulaire. Dans l'œuvre de Gœthe on trouve beaucoup de dégénérés, d'hystériques, d'aliénés même. Ces types, il ne les étudiait pas « dans les asiles d'aliénés dont il avait horreur » ; il les observait en lui-même ou dans la société qui l'entourait.

Un génie apparaissait à van Helmont « dans toutes les circonstances importantes de sa vie... il aperçut sa propre âme sous la figure d'un cristal resplendissant ».

Weber oublie à la deuxième page ce qu'il a lu à la première.

1. Moreau de Tours. *Loco cit.* et Lombroso. *Loco cit.*

2. Hahn. La psychopathologie de Gœthe. *Chronique médicale,* 1904, p. 321 et 358.

3. Möbius. *Ueber das Pathologische bei Gœthe,* 1898 et *Stachyologie,* 1901, p. 91. Voir, dans la *Chronique médicale,* 1906, p. 83, l'analyse d'un ouvrage de Möbius sur la *Dégénérescence de la famille de Gœthe.*

Fechner écrit l'histoire de sa maladie ; insomnie, crises de prostration, dégoût de l'existence ; ne peut plus lire, écrire ou supporter la lumière ; idées obsédantes ; ses proches le considèrent comme aliéné [1].

Frédéric II « avait une telle répugnance à changer d'habit qu'il n'en eut pas plus de deux ou trois en tout pendant sa vie ».

Schiller, pour méditer, mettait « les pieds dans la glace » et aspirait « les gaz des pommes en fermentation qu'il mettait tout exprès dans le tiroir de son bureau ».

Paisiello « ne composait qu'enveloppé dans six couvertures pendant l'été et dans neuf pendant l'hiver ».

Byron eut « un accès de convulsions en entendant réciter Kean » ; ils « s'imaginait quelquefois qu'il était visité par un spectre [2] ».

Gilbert Ballet [3] vient de décrire et d'analyser très finement les hallucinations de Swedenborg, le théosophe du XVIIIe siècle, qui a créé le culte de la Nouvelle-Jérusalem et reste « le plus fécond » et « le plus original des hallucinés mystiques ».

Darwin [4] paraît avoir été atteint de « neurasthénie chronique grave » et Wechniakoff décrit les hallucinations de Fries.

6. *Quelques grands musiciens.*

1° Schumann [5] devient lypemaniaque. Il est poursuivi par

1. Wechniakoff. *Loco cit.*

2. Lombroso. *Loco cit.*

3. Gilbert Ballet. *Swedenborg. Histoire d'un visionnaire au XVIIIe siècle*, 1890.

4. Hahn. La neurasthénie de Charles Darwin. *Chronique médicale*, 1901, p. 441.

5. Lombroso. *Loco cit.*

les tables tournantes qui « savent tout ». De leur tombe, MENDELSSOHN et BEETHOVEN lui dictent des combinaisons musicales. Il essaie de se suicider... Il mourut à quarante-six ans, dans la maison de santé du Dr RICHARDS, à Endenich, près Bonn (REGNARD) et, à son autopsie, on trouva des ostéophytes du crâne, de l'épaississement des méninges et l'atrophie du cerveau.

2° DONIZETTI[1] est mort de paralysie générale.

CABANÈS[2] a repris l'étude de la maladie mentale de DONIZETTI. Il était devenu sombre, défiant. Quelques mois plus tard, on l'enferma dans une maison de santé à Ivry. DONIZETTI ne répondait pas, ne reconnaissait même plus. Il avait une main paralysée et lampait un potage comme un animal. Un moment, il manifesta qu'il avait au sommet de la tête quelque chose dont il ne pouvait se débarrasser. On le fit sortir de la maison d'Ivry et il mourut à Bergame, chez son neveu, le 8 avril 1848.

3° CHOPIN[3] fut, toute sa vie, d'une nervosité excessive, qui s'accentua avec le temps, lui fut un tourment perpétuel et permit à GEORGE SAND de dire de ce grand artiste « qu'un rien, le pli d'une feuille de rose, l'ombre d'une mouche le faisaient saigner ». Il mourut phtisique à trente-neuf ans ; sa sœur était morte de la même maladie à seize.

4° Sur WAGNER, CABANÈS[4] a rapproché deux curieux jugements de NIETZSCHE et de NORDAU.

NIETZSCHE : WAGNER est « une maladie », « un décadent typique ». « Les problèmes qu'il porte à la scène » sont de « purs problèmes d'hystérie ; la convulsivité de son tempérament, sa sensibilité irritée, son goût, qui réclamait toujours

1. MOREAU DE TOURS. *Loco cit.*

2. CABANÈS. *Chronique médicale*, 1906, p. 153.

3. CABANÈS. Les phtisiques célèbres. La maladie de Chopin d'après des documents inédits. *Chronique médicale*, 1899, p 673.

4. CABANÈS. *Chronique médicale*, 1903, p. 674.

des saveurs plus pimentées, son instabilité, qu'il travestissait en principes et par-dessus tout le choix de ses héros et de ses héroïnes, ceux-ci considérés comme types physiologiques (une galerie de malades !) tout cela réuni forme un tableau de maladie qui ne laisse aucun doute. WAGNER est une névrose... nos médecins et nos physiologues ont en WAGNER leur cas le plus intéressant, tout au moins un cas très complet ».

MAX NORDAU : « RICHARD WAGNER est chargé à lui seul d'une plus grande quantité de dégénérescence que tous les dégénérés ensemble que nous avons vus jusqu'ici. Les stigmates de cet état morbide se trouvent réunis chez lui au grand complet et dans le plus riche épanouissement. Il présente, dans sa constitution d'esprit général, le délire des persécutions, la folie des grandeurs et le mysticisme ; dans ses instincts, la philanthropie vague, l'anarchisme, la rage de révolte et de contradiction ; dans ses écrits, tous les caractères de la graphomanie, c'est-à-dire l'incohérence, la fuite d'idées et le penchant aux calembours niais, et, comme fond de son être, l'émotivité caractéristique, de teinte à la fois érotomane et religieuse. »

5° MOZART[1] est le type des précoces ; il joue du clavecin à trois ans, accompagne des quatuors et compose des concertos à cinq ans et entreprend sa première tournée de concerts à Vienne à six ans. Il est extrêmement nerveux. A l'âge de dix ans, il suffit de lui montrer une trompette pour le mettre en fuite ; si on insiste, il s'évanouit. — A quinze ans, il aime une jeune fille qui a dix ans de plus que lui. — Il fournit un travail énorme[2], mais s'affaiblit physiquement très vite : pour un rien, il s'évanouit ou s'alite. — Dans les derniers mois de sa vie, il vit sous le coup « d'une idée fixe épouvantable,

1. BARRAUD. A quelle maladie a succombé Mozart? *Chronique médicale*, 1905, p. 737.

2. Il a composé 179 ouvrages « l'œuvre d'un Titan » et meurt à trente-cinq ans.

d'une véritable hallucination d'aliéné » : il se croit obligé de travailler à sa propre messe d'enterrement. Il voit constamment l'homme qui lui a commandé ce *Requiem*. « Je le vois continuellement devant moi, il me presse, me sollicite sans relâche et me pousse à la composition malgré moi. Aussi, lorsque je veux m'arrêter, le repos me fatigue et me harasse plus que le travail. »

6° BEETHOVEN[1] a été sourd à trente ans, c'est-à-dire qu'il n'a jamais entendu exécuter ses plus beaux chefs-d'œuvre. — C'était en même temps un original. « Dans son intérieur régnait un désordre génial... Pour se laver il prenait de préférence de l'eau glaciale. Il en avait toujours plusieurs cruches sur sa toilette. Avec ses mains il portait en grognant et en hurlant quantité d'eau sur sa figure et ses cheveux, sans s'apercevoir qu'il y avait une flaque par terre, dans laquelle il barbotait comme un canard. Très souvent le parquet était traversé et l'eau tachait le plafond des habitants de l'étage de dessous... Il lui arrivait assez souvent, pour lutter contre des bouffées de chaleur qui l'incommodaient pendant son travail, de se plonger la tête dans une cuvette d'eau la plus froide possible. Il avait encore l'habitude, non moins fâcheuse, de partir de chez lui de grand matin, de rester des journées entières au milieu des bois, composant toujours, s'exposant à l'humidité de leurs ombrages, la tête toujours découverte.» — Il paraît être mort d'une cirrhose atrophique d'alcoolique.

7° Sur les troubles psychiques de ROSSINI, la *Chronique médicale*[2] a récemment rappelé l'étude de FILIPPI (1892).

ROSSINI fut atteint « de troubles neurasthéniques graves à partir de sa cinquante-cinquième année[3]... Déjà, en 1850, il

1. KLOTZ-FOREST. La surdité de Beethoven. *Chronique médicale*, 1905, p. 321 ; BARATOUX et MARCEL NATIER. *Ibidem*, p. 492 ; PIERRE BONNIER et GARNAULT. *Ibidem*, p. 521 ; KLOTZ-FOREST. La dernière maladie et la mort de Beethoven. *Ibidem*, 1906, p. 209 et 241.

2. *Chronique médicale*, 1906, p. 225.

3. Il était né en 1792.

présentait des troubles physiques et cérébraux très apparents qui s'aggravèrent jusqu'en 1852... Son caractère était triste ; souvent il était pris de crises de pleurs, d'accès de désespoir, d'impulsions au suicide... Il se plaignait surtout d'une sensation intolérable de froid aux mains et de privation de sommeil... Je ressens tous les maux d'une femme, disait-il en 1854 ; il ne me manque que l'utérus... » Il essaya sans succès du magnétisme et revint à Paris en 1855 pour faire de l'hydrothérapie. En dix-neuf ans, ROSSINI avait écrit trente-six opéras. Il cessa brusquement d'écrire vers l'âge de trente-huit ans, après avoir donné *Guillaume Tell*.

8° BERLIOZ[1] raconte qu'un jour, ayant à rédiger un feuilleton et ne voyant rien venir sous sa plume, il fut pris d'un affreux désespoir : « d'un coup de pied il brisa sa guitare et saisit son pistolet dans l'intention de mettre fin à ses jours ». Cette tentative de suicide se renouvela plus tard. « Sa monomanie de se croire malheureux et persécuté, les détails minimes auxquel il attachait une importance extraordinaire, la créance qu'il accordait aux visions de SWEDENBORG, lequel prétendait connaître la langue des démons, toutes ces excentricités en un mot, paraissent, comme l'a fort bien dit FRÉDÉRIC HELLOUIN, comme je ne sais quoi d'agité, de mal coordonné, qui sent l'homme sur lequel s'est abattue la main de la maladie... BERLIOZ souffrit, paraît-il, sur la fin de sa vie, de névralgies intestinales et sa mort fut précédée de crises épileptiformes. »

7. *Les épileptiques et les suicides célèbres.*

1° J'ai déjà parlé de DOSTOIEWSKY et de FLAUBERT.

LOMBROSO cite encore comme ayant été également *épileptiques* : NAPOLÉON, MOLIÈRE, JULES CÉSAR[2], PÉTRARQUE, PIERRE LE

1. La névropathie de Berlioz et la critique technogénique, *Chronique médicale*, 1906, p. 312.

2. Voir DUBOIS d'Amiens. *Académie de médecine*, 1868.

GRAND et son fils, MAHOMET, HÆNDELN, SWIFT, RICHELIEU et SAINT PAUL (!). La chose ne paraît pas bien scientifiquement démontrée pour plusieurs.

Fils d'aliéné et petit-fils de mélancolique, CHARLES-QUINT bégayait et aurait eu, d'après MICHELET, des attaques d'épilepsie dans sa jeunesse [1].

GELINEAU [2] dit qu'ARISTOTE a, le premier, fait cette remarque « que l'épilepsie assiégeait beaucoup d'hommes de talent et d'intelligence ». Puis il nomme, comme épileptiques : HERCULE, AJAX, EMPÉDOCLE, MERACUS LE SYRACUSAIN, SAÜL, MACBETH, SOCRATE, LIVIUS DRUSUS, AMURAT, NEWTON, MOLIÈRE, PASCAL, SCHILLER, MOZART, PAGANINI [3], WAGNER, Mme MALIBRAN... En revanche, il supprime NAPOLEON [4] de la liste, comme MICHAUT [5] en efface RICHELIEU et MOLIÈRE.

REGNAULT [6] a très justement critiqué ces observations d'épileptiques : on englobe dans la névrose « toute personne sujette à des accès de fureur » comme HERCULE, AJAX, SAÜL ; ceux qui ont des vertiges ou des attaques d'hystérie, ou des distractions par idée fixe... Tout ce paragraphe aurait besoin d'être soumis à une sévère revision.

2° Infinie serait, d'après LOMBROSO, la liste des grands hommes qui ont abouti au *suicide*. Elle s'ouvre par les noms de ZÉNON, ARISTOTE, HÉGÉSIPPE, LUCRÈCE, LUCAIN, et arrive jusqu'à CHATTERTON et DAVID.

D'autres y pensent sérieusement ou font des tentatives : CHATEAUBRIAND, LAMARTINE, DUPUYTREN, COOPER, PARISET, CAVOUR, GEORGE SAND. MOREAU DE TOURS ajoute SAINT-SIMON : « suicide accompli dans des conditions dénotant une aberration d'es-

1. MOREAU DE TOURS. *Loco cit.*

2. GELINEAU. Les épileptiques célèbres. *Chronique médicale*, 1900, p. 545.

3. PAGANINI était sujet aussi à la catalepsie (LOMBROSO).

4. Sur l'épilepsie de NAPOLÉON, voir : CABANÈS. *Les indiscrétions de l'histoire*, 3e série, 1906 et J. NOIR. *Progrès médical*, 1906, p. 421.

5. MICHAUT. *Chronique médicale*, 1900, p. 672.

6. FÉLIX REGNAULT. Travail cité. *Revue de l'hypnotisme*, 1900-1901, p. 270.

prit ». TRÉLAT cite l'écrivain SAINT-EDME, qui s'est donné la mort et « a minutieusement consigné, dans une espèce de procès-verbal, les dernières impressions de sa dernière nuit ». Nous apprenons, dit le *Figaro* (16 décembre 1899), la mort de PLANITZ, écrivain allemand très apprécié, qui s'est tué dans un accès de mélancolie...

Il y a déjà bien longtemps que MARC ANTOINE et CLÉOPATRE, préludant au *Suicide Club* moderne, faisaient partie de l'Académie des *Synapothumènes*, formée de personnes déterminées à mourir « dont la seule occupation était la recherche des moyens les plus doux pour finir gaîment la vie [1] ».

III. — RÉSUMÉ ET CONCLUSIONS. RAPPORTS DE LA SUPÉRIORITÉ INTELLECTUELLE ET DE LA PSYCHONÉVROSE

Deux remarques sont indispensables à la fin de ce chapitre [2].

D'abord tous les faits cités sont très inégaux comme valeur documentaire. Beaucoup sont peut-être controuvés ou inexacts. J'ai essayé cependant de compléter et de contrôler les renseignements, souvent suspects, de LOMBROSO par ceux de divers autres auteurs et il me semble que les plus difficiles doivent admettre ce fait que *fréquemment les supérieurs intellectuels ont des tares psychiques*, souvent fortes.

En second lieu, il y a une très grande inégalité entre les divers sujets tant au point de vue de leur supériorité intellectuelle qu'au point de vue de leur psychonévrose. Mais ceci importe peu à ma thèse : il suffit que *des tarés psychiques aient souvent une haute valeur sociale* et ceci me paraît démontré.

Ici se pose alors la question des rapports qui unissent cette

1. MOREAU DE TOURS. *Les excentriques. Etude psychologique et anecdotique*, 1894.

2. On trouvera dans le livre cité de LAUVRIÈRE une longue énumération d'hommes supérieurs et psychonévrosés, qui compléterait très bien le présent chapitre. — On trouvera aussi des noms à ajouter à ma liste dans le livre cité de GELINEAU.

supériorité intellectuelle et cette psychonévrose que nous trouvons si souvent réunies chez le même sujet.

Les plus distingués parmi les hommes qui ont étudié cette question ont voulu conclure que la supériorité intellectuelle est une conséquence, un effet, un symptôme de la névrose et on est arrivé à identifier, dans leur essence, le génie et la folie.

Diderot (cité par Lombroso) avait dit déjà : « oh ! que le génie et la folie se touchent de bien près ! Ceux que le Ciel à signés en bien ou en mal sont sujets plus ou moins à ces symptômes ; ils les ont plus ou moins fréquents, plus ou moins violents. On les enferme et on les enchaîne ou on leur élève des statues. » Et ailleurs : « les hommes d'un tempérament pensif et mélancolique ne doivent qu'à un dérangement de leur machine cette pénétration extraordinaire et presque divine que l'on remarque chez eux par intervalles et qui les porte à des idées, tantôt sublimes, tantôt folles » (citation Gilbert Ballet).

C'est Moreau de Tours qui a le premier formulé scientifiquement cette doctrine fameuse : « le génie, c'est-à-dire la plus haute expression, le nec plus ultra de l'activité intellectuelle, une névrose ! Pourquoi non ? On peut très bien, ce nous semble, accepter cette définition. » Il proclame nettement la nature morbide du génie.

Lombroso est ensuite allé bien plus loin et non seulement il a enseigné que le génie est une névrose, mais pour lui le génie est une névrose particulière : c'est de l'épilepsie. « Après tout cela, dit-il (p. 482), nous pouvons, sans crainte, affirmer que le génie est une véritable psychose dégénérative, du groupe des folies morales, qui peut temporairement se former au sein d'autres psychoses et en prendre la forme tout en conservant certains caractères spéciaux qui la distinguent des autres. » Et à la page 484 : la « création géniale » est « une forme de psychose dégénérative appartenant à la famille des épilepsies ».

Et ainsi, comme l'a dit Regnard, on a mis « dans le même sac les fous, les criminels et les grands hommes ».

La théorie de Lombroso a été énergiquement combattue de divers côtés (Regnard, Toulouse, Henri Joly, Rabaud...) et ne peut plus aujourd'hui être scientifiquement soutenue.

D'abord la coïncidence de l'épilepsie et du génie n'est pas très fréquente. Les exemples cités plus haut sont peu nombreux, et encore pour certains le diagnostic devrait être discuté et revisé.

A cela, Lombroso répond que le génie est une manifestation non convulsive de l'épilepsie, qu'il peut remplacer les convulsions, être un équivalent des convulsions. Mais alors il faudrait trouver aux manifestations du génie les caractères des symptômes épileptiques. Or, il n'en est rien. L'épilepsie n'a nullement le monopole des tares psychiques notées chez beaucoup de supérieurs. L'instantanéité, l'intermittence, l'inconscience, l'amnésie ultérieure que l'on trouve dans l'inspiration[1] se retrouvent aussi dans la distraction simple et on ne peut pas dire que tous les grands distraits sont des épileptiques.

Dans les idées de Moreau de Tours qui sont plus séduisantes il y a encore une notion à combattre : c'est la notion de la supériorité intellectuelle considérée comme une maladie, comme une manifestation de névrose.

Il y a peut-être des symptômes morbides caractérisés par l'exagération, par l'excès d'une fonction. Et encore je crois qu'il y a toujours un peu de *para* dans tous les troubles *hyper*. En tout cas, toute exagération de fonction n'est pas morbide. Pour qu'une exagération de fonction soit maladive,

1. « Les idées étroites qui se sont répandues de nos jours sur la folie égarent de la façon la plus grave nos jugements historiques dans les questions de ce genre. Un état où l'on dit des choses dont on n'a pas conscience, où la pensée se produit sans que la volonté l'appelle et la règle, expose maintenant un homme à être séquestré comme halluciné. Autrefois cela s'appelait prophétie et inspiration. » E. Renan. *Vie de Jésus*. Citat. Gilbert Ballet. *Loco cit.*, p. 223.

il faut qu'elle gêne la fonction normale : ainsi des mouvements choréiques, trouble moteur par excès, gênent la fonction motrice normale. Mais la supériorité intellectuelle ne gêne pas la fonction intellectuelle normale ; au contraire, elle l'exalte. Donc elle n'est pas maladive.

Ce qui prouve aussi que la supériorité intellectuelle n'est pas une suite, un symptôme de la névrose, c'est que beaucoup peuvent avoir par exemple la névrose de Pascal sans en avoir le génie, absolument comme on peut avoir le nez de Cyrano sans en avoir l'esprit, ou être grêlé comme Mirabeau et Danton sans avoir leur éloquence.

La théorie de Moreau de Tours n'est donc pas plus soutenable que celle de Lombroso.

Une autre théorie que l'on peut symboliser par le nom de Réveillé Parise voudrait encore relier entre elles la supériorité intellectuelle et la névrose, mais en sens inverse : la névrose serait la conséquence de la supériorité. Et, de fait, le surmenage intellectuel, la vie à outrance, le désir de connaître par soi-même toutes les sensations... usent certainement le système nerveux des supérieurs et peuvent, dans bien des cas, aider puissamment au développement de la névrose.

« Les penseurs et les savants, dit Wechniakoff, qui, dans un temps donné, se sont livrés à l'exercice mental complexe, plus ou moins coordonné, des éléments divers et nombreux de leur système mental, tels que les synthétiques et les philosophes généraux et spéciaux d'une originalité prononcée, ont succombé à une décadence biologique prématurée. » Et Tardieu : « tandis que les équilibrés, ou équilibristes, de la sagesse ou de la médiocrité, esquivent nombre de périls où succombent les téméraires, l'épuisement, facteur d'ennui, est le fait des émotionnels, des sensitifs à usure rapide, des passionnés, des excessifs, qui vivent de gageures et de surenchères, d'aventures et de folies, accumulent ivresses sur ivresses, exigent de leurs nerfs des tours périlleux qui frôlent la mort ». Arvède Barine montre ainsi « les flots humains poussés » sur les traces de GÉRARD DE NERVAL « par l'alcool, la morphine, le harassement d'une vie trop dure et trop pressante, le poids d'une civilisation trop compliquée ». Et SAINTE-BEUVE (cité par CABANÈS) a dit de l'écrivain qu'il n'écrit pas seulement « avec sa pure pensée, mais avec son sang et ses muscles ». Il use donc son organisme.

Tout cela est vrai. Mais les névroses développées dès le jeune âge ou même dans l'enfance, les tares névropathiques *héréditaires*, observées chez le supérieur comme chez ses ascendants, ses descendants ou ses collatéraux [1], ne peuvent pas s'expliquer de cette manière. De même quand BAUDELAIRE s'est mis à boire pour endormir la terreur que ses hallucinations lui causent, on ne peut pas attribuer ces hallucinations à l'alcool. Il ne faut donc pas poser en loi générale la filiation qui ferait dériver la névrose de la supériorité intellectuelle.

Que conclure donc ?

Scientifiquement, une seule chose est démontrée : c'est *la coexistence fréquente chez les mêmes sujets de la supériorité intellectuelle et de la névrose*. Cette coexistence est trop fréquente pour être fortuite et il ne faut pas dire avec HENRI JOLY qu'il n'y a dans le livre de LOMBROSO qu'un système « facile et puéril » et que « chez tout le monde la tête peut devenir malade, comme le cœur ou les intestins, et que certains supérieurs deviennent fous comme d'autres ont des

1. D'après LOMBROSO « les fils de TACITE, BERNARDIN DE SAINT-PIERRE, MERCADANTE, DONIZETTI, VOLTA, MANZONI, une fille de VICTOR HUGO, la sœur de KANT, les frères de ZIMMERMANN furent frappés de folie... Le fils de SCIPION L'AFRICAIN était imbécile et un fils de CICÉRON était ivrogne ». Le père de BEETHOVEN était ivrogne, la mère de BYRON à moitié folle et son père dissolu, impudent et bizarre. L'oncle paternel de RENAN « demifou, mena une vie vagabonde » et son grand-père « perdit de douleur la raison » en 1815. MOREAU DE TOURS ajoute d'autres exemples analogues sur l'hérédité de FRÉDÉRIC LE GRAND, de RICHELIEU, d'HÉGEL. HENRI JOLY dit qu'une sœur de ROBESPIERRE fut enfermée à la Salpêtrière et ajoute ce passage d'ARISTOTE : « les races énergiques tournent aux caractères extravagants et furieux, comme les descendants d'ALCIBIADE et de DENYS L'ANCIEN ; les races calmes tournent à la sottise et à la stupidité ; témoin les descendants de CIMON, de PERICLÈS, de SOCRATE. » — Voir aussi FÉRÉ. *La famille névropathique*, 1894, p. 48, Paris, F. Alcan.

fluxions de poitrine ». Il ne faut pas dire non plus avec FAGUET que les névroses paraissent plus fréquentes chez les supérieurs parce qu'on les connaît mieux, ni avec BOURGET que ces névroses sont du bluff ou de l'exagération voulue, une pose, un snobisme, qu'elles sont simulées ou exagérées pour la mystification du Philistin [1].

Non. La loi de coïncidence fréquente est bien établie ; mais la loi de filiation ne l'est pas. Et la vérité est simplement dans la notion de la souche commune, du *tronc commun dont la supériorité intellectuelle et la psychonévrose sont des branches différentes et distinctes.*

Cette racine commune est constituée par le tempérament nerveux très marqué, l'état névropathique, héréditaire ou acquis.

De plus, les centres psychiques sont essentiellement multiples et complexes ; ils ne forment chez personne un tout homogène dont les parties sont toutes uniformément développées. On comprend que chez la même personne certains centres se développent avec une exagération superbe, tandis que d'autres pâtissent et deviennent malades. Un curieux exemple de ce développement inégal des centres psychiques est fourni par les calculateurs comme INAUDI et DIAMANTI [2].

Cela veut dire que quand le même homme est à la fois névrosé et supérieur, il est névrosé par une zone de son système nerveux et supérieur par une autre. Quand PASTEUR a découvert le remède de la rage, il avait eu une paralysie par lésion du cerveau. Évidemment les neurones avec lesquels il a fait sa découverte n'étaient pas les mêmes que ceux que l'attaque avait frappés.

Le tronc commun qui unit la supériorité et la névrose est un tempérament, mais n'est pas une maladie.

Donc, médicalement, le génie et la supériorité ne sont plus

1. Le philistin est évidemment un bien portant et un équilibré, comme dit MAX NORDAU, c'est un gaillard tout à fait réussi ; c'est l'homme normal de LOMBROSO.

2. Voir BINET. *Psychologie des grands calculateurs et joueurs d'échecs*, 1894.

des maladies à combattre et à guérir. Le supérieur garde son grand rôle social qu'il faut protéger et développer. Il n'est pas nécessairement malade[1] et, s'il l'est, il ne l'est pas de sa supériorité, mais d'une névrose coexistante. Et cette névrose, il est permis et recommandé de la traiter, de la combattre et, si l'on peut, de la guérir.

En rejetant le supérieur dans le troupeau des bien portants, on ne le poussera pas pour cela dans le troupeau des médiocres. En élaguant la branche malade, on ne donnera que plus de vigueur aux branches saines. Il eût été bien ridicule de vouloir guérir Pascal de son génie qui n'était pas une maladie; mais, si on avait pu le guérir de sa névrose, son génie n'y aurait rien perdu; au contraire. Si on avait pu prévenir ou guérir la folie de Guy de Maupassant, on aurait certainement multiplié le nombre de ses chefs-d'œuvre.

Je crois donc pouvoir dire, comme je le disais en 1900 : *le génie n'est pas une névrose; la névrose est plus tôt la rançon du génie.*

Lauvrière concluait ainsi sa récente étude de la question : « comme il est à peu près aussi matériellement que logiquement impossible qu'en un seul et même cerveau se trouvent également, quoique démesurément, développés tous les éléments cérébraux, il en résulte qu'il ne peut guère plus y avoir de génies universels que de génies parfaitement équilibrés et qu'en notre pauvre monde si imparfait il faut se contenter de génies partiels dont les infériorités plus ou moins cachées ne sont que trop souvent la dure rançon des plus éclatantes supériorités. »

Donc, la supériorité intellectuelle n'est pas un symptôme de névrose; la névrose est plutôt la plaie, la complication de la supériorité. Ce n'est pas la cause, c'est l'obstacle[2].

1. « La névropathie n'est pas indispensable au génie. » Féré. *Pathologie des émotions*, 1892, p. 529.

2. Comme dit L. Bourdeau « l'équilibre des facultés n'aboutit la plupart du temps qu'à une médiocrité heureuse. Les tendances géniales dépriment

Je termine par ces deux conclusions qui me paraissent découler des développements précédents :

1° Beaucoup de supérieurs intellectuels ont des tares psychiques plus ou moins marquées ; beaucoup sont des psychonévrosés. Donc certains demifous ont une haute valeur sociale ; ce qui les distingue absolument des fous[1].

2° La psychonévrose et la supériorité intellectuelle, quand elles coexistent chez le même sujet ne sont pas pour cela solidaires et dépendantes l'une de l'autre. La valeur sociale de certains demifous ne supprime pas les devoirs et les droits de la société vis-à-vis de ces malades, soit pour les soigner, soit pour s'en préserver.

La première conclusion était le but du présent chapitre ; la seconde est la justification du chapitre suivant.

certaines facultés et en exaltent d'autres. Il y a dans le génie une part de névrose qui lui donne, pour ainsi dire, sa force d'impulsion » ou, ajouterai-je, trop souvent aussi le limite.

1. « La folie confirmée est le plus grand des malheurs ; et c'est bien assez. Quant aux formes plus légères de la déséquilibration mentale, elles ont, dans bien des cas, une signification toute différente, à ce point qu'un petit grain de folie équivaut, pour certains esprits, aux meilleurs quartiers de noblesse et que l'on peut dire sans hyperbole que le jour où il n'y aura plus de demifous, le monde civilisé périra — non par excès de sagesse, mais par excès de médiocrité. » CULLERRE. *Les frontières de la folie*, 1888, p. 9.

CHAPITRE V

DROITS ET DEVOIRS DE LA SOCIÉTÉ VIS-A-VIS DES DEMIFOUS

I. — Nocivité des demifous.

1. *Méfaits des demifous dans l'exercice régulier de leurs droits légaux d'homme libre.*
   1° Les demifous peuvent vivre en liberté, jouir légalement et régulièrement de leurs droits de citoyen.
   2° Méfaits qu'ils peuvent commettre à ce titre.
      a. Mariage.
      b. Méchancetés.
2. *Crimes des demifous. La demifolie et la criminalité.*
   1° Rapports du criminel-né et du fou moral d'après Lombroso.
   2° Critique des idées de Lombroso.
   3° Demifolie et criminalité.

II. — Traitement et prophylaxie de la demifolie.

1. *Traitement.*
   Devoirs de la société pour le traitement des demifous indigents.
2. *Prophylaxie.*
   1°. Possibilité d'une prophylaxie individuelle, familiale et sociale de la demifolie.
   2° Surveillance médicale du mariage (fondation de la famille).
   3° Surveillance médicale de la formation de l'enfant et du citoyen (éducation physique, intellectuelle et morale).
      a) Formation physique.
         α. Première année.
         β. Un à sept ans.
         γ. Sept à treize ans.
         δ. Treize à dix-huit ans.
      b) Formation intellectuelle et morale : éducation et surmenage scolaires, choix d'une profession, service militaire, vie politique...
   4° Quelques règles d'hygiène générale pour les prédisposés aux maladies du système nerveux.
      a) Causes des maladies nerveuses.
      b) Vie génitale. Vie professionnelle et sociale.

III. — Les demifous devant la justice. Demiresponsabilité. Responsabilité limitée ou atténuée.

1. *Idée médicale de la responsabilité.*

1° L'idée médicale de responsabilité ne peut pas être basée sur la notion philosophique du libre arbitre ou du déterminisme.

2° Sur la seule base physiopathologique peut être édifiée une notion de responsabilité médicale que tous les médecins peuvent et doivent accepter, quelles que soient leurs convictions philosophiques ou religieuses sur le libre arbitre et l'âme spirituelle.

3° La responsabilité et la culpabilité. Le médecin et le magistrat.

4° L'idée médicale de responsabilité devant les auteurs contemporains.

a) L'école italienne : Lombroso, Ferri, Garofalo.

b) Objections de l'école française : Fouillée, Paulhan; Tarde. Réponse de Ferri.

c) Notion de la responsabilité physiologique en dehors de toute idée (affirmative ou négative) du libre arbitre. Saleilles.

5° La responsabilité d'un sujet est fonction de la normalité de ses neurones psychiques.

2. *La responsabilité atténuée.*

1° Difficultés et obscurités de la question. Opinions contradictoires. Négateurs de la demiresponsabilité.

a) Négations humouristiques.

b) Négations scientifiques.

2° Il faut distinguer la question médicale de la responsabilité atténuée et la question sociale de la conduite légale à tenir vis-à-vis des demiresponsables.

3° Question médicale de la responsabilité atténuée.

a) Exposé de la doctrine.

b) Réponse aux objections.

c) Opinions conformes des auteurs.

d) Conclusions.

4° Question sociale de la conduite légale à tenir vis-à-vis des demiresponsables.

a) La loi française ne reconnaît pas la responsabilité atténuée, mais permet le raccourcissement de la peine. Certaines législations permettent un raccourcissement spécial plus grand.

b) Objections à ce système des peines raccourcies.

c) Principes dont on doit s'inspirer en demandant des réformes.

d) Modifications à apporter à la peine.

α. Diminution.

β. Régime pénitentiaire spécial.

e) Après la peine, il faut une surveillance médicale et un traitement dans des maisons spéciales.

α. Il faut inscrire dans la loi l'obligation de cette surveillance médicale et de ce traitement après l'expiration de la peine.

β. Cette surveillance médicale et ce traitement doivent se faire dans une maison spéciale.

γ. Durée et limitation de cette surveillance médicale et de ce traitement.

f) Autorité qui prononcera la responsabilité atténuée.

α. Rôle du médecin.

β. Rôle des juges.

γ. Nécessité de faire figurer les demifous et la responsabilité atténuée dans la loi de 1838 réformée.

Je crois avoir démontré dans le chapitre précédent que les demifous sont très souvent intelligents, très intelligents même, qu'ils peuvent avoir du talent, voire même du génie, que par suite ce ne sont pas toujours des non-valeurs sociales, qu'ils portent au contraire souvent un appoint marqué au progrès littéraire ou artistique de leur siècle. Par le chapitre troisième nous savions que les demifous sont des malades et qu'il faut les soigner. Des deux chapitres combinés nous concluons que, s'il faut les soigner, il ne faut pas les traiter comme les fous et les supprimer de la vie publique et libre en les interdisant et en les internant purement ou simplement dans les asiles d'aliénés.

D'où la légitimité du présent chapitre qui est comme l'objectif et la raison d'être de ce livre; l'existence des demifous, tels que nous les connaissons, est le point de départ d'une question sociale de la plus haute importance : quelle doit être la conduite de la société, quels sont les devoirs et les droits de la société vis-à-vis d'eux ?

Pour préciser cette question, grave et difficile entre toutes, il faut d'abord établir une notion qu'on a entrevue dans les pages précédentes, mais que je n'ai pas démontrée encore : la notion de la nocivité des demifous.

I. — Nocivité des demifous

Les demifous sont nuisibles à leurs semblables, certains même sont dangereux, soit pendant toute leur vie, soit du moins à certaines périodes de leur évolution morbide. Ils peuvent d'abord être nuisibles, sans commettre rien d'illégal ou de délictueux, par le seul exercice régulier de leurs droits d'homme libre. Ils peuvent notamment nuire à leur prochain et à la société en se mariant, en créant une famille, en ayant et en élevant des enfants. En second lieu, les demifous sont parfois nuisibles en commettant des délits et de véritables crimes : ils incendient, volent, violent, martyrisent ou assassinent.

ROUBINOVITCH le dit excellemment : « sous les dehors d'une lucidité apparente et trompeuse, il y a chez eux une conscience superficielle sans consistance et surtout une volonté de eire qui n'arrive pas à dominer les désirs et les bas instincts. Quand ces derniers les talonnent, comme les limiers féroces et cruels dont parle SHAKESPEARE dans *le soir des Rois*, ils ne savent leur opposer aucune résistance et se laissent aller, comme ils disent souvent, sans y penser, sans réfléchir. Quelques-uns déclarent savoir ce qui est bien, ce qui est mal, mais ils ne le savent qu'en théorie. Placés en face du désir fâcheux qui les sollicite, leur conscience est trop faible pour les arrêter, tandis que leurs appétits instinctifs sont au contraire voraces et insatiables. »

1. *Méfaits des demifous* *dans l'exercice régulier de leurs droits légaux d'homme libre.*

1° De toutes les descriptions médicales que j'ai essayé de résumer et de synthétiser dans le troisième chapitre il ressort nettement que le caractère formel de la demifolie est de laisser au sujet une apparence de complète lucidité : ils raisonnent en public comme tout le monde. Dès lors, non seulement on les laisse en liberté, mais ils jouissent de tous les droits d'un citoyen libre : ils peuvent acheter et vendre, entamer et diriger des affaires, se marier, créer une famille, diriger l'éducation des enfants, faire des donations et des testaments...

« Les aliénés lucides, dit TRÉLAT, malgré leur déraison, répondent exactement aux questions qu'on leur fait, ne paraissent point aliénés aux observateurs superficiels et souvent ne se laissent pénétrer et deviner que dans la vie intime. » Aussi « les personnes qui souffrent de leur présence ne rencontrent, pendant longtemps, aucune sympathie, aucun point d'appui au dehors... Ce ne sont pas seulement les gens du monde qui se trompent en pareille circonstance, mais même des médecins, quand ils sont dépositaires des souffrances les plus secrètes des familles ». Ceci se voit beaucoup moins aujourd'hui, la plupart des médecins connaissant beaucoup mieux la demifolie qu'au temps de Trélat (1861).

Cette méconnaissance publique du demifou est telle que celui-ci peut parfois faire croire à tous qu'il est réellement persécuté. « La position de victime que la plupart d'entre eux prennent avec habileté égare souvent l'opinion, dit Trélat. C'est un des plus grands malheurs de la situation qui ajoute à la souffrance une accusation injuste. »

2° On comprend dès lors tout le mal que peuvent commettre les demifous avec cette liberté incontestée et tous ces droits que la loi leur reconnaît.

a) D'abord et surtout, ils peuvent malheureusement se marier. Les parents, loin de s'opposer à cela, encouragent le plus souvent le malade et dissimulent à l'autre famille les tares psychopathiques du fiancé. « Il en est bien peu, dit Trélat, qui aient le courage honnête de dire la vérité. »

Et alors, par le *mariage*, ils apportent le malheur et le martyre à leur conjoint.

Dans un cas que raconte Trélat, « la fiancée n'avait pu voir que la stature élégante de celui dont elle allait prendre le nom titré; mais on lui avait laissé ignorer l'infirmité de son esprit et la bassesse de ses habitudes. Huit jours ne s'étaient pas entièrement écoulés que la nouvelle épouse aussi belle, aussi fraîche, aussi spirituelle qu'elle était jeune, avait découvert que M. le comte employait ses matinées et donnait tous ses soins à faire des boulettes avec ses excréments et à les aligner par ordre de grosseur sur le marbre de sa cheminée, devant sa pendule ».

Et ailleurs : on rencontre un assez grand nombre de monomanes « dans le monde, conservant leur liberté, mêlés à nos rapports, se mariant, transmettant et propageant leur infirmité, tourmentant leur famille ». Car, c'est là le second danger du mariage des demifous : ils ne font pas seulement le malheur de leur ménage, mais ils donnent à la famille qu'ils créent une hérédité déplorable.

Le mariage des aliénés lucides « est toujours malheureux pour l'associé, très souvent pour les enfants qui naissent de cette union ».

b) Les *méchancetés* de certains demifous sont sans nombre. « Il existe des aliénés lucides et ayant conscience de tout ce qu'ils font, qui ne sont occupés qu'à préparer et à commettre de mauvaises actions. Les uns brisent, détruisent des objets plus ou moins précieux en laissant et en faisant planer sur d'autres le soupçon et l'accusation du mal ; quelques-uns ne reculent devant aucun moyen et mettent le feu aux bâtiments aussitôt qu'ils peuvent y parvenir... D'autres, et quelquefois les mêmes, prennent irrésistiblement un vif plaisir à organiser des intrigues, à brouiller et à diviser ceux qui les entourent. »

Une malade du même Trélat a été fréquemment condamnée pour vols. « Cette personne, qui sait et parle plusieurs langues, qui dessine et est musicienne, mène alternativement une existence régulière ou la vie la plus désordonnée et la plus perverse... (Alors) elle se livre à la débauche la plus effrénée, aux vols les plus habilement conçus ». En même temps « cet être dégradé, avili, jouissant par les séductions de son langage et de son savoir, du privilège de se faire juger favorablement et accepter promptément, a pu nombre de fois s'introduire et résider plus ou moins de temps comme institutrice dans des maisons d'éducation ».

D'autres ruinent leur famille par des inventions, des aventures, des affaires, des donations... absolument inconsidérées.

Une malheureuse femme m'écrivait récemment : « j'ai le très grand malheur d'être la mère d'un détraqué nuisible de vingt ans. Depuis sa plus tendre enfance il a toujours fait le mal. Il est absolument amoral. En grandissant, ses penchants vicieux se sont accentués et nous avons dû le chasser de la maison. Il a été à l'étranger où il a continué sa vie mauvaise; il est urgent que je le fasse revenir; mais je me demande avec angoisse ce que je vais faire de lui. La liberté, pour un être aussi inconscient, n'est pas admissible. La maison de fous l'est encore moins... Pour tout le monde et même autour de moi on trouve que c'est un vicieux jouissant de sa raison !... A vingt ans, on ne peut pas être irrémédiablement perdu pour la mère et pour la société... »

Que penser d'un testament fait par une épileptique, congénitalement faible d'intelligence (observée par Trélat), entre un interrogatoire de 1841 à la suite duquel on lui donna un conseil judiciaire (sans lui ôter la liberté de tester) et l'interrogatoire de 1845 qui la frappa d'interdiction ?

Trélat et tous les aliénistes citent un grand nombre d'exemples de demifous, voire même de familles de demifous, qui se sont suicidés.

Sans qu'il soit utile d'insister[1], on voit tous les méfaits dont les demifous, en liberté dans la société, peuvent se rendre coupables et on comprend Trélat écrivant tout son livre, moins dans l'intérêt des aliénés « que dans celui de leurs alliés et positivement en vue d'éclairer un terrain dangereux, de diminuer s'il est possible le nombre des unions malheureuses... Ce livre, dit-il encore ailleurs, est entièrement consacré à l'examen, à l'étude des demialiénés qui sont, de tous les êtres lésés dans leur raison, les plus compromettants ou les plus dangereux. »

2. *Crimes des demifous. La demifolie et la criminalité.*

1° *Rapports du criminel-né et du fou moral d'après Lombroso.* On connaît les idées de Lombroso et on sait quels rapports étroits elles ont avec la doctrine de la demifolie.

1. Voir encore : Roubinovitch. Les détraqués nuisibles. *Le Matin* 12 novembre 1905; Lucien Descaves, Demifolles. *Le Journal* 20 février 1906.

Pour le chef célèbre de l'École italienne [1], la criminalité est soumise à un déterminisme précis et étroit. Il admet une « vraie nécessité dans le crime », puis distingue « avec exactitude le criminel-né, non seulement du criminel d'occasion, mais encore du criminel-fou et de l'alcoolique », en même temps qu'il opère « la fusion entre les deux concepts du criminel-né et du fou moral, fusion déjà entrevue et affirmée par MM. Mendel, Bonvecchiato, Sergi, Virgilio, mais que l'on ne pouvait admettre avec certitude, aussi longtemps que les contours en restaient mal précisés et manquaient d'une vraie description scientifique ». En même temps, il admet que « le fou moral n'a rien de commun avec l'aliéné ; il n'est pas à dire vrai un malade actuel, il est un *crétin du sens moral* ». De plus, tout en faisant jouer un rôle considérable et prépondérant à l'hérédité ancestrale (caractères atavistiques) il admet aussi des caractères acquis et des caractères tout à fait pathologiques : « l'asymétrie faciale par exemple qui n'existe pas chez le sauvage, le strabisme, l'inégalité des oreilles, la dyschromatopsie, la parésie unilatérale, les impulsions irrésistibles, le besoin de faire le mal pour le mal, etc., et cette gaîté sinistre qui se fait remarquer dans l'argot des criminels et qui, alternant avec une certaine religiosité, se trouve si souvent chez les épileptiques. Ajoutez-y les méningites, les ramollissements du cerveau, qui ne proviennent certainement pas de l'atavisme » et il en vient « par là à rattacher le fou moral et le criminel-né dans la branche des épileptoïdes. »

Il étudie successivement : 1° *l'embryologie du crime* (le crime et les organismes inférieurs : plantes et animaux — le crime et la prostitution chez les sauvages — la folie morale et le crime chez les enfants) ; 2° *l'anatomie pathologique et l'anthropométrie du crime* (examen de 383 crânes de criminels — ano-

1. César Lombroso. *L'homme criminel. Criminel-né. Fou moral. Epileptique. Criminel-fou. Criminel d'occasion. Criminel par passion. Etude anthropologique et psychiatrique.* Bibliothèque de philos. contemp., 2e édition française sur la 5e édition italienne, 2 vol., 1895, Paris, F. Alcan.

malies du squelette, du cœur, du foie, etc., — anthropométrie et physionomie de 5 907 criminels); 3° *la biologie et la psychologie du criminel-né* (tatouage chez les criminels — phénomènes d'échange moléculaire : température, pouls, urines, etc., — sensibilité générale, algométrie, etc., — sensibilité affective — suicide chez les criminels — sentiments et passions chez les criminels — récidive directe ou indirecte; morale des criminels — religion des criminels — intelligence et instruction des criminels — argot — hiéroglyphes et écritures des criminels — littérature des criminels — art et industrie chez les criminels); 4° *le fou moral et l'épileptique* (fou moral — épileptique — force irrésistible — synthèse); 5° *les criminels par passion* (criminels par passion — suicides des passionnés et des détraqués — criminels politiques par passion); 6° *le criminel-fou* (statistique — biologie — psychologie; analogies des mouvements et des procédés criminels chez les fous criminels et les criminels-nés — psychologie; différences selon les espèces de maladies mentales — criminel alcooliste — criminel hystérique — criminels mattoïdes — synthèse); 7° *le criminel d'occasion* (opinions d'auteurs; proverbes populaires; statistiques officielles; critique — pseudocriminels; criminaloïdes; leurs caractères physiques et psychiques; criminels d'habitude — associations de malfaiteurs — criminels latents — épileptoïdes).

Lombroso admet que « la cote du criminel-né » est « au delà de 40 p. 100 » sur l'ensemble des criminels et il conclut, sur le point qui nous intéresse le plus ici : « l'analogie du fou moral, du criminel-né et de l'épileptique apaise pour toujours un différend qu'on pourrait dire éternel jadis entre les moralistes, les juristes et les psychiâtres et qui parfois éclatait aussi entre les écoles psychiâtriques. La situation était même d'autant plus délicate que, par un hasard extraordinaire, tout le monde avait raison. En effet, d'un côté on objectait à bon droit que les traits caractéristiques attribués au fou moral appartiennent en propre au criminel; de l'autre côté, on n'avait pas tort de soutenir que les divers caractères du criminel-né se retrouvent avec la plus grande exactitude, en bien des cas, chez le fou moral. On arrive ainsi à comprendre pourquoi des savants très respectables n'ont pu s'accorder sur le diagnostic d'un criminel et ont déclaré des individus coupables qui certainement étaient fous ou tout au moins mal équilibrés, comme Guiteau, Menesclou, Verzeni, Prunier, Agnoletti, Lawson, Militello, Garayo, Passanante. On comprend que CACOPARDO, examinant les cas attribués à la folie morale par PINEL, ait soutenu qu'il s'agissait de coupables; de même que presque tous les fous moraux de BIGOT sont de véritables criminels. D'après KRAFFT EBING, le bagne est rempli de fous moraux ; c'est que l'on avait cherché l'essence de la folie dans le désordre de l'intelligence, d'où il résultait qu'aux yeux de médecins peu expérimentés, la plupart des fous moraux étaient des coupables ordinaires. En vérité, tous avaient raison, puisque les deux choses étaient réunies dans le même sujet. »

2° *Critique des idées de Lombroso*. Les travaux de LOMBROSO ont provoqué l'éclosion de nombreuses études et ceci restera la gloire du savant italien, quelles que soient les conclusions définitives sur son œuvre : il a fortement et très heureusement appelé l'attention sur cette grave question, trop négligée avant lui, des rapports de la criminalité avec la demifolie.

Car, il faut bien le reconnaître et le proclamer, c'est là la question particulière qu'il a étudiée et analysée. Avant lui et de tout temps on séparait le criminel-fou des autres criminels, on le déclarait irresponsable et on le traitait dans un asile au lieu de le punir en prison. Mais ce qu'on ne savait pas reconnaître ou ce qu'on n'osait pas proclamer c'est la maladie du criminel qui n'est pas fou ou ne paraît pas l'être, qui est lucide, mène la vie de tout le monde ou à peu près jusqu'au jour du crime, la maladie du *criminel demifou*.

Les objections (et elles sont nombreuses) qui ont été formulées de divers côtés contre l'œuvre de LOMBROSO, s'adressent aux exagérations de sa doctrine, à la généralisation trop grande de ses idées, mais ne diminuent en rien le haut intérêt qui s'attache, depuis lui, à cette grave question des rapports de la criminalité et de la demifolie.

Ce qui est faux dans l'œuvre de LOMBROSO c'est l'étroitesse de base de son déterminisme criminel. Quoique spiritualiste, je ne reproche pas au maître italien son déterminisme. On verra plus loin pourquoi quand je définirai la responsabilité médicale. Mais je lui reproche d'avoir fait jouer à l'hérédité ancestrale un rôle exclusif ou au moins très exagéré dans la production de ce déterminisme criminel. Il y a notamment deux grands éléments dont il ne tient pas un compte suffisant, surtout dans ses premiers travaux : la morale et le milieu. Les notions morales, innées (héréditaires) ou acquises, l'éducation, l'instruction, l'exemple... ont sur le développement du criminel une influence positive, qu'il serait puéril de nier.

LOMBROSO a donc exagéré l'importance du criminel-né et surtout de ses stigmates physiques. C'est ce qui ressort de tous les derniers travaux.

C'est dans ce sens et sous le bénéfice de ces réserves qu'il faut accepter les condamnations sévères de MAURICE DE FLEURY[1] quand il dit : « le type anatomique du criminel-né de LOMBROSO n'est aujourd'hui qu'un rêve de ce cerveau génial, mais singulièrement désordonné, chaotique et brouillon. Toute la logique d'un GAROFALO, toute la subtilité, toute la vigueur et tout le délié d'un ENRICO FERRI ne pouvaient aboutir, partant de cette base, qu'à de caduques systématisations. Après si peu d'années, voici que, çà et là, leurs constructions se ruinent. » TARDE « s'est efforcé de montrer par combien de contradictions a passé le désir d'assimiler le crime à telle névrose

1. MAURICE DE FLEURY. *L'âme du criminel*. Bibliothèque de philosophie contemporaine, 1898, p. XI, 91, 115. Paris, F. Alcan.

ou à tel état pathologique. Nous avons vu tour à tour LOMBROSO tenir le criminel tantôt pour un atavique, tantôt pour un épileptique, un hystérique, un sauvage ou un fou. BENEDIKT a assimilé aux neurasthéniques les vagabonds, paresseux et pillards, dont la caractéristique est surtout la faiblesse irritable. MAGNAN et FÉRÉ font de l'homme pervers et méchant un dégénéré. LAURENT a découvert sur un grand nombre de prisonniers les tares de la dégénérescence physique. Et j'estime que, dans chacune de ces doctrines, individuellement trop exclusives, il y a une part, plus ou moins grande, de vérité... De l'anthropologie criminelle fondée par l'école de Turin et de la théorie du type anatomique, il ne restera pas grand chose. Il est exact que plus d'un malfaiteur présente, à qui l'examine avec soin, des vices de conformation du crâne et de la face; mais il n'y faut voir que les ordinaires stigmates physiques de la dégénérescence qui, chacun le sait, peuvent accompagner ou pas les stigmates mentaux, la monstruosité d'esprit, les tendances perverses. Lésions banales, purement spécifiques. Et nous avons compris en outre qu'aucune théorie partielle, encore qu'elle contienne presque toujours un peu de vrai, ne saurait embrasser la genèse du crime. Ne dites pas que le crime provient de l'atavisme, d'une folie morale, de l'épilepsie, de l'hystérie, de la neurasthénie, d'une mauvaise éducation ou d'une tare originelle; dites que chacune de ces causes joue son rôle à son tour et que souvent plusieurs d'entre elles se combinent[1] ».

Tout cela est fort juste. De l'œuvre de LOMBROSO il faut supprimer l'exagération trop grande de fréquence du criminel-né et l'importance de ses stigmates physiques; mais il faut retenir ce grand fait des relations très fréquentes qui unissent la criminalité à la demifolie.

3° *Demifolie et criminalité.* Et en effet très souvent les

1. Voir aussi sur les idées de LOMBROSO et leur critique : MORACHE. *La responsabilité. Etude de sociobiologie et de méd. lég.*, 1906, p. 34 et 61, Paris, F. Alcan.

demifous commettent des crimes : c'est là conclusion facile de ce paragraphe, sur laquelle il ne me paraît pas nécessaire de beaucoup insister, tant elle est évidente et *aujourd'hui* admise par tous les médecins.

Il suffit de se reporter à mon troisième chapitre pour voir que les demifous commettent souvent des vols, des meurtres, des incendies, des attentats aux mœurs... Appartiennent particulièrement à ce groupe tous les *pervers* dont j'ai parlé plus haut (p. 120) d'après le récent travail de Marandon de Montyel.

La caractéristique de ces crimes c'est qu'ils sont commis par des sujets considérés jusque-là, au moins par le grand public, comme bien portants. Ce ne sont pas des aliénés antérieurs devenus criminels. Il semble que leur responsabilité est entière. Et puis un examen médical démontre que ces criminels ne sont pas comme tout le monde, qu'ils ont des tares psychiques. Et ainsi les criminels demifous sont profondément et complètement distincts des criminels fous et des criminels bien portants.

Un bon exemple, qui est en même temps une bonne démonstration de ces demifous criminels, nous est fourni par les *empoisonneuses* que René Charpentier [1] vient d'étudier avec tant de soin.

L'auteur passe en revue et analyse toutes les empoisonneuses célèbres, depuis celles de la fable et de l'antiquité (Hecate, Circé, Médée, Sémiramis, Parysatis et Cléopâtre) jusqu'à Mme Lafarge, Marie Jeanneret, Rachel Galtié l'empoisonneuse de Saint-Clar et Mme Massot, en passant par les Livie, Locuste, Agrippine, Lucrèce Borgia, Catherine de Médicis, la Spara et la Toffana, la marquise de Brinvilliers, Marie Bosse, la Voisin, la Vigoureux, la Filastre, etc., etc.

Il fait l'étude clinique et médicolégale de toutes ces crimi-

1. René Charpentier. *Dégénérescence mentale et hystérie. Les empoisonneuses. Etude psychologique et médicolégale.* Thèse de Paris, 1906, nº 222.

nelles et conclut : « l'empoisonnement criminel est surtout commis par des femmes. L'étude historique et médicolégale des empoisonneuses montre qu'un certain nombre de ces criminelles sont des dégénérées hystériques et qu'il existe un rapport manifeste entre la mentalité de ces déséquilibrées et la psychologie du crime d'empoisonnement. Le poison est l'arme de choix de l'hystérique qui tue. Les hystériques homicides sont toujours des dégénérées. Outre les accidents névropathiques ordinairement groupés sous le nom d'hystérie, on constate en effet, chez ces criminelles, l'existence de tares psychiques indépendantes de l'hystérie et portant surtout sur la sphère affective et morale... L'examen mental de l'empoisonneuse s'impose, dans la plupart des cas, comme une nécessité de l'instruction... »

Je pense inutile d'insister pour démontrer (ce qui était le but de ce premier paragraphe) la *nocivité des demifous*. Si certains ont une haute valeur sociale et rendent des services à la société, d'autres sont des nuisibles, commettent des délits ou des crimes, rendent de mauvais services à la race...

De là découle pour la société un double devoir : celui de traiter, soigner, guérir si possible, améliorer ces pauvres malades; celui de se garantir de leurs méfaits, tout en les assistant et les traitant. C'est là l'objet des deux paragraphes suivants : II. Traitement des demifous; III. Les demifous devant la justice.

II. — Traitement et prophylaxie de la demifolie

1. *Traitement.*

Le traitement curatif des demifous est une question purement médicale que j'ai essayé de traiter ailleurs[1] et qui ne serait pas ici à sa place. Je ne dois dire un mot que des de-

1. *Traitement des maladies du système nerveux*, Encyclopédie scientifique, 1906.

voirs de la société pour assurer ce traitement des demifous quand ils sont indigents.

Le meilleur traitement des demifous est l'isolement et la cure psychique dans un établissement spécial sous la direction d'un médecin exercé. Pour le bourgeois riche, la chose est aisée : les établissements sont nombreux dans lesquels on peut faire cette cure. Bien difficile au contraire est le traitement de ces mêmes psychonévrosés quand ils sont indigents.

Tous les jours, nous nous heurtons à d'insurmontables difficultés quand nous voulons faire traiter un épileptique non aliéné, une hysteria major, un dipsomane, un excentrique, un original grave... Il est impossible de les soigner dans leur famille; nous prescrivons d'ailleurs formellement l'extraction du milieu familial et social habituel. Mais quand il s'agit d'exécuter la prescription, on constate que les services d'hôpitaux ordinaires ne peuvent pas servir[1], les asiles seraient nuisibles et alors ? Il faudrait des *services spéciaux dans les hospices*[2]. La chose s'impose. Et, quelles que soient les charges budgétaires que cette création imposerait, je ne crains pas de la déclarer urgente.

2. *Prophylaxie*[3].

1° *Possibilité d'une prophylaxie individuelle, familiale et sociale de la demifolie.*

Les cas de demifolie sont si nombreux, ils menacent tellement d'envahir la société et ils sont si difficiles à guérir quand une fois la maladie s'est développée, que le principal devoir de la société pour organiser sa défense contre les mala-

1. Déjerine a installé à la Salpêtrière un service d'isolement, qui pourrait servir de modèle. Voir Camus et Pagniez. *Isolement et psychothérapie. Traitement de l'hystérie et de la neurasthénie. Pratique de la rééducation morale et physique*, Paris, F. Alcan, 1904, p. 99.

2. Il va sans dire que ceci est distinct des asiles spéciaux pour demifous criminels dont je parlerai plus loin.

3. Voir : L'organisation de la défense sociale contre les maladies nerveuses; prophylaxie individuelle, familiale et sociale. *La Revue des idées*, 15 mars 1906.

dies nerveuses est avant tout et surtout la *prophylaxie*, prophylaxie qui partirait de la connaissance exacte des nombreuses causes susceptibles de développer les maladies nerveuses et concluerait aux moyens à indiquer et à répandre pour *prévenir* le plus grand nombre possible de ces psychopathies.

Cette entreprise de préservation sociale contre les maladies du système nerveux n'est pas impossible. Elle est *réalisable* parce qu'aucune des causes de ces maladies, quelque puissante et redoutable qu'elle puisse être, n'est absolue et inéluctable. L'*hérédité* elle-même, qui joue un rôle certain, si anciennement et si universellement reconnu dans cette étiologie, qui est « la pierre angulaire de l'édifice » (PAUL RAYMOND[1]), « la grande force qui gouverne le monde » (DUCLAUX) et « la cause des causes » (TRÉLAT), l'hérédité, qui est donc l'exemple le plus démonstratif à choisir, l'hérédité elle-même n'est pas certaine et constante dans ses résultats. « Les partisans les plus convaincus de l'hérédité morbide reconnaissent que la transmission des caractères pathologiques n'est pas fatale » (FÉRÉ). Le fils d'un épileptique ou d'un aliéné peut échapper à la loi de l'hérédité, qui n'est pas inexorable et il peut y échapper grâce à des moyens et à des précautions sur lesquels le médecin n'est pas sans action : le croisement des familles, l'éducation, l'hygiène personnelle...

La demifolie est habituellement une résultante, exigeant pour se développer la collaboration ou la complicité de plusieurs causes, c'est-à-dire qu'aucune des causes habituelles de psychopathie, qu'elle vienne des ancêtres, du milieu ou du sujet lui-même, ne suffit, prise à part et isolément, pour faire naître cette maladie. Ainsi l'hérédité a le plus souvent besoin d'une contagion nerveuse, d'une mauvaise hygiène morale ou physique, d'une infection ou d'une intoxication, pour réaliser la maladie.

1. PAUL RAYMOND. *L'hérédité morbide*, 1905.

De plus, ces diverses causes, dont le concours est nécessaire, n'agissent pas toutes au même moment. Ainsi l'hérédité est bien antérieure à toutes les autres. Le médecin peut donc, pour chaque sujet donné, connaître, *avant* le développement de la maladie, les causes qui ont agi ou qui agissent déjà pour en préparer le terrain. Il connaît les sujets qu'il doit plus particulièrement surveiller, il sait ceux qu'il faut tâcher de préserver et ce dont il faut les préserver ; il pourra ainsi adapter et mesurer son effort dans un sens et avec une énergie déterminés dans chaque cas particulier.

La direction du médecin pour cette lutte prophylactique doit surtout se marquer dans deux périodes de la vie sociale : le mariage et l'éducation de l'enfant et du citoyen.

2° *Surveillance médicale du mariage (fondation de la famille).*

« Au lieu de vous borner, dit Trélat à compter des écus, examinez avec soin la constitution, la santé, l'intelligence, la valeur morale de la famille avec laquelle vous vous proposez de contracter alliance. Que ferez-vous de cette dot, qui n'est que matière, si, avec cette matière, vous recevez à côté de vous et avec vous un esprit désordonné, insociable, destructeur, qui dérange votre existence, fait de l'association un combat, rend impossible la paix, la tendresse du ménage ? Pour que le mariage soit possible, pour qu'il soit prospère, ne mêlez pas la maladie avec la santé, cherchez, avant tout, non une maison riche ou titrée, mais une race pure, une bonne santé physique et une bonne santé morale. »

Et ailleurs : « les fous lucides se trouvent dans les familles viciées dont on saura mieux s'éloigner quand on verra plus clair, quand on aura échappé à l'idée fixe qui domine encore toute vue de mariage, quand on aura compris que l'argent, beaucoup d'argent, sans qualités personnelles, sans raison, c'est la pire de toutes les pauvretés. En attendant, et sans qu'on ait besoin de plus de lumière que les lumières actuelles, nous demanderons au législateur d'interdire formellement et sûrement le mariage aux incapables. En tête des incapables nous plaçons les imbéciles et les épileptiques qui doivent vivre en tutelle... C'est une faute que de laisser aux faibles les droits qu'ils ne savent exercer, des devoirs dont ils ne peuvent s'acquitter... même mode, même traitement, même liberté pour tous, pour les malades comme pour les valides, c'est une injustice. Il faut pour le bien commun que la société se protège et soit protégée. La liberté des incapables est un danger pour tous, peut être une liberté homicide... La tyrannie, c'est l'oppression des forts, c'est l'oppression de ceux qui sont valides. »

Pour des raisons indiquées ailleurs [1], je crois que le législateur ne peut pas intervenir dans ces questions et je conseille que les deux familles provoquent une conférence de leurs deux médecins, en les déliant du secret professionnel, l'un vis-à-vis de l'autre et en s'engageant à accepter et à exécuter leur sentence, sans leur demander et sans connaître les motifs de ce jugement. Les familles ignoreraient ainsi la tare qui empêche ce mariage. Car il s'agit toujours d'un cas particulier. A cause des dangers des hérédités convergentes bilatérales, un jeune homme et une jeune fille peuvent voir leur mariage interdit, alors que chacun d'eux pourra se marier avec un autre conjoint dont l'hérédité, faisant du croisement, diminuera les risques au lieu de les aggraver. Il va sans dire que je pose en principe l'*honnêteté* des deux familles et des deux médecins. En dehors de cela, il n'y a rien à faire [2].

On a fait de sérieuses objections à cette manière de procéder. Mon distingué confrère, le Dr Mignon de Romorantin notamment, ne voudrait ni une *sentence* ni un *jugement* sans *attendu* (comme au conseil de guerre). Il n'admet que des *conseils*, qu'il admet parfois *absolus* (ce qui me suffit, puisque je ne

1. Le mariage doit-il être réglementé ? Enquête à propos d'un roman médical *La Graine* d'André Couvreur. *Chronique médicale*, 1903, p. 463.

2. Voir le beau livre, *Science et Mariage* du Dr Henry Cazalis (Jean Lahor).

veux pas d'obligation légale). Et il ajoute : « le jour où l'on ne se mariera plus que par amour, la nature voudra, le véritable amour, l'amour pur voudra que les jeunes gens viennent d'eux-mêmes demander conseil à leur médecin en si grave occurrence et ces conseils, ils les suivront ou l'homme n'est qu'une brute qu'il faut abandonner. » Dieu vous entende, mon cher confrère; nul ne fait plus de vœux que moi pour la prochaine réalisation de cet âge d'or des fiançailles idéales !

« D'autre part, ajoute le même confrère, ne pensez-vous pas que l'influence d'un être aimant, délicat, instruit, ne puisse redresser bien des tares morales personnelles et mieux donc des tares morales familiales, héréditaires. Quelle femme aimante et instruite ne ferait pas, d'un ivrogne, un homme sobre? Quel homme — vraiment homme — ne peut pas faire de la petite pensionnaire un peu écervelée et qui semblait destinée à n'être qu'une jolie poupée bien habillée mais bien creuse, une vraie femme, si elle est seulement bonne et intelligente? » Rien de plus juste; mais il faut se garder de la théorie du mariage-remède. Nous n'avons pas le droit de sacrifier une jeune fille ou un jeune homme bien portants sous prétexte qu'ils pourront guérir un demifou ou une demifolle en l'épousant.

Ces jours-ci, je recevais la longue visite d'un jeune homme affolé, marié depuis deux ans à une femme charmante, atteinte d'une épouvantable demifolie du doute et du toucher : sa famille l'avait criminellement mariée pensant que le mariage la guérirait.... la situation est devenue aussi navrante qu'insoluble.

Même soumise au jugement des médecins, la question de la demifolie dans le mariage reste difficile et délicate, parce que la demifolie n'est pas comme l'aliénation mentale une maladie univoque qui entraîne nécessairement et toujours l'interdiction du mariage. C'est une question d'espèce que le médecin résoudra en se basant sur les éléments suivants : la présence de certains symptômes comme l'impuissance, l'intensité de la maladie, son ancienneté, les traitements auxquels elle a résisté, ses racines héréditaires, la santé et l'hérédité de l'autre conjoint...

En se basant dans chaque cas particulier sur ces diverses considérations, les médecins pourront se prononcer d'une des manières suivantes : autorisation pure et simple, interdiction absolue, ajournement *sine die*, conseil d'abstention (en donnant les arguments à l'appui), permission en montrant les dangers possibles de ce mariage et en demandant, pour la vie ultérieure du jeune ménage, des précautions et une surveillance médicale tout à fait particulières[1].

3° *Surveillance médicale de la formation de l'enfant et du citoyen* (*éducation physique, intellectuelle et morale*).

Médicalement surveillé ou non, le mariage a eu lieu. L'enfant venu au monde n'est pas malade, mais il a une hérédité névropathique lourde ou qui tout au moins attire l'attention sur lui. Dès lors, son éducation ne doit pas être celle de tous les enfants. Le médecin doit être consulté pour la diriger au double point de vue : physique, intellectuel et moral.

a) Pour la *formation physique* il faut envisager les quatre périodes suivantes : première année, un à sept ans, sept à treize, treize à dix-huit ans.

α. La *première année* est l'âge de l'*allaitement*. La nourrice n'a aucune part dans l'hérédité. Une mère n'accroît donc pas son influence héréditaire en nourrissant son enfant. Cependant je crois qu'il vaut mieux qu'une mère névrosée (je ne dis pas nerveuse) ne nourrisse pas son enfant et qu'il vaut mieux ne pas choisir une nourrice névrosée pour cet enfant prédisposé. Ceci parce que les troubles d'ordre nerveux ont une influence sur la sécrétion lactée: les

1. Je n'admets pas la permission du mariage avec interdiction de la maternité. Voir le Referendum sur la prophylaxie anticonceptionnelle à propos d'un livre de Klotz Forest. *Chronique médicale*, 1905, p. 101.

émotions et particulièrement les émotions dépressives peuvent diminuer ou même tarir (pour un temps tout au moins) la sécrétion lactée. Mon distingué collègue PUECH m'a cité des enfants, observés par MESLIER, qui ont présenté de l'agitation ou même des phénomènes convulsifs. après avoir pris le sein de leur nourrice qui venait d'éprouver une vive émotion ou ayant eu des attaques épileptiques[1].

β. *De un à sept ans*, un enfant prédisposé aux maladies du système nerveux doit être particulièrement surveillé aux quatre points de vue suivants : sevrage, dentition, vers intestinaux, convulsions. — Sans dire que les convulsions de l'enfance[2] sont toujours le prélude d'une comitialité ultérieure, sans en faire toujours une hystérie de la première enfance, sans nier les cas de convulsions urémiques à cet âge, il est certain que, d'une manière générale, les convulsions dénotent chez un enfant une disposition névropathique dont il faut tenir compte pour son avenir et que le médecin doit traiter et prévenir de son mieux, particulièrement dans les périodes les plus favorables à leur éclosion : sevrage, dentition, vers intestinaux, gastro-entérite, début d'une maladie aiguë (fièvre éruptive ou autre).

γ. La période *de sept à treize ans* est spécialement l'âge de la chorée, des tics et alors se pose la question des exercices du corps, du gymnase et des sports dans l'éducation des enfants prédisposés aux maladies nerveuses[3]. Le surmenage physique est mauvais, affaiblit le corps au lieu de le fortifier et par conséquent facilite le développement des maladies du système nerveux. Mais l'exercice régulier, modéré, par petites tranches, l'entraînement aux promenades régulières, progressivement

1. Voir aussi la thèse de PIERRE LOYER. *Les émotions morales chez les nourrices et leur retentissement sur le nourrisson*. Paris, 1904.

2. Sur les convulsions infantiles, voir la thèse d'OCTAVE MONOD, Paris 1904 et le travail de MOON. *The Lancet*, 1904.

3. Voir MAURICE DE FLEURY. *Le corps et l'âme de l'enfant. Nos enfants au Collège.*

prolongées, la gymnastique rationnelle, bien surveillée et dirigée, le jeu dans les récréations, le jeu actif (barres, ballon, tennis...) sont excellents pour les enfants chez lesquels on peut redouter le développement d'une névrose.

δ. *De treize à dix-huit ans* c'est la puberté ; chez la fillette le début de la menstruation. C'est l'âge du développement de l'hystérie, des mauvaises habitudes...

b) Pour la *formation intellectuelle et morale* le médecin n'est plus seul comme pour la formation physique. Il doit collaborer avec l'instituteur, le prêtre ou le pasteur, le père et la mère.

Là se pose d'abord la question discutée du *surmenage scolaire*. Charcot, Rabier n'y croient guère et Bergson s'écrie : « l'avenir est à ceux qui se surmènent ». Non ; parce que *le surmenage est une maladie, que seuls contractent les prédisposés*. Le surmenage est une question de réaction individuelle. On ne se surmène pas pour une telle dose de travail. Cela dépend de la quantité et de la qualité intellectuelles du sujet qui travaille. C'est donc pour chaque enfant en particulier que le médecin décidera s'il est surmené ou non, en tenant compte de son hérédité, de son tempérament, de son état physique actuel... En d'autres termes, le surmenage n'est pas une question de pédagogie générale, mais une question de médecine individuelle.

Souvent les programmes généraux et les règles générales seront inapplicables aux enfants nerveux et alors, chez certains sujets à prédisposition lourde, le médecin devra interdire le lycée et prescrire l'enseignement particulier qui, s'il est intelligemment dirigé, proportionne mieux le travail au tempérament particulier et même à la disposition journalière de l'enfant. Aux enfants à grosse disposition névropathique le médecin interdira les écoles à concours d'entrée avec limite d'âge et conseillera plutôt la préparation des carrières dans lesquelles, dès le début, le travail cérébral est coupé par une vie physique et active au grand air (agriculture). L'interdiction absolue de tout travail cérébral peut être nécessaire comme traitement chez certains enfants malades (épileptiques). Je ne crois pas que ce soit jamais un moyen nécessaire de prophylaxie pour des enfants simplement menacés de maladie nerveuse.

Au point de vue moral, il faut surtout combattre chez les enfants prédisposés la tendance au mensonge et à l'égoïsme.

Par cette action sur la formation morale, la prophylaxie des maladies nerveuses devient vraiment la *prophylaxie du crime*.

Une fois les études secondaires terminées, la question se pose du *milieu* à choisir pour ce prédisposé.

Tout prédisposé nerveux doit avoir une carrière, une *profession*. Rien ne lui serait plus préjudiciable et plus dangereux que l'oisiveté.

Il n'y a pas d'une manière générale de profession qui dispose plus spécialement aux maladies du système nerveux ou qui en hâte l'éclosion (je ne parle pas des intoxications attachées à certaines professions). Tout dépend de l'adaptation particulière de chaque profession à chaque individu, en ajoutant cependant que, d'une manière générale, une profession à vie extérieure (agricole), qui ne nécessite pas des efforts intellectuels trop continus et trop intenses, qui n'entraîne pas des responsabilités trop préoccupantes, vaut mieux pour le prédisposé nerveux.

Le *mariage*, le célibat, la *vie religieuse* ne font que du bien s'ils sont dans les goûts et la vocation du sujet et ne font que du mal s'ils sont imposés ou ne réalisent pas l'idéal espéré.

Le *service militaire* fait en général plutôt du bien aux prédisposés nerveux. Si la prédisposition est forte et si les stigmates du nervosisme sont déjà très nets, il faut en prévenir le médecin militaire en le priant de vouloir bien surveiller cette recrue et en le mettant au courant des renseignements particuliers que l'on a.

La *vie politique* doit au contraire être formellement déconseillée et interdite à ces prédisposés.

Le changement de milieu et l'extraction momentanée de la famille s'imposent souvent pour certains prédisposés, surtout quand les parents sont eux-mêmes nerveux, les nerveux étant de déplorables éducateurs.

4° Quelques règles d'hygiène générale pour les prédisposés aux maladies du système nerveux.

Toute la prophylaxie des maladies nerveuses repose sur la connaissance exacte des *causes* de ces maladies, causes qui viennent des ancêtres (hérédité), du milieu (contagion) ou du sujet lui-même.

L'hérédité directe (père ou mère à enfant), atavique (directe en sautant une ou plusieurs générations), ancestrale (collatérale), bilatérale convergente (consanguinité) peut être nerveuse similaire (épileptique engendrant un épileptique), nerveuse non similaire [1] (épileptique engendrant un hystérique), non nerveuse ou dissemblable (tuberculose [2], alcoolisme, état moral, arthritisme, diabète des parents).

Quant au sujet, il faut faire jouer un grand rôle étiologique : 1° au tempérament et au caractère ; 2° au sexe, à la vie sexuelle, aux excès ; 3° à l'éducation et au surmenage ; 4° à la profession et au genre de vie ; 5° à la vie morale, aux émotions et aux passions ; 6° aux maladies antérieures, infections, intoxications, diathèses et maladies diverses.

Cela dit, ce n'est pas seulement dans les grandes circons-

1. Comprend les vices et la tendance aux crimes d'une part, la supériorité intellectuelle et le génie de l'autre.

2. Voir mon article sur les rapports de l'hystérie avec les diathèses tuberculeuse et scrofuleuse, *Montpellier médical*, 1884, p. 220 et CAMPANA. *Hérédité tuberculeuse et névropathies. Manifestations nerveuses chez les descendants de tuberculeux.* Thèse de Lyon, 1903, n° 105.

tances étudiées plus haut, lors de la fondation de la famille par le mariage, dans l'éducation scolaire et postscolaire et dans le choix d'une carrière qu'il faut surveiller les prédisposés ; c'est pendant toute leur vie.

Le médecin doit faire comprendre et répéter souvent à ces prédisposés qu'ils ne peuvent pas vivre comme tout le monde, qu'ils n'ont pas le droit de citer des exemples de bien portants qui ont fait impunément ce qu'ils désirent faire. Les prédisposés ont, toute leur vie, besoin d'une hygiène spéciale.

Ainsi les nerveux feront bien de s'abstenir d'alcool[1] et de tabac.

Leur vie génitale doit être très surveillée. Non seulement la première instauration menstruelle, mais chaque période de règles, chaque grossesse, la ménopause peuvent provoquer l'éclosion d'une névrose. Chez l'homme, ce sont les exagérations et les anomalies de la vie génitale qu'il faut surveiller ; et dans les anomalies je vise non seulement les excès, mais aussi les agitations et secousses morales qu'entraîne le plus souvent la vie génitale ainsi comprise.

Au point de vue de la vie professionnelle et sociale, les prédisposés doivent être prévenus du danger qu'ils courraient à affronter cette vie d'arrivisme, cette vie à outrance, qui risquerait d'entraîner chez eux les névroses et même les psychoses les plus graves, voire même la paralysie générale progressive. Il faut interdire aux prédisposés de s'user par tous les bouts dans cette agitation fiévreuse qui entraîne chacun dans ce tourbillon vertigineux de tous les jours. Notez que la vie peut être à outrance non seulement pour le mal (jeu, plaisir), mais aussi pour le bien : dans l'industrie, dans le commerce, dans la science même, quand il faut arriver avant les autres et plus haut qu'eux, faire une grosse fortune, faire parler de soi dans les journaux et se chamarrer de beaucoup de décorations avant quarante ans. S'il n'est pas arrivé avant

1. L'alcool, dit Féré, est la pierre de touche des fonctions cérébrales.

cet âge, l'ambitieux devient persécuté : c'est la demifolie, si ce n'est pas pire.

III. — Les demifous devant la justice. Demiresponsabilité responsabilité limitée ou atténuée

Nous voici arrivés à la partie la plus grave et la plus difficile de ce chapitre et même de tout ce livre.

La demifolie s'est déclarée et le demifou a commis un délit ou un crime. Il n'est plus nuisible à la société seulement en théorie. Il est devenu, en pratique et en fait, un dangereux. La société lui doit toujours assistance et traitement, puisque c'est toujours un malade ; mais elle a le droit en plus de se défendre contre ses nouveaux méfaits, puisque c'est un criminel[1].

Comment la société doit-elle et peut-elle combiner ces droits et ces devoirs vis-à-vis des demifous ? C'est toute la question de la demiresponsabilité, de la responsabilité limitée ou atténuée que je suis obligé d'aborder et de résoudre.

Pour mettre le plus d'ordre possible dans mon exposé, j'étudierai d'abord ce qu'il faut entendre par responsabilité au sens médical ou médicolégal, puis ce qu'il faut entendre par responsabilité atténuée; enfin je donnerai quelques exemples de cas de demifolie à responsabilité limitée.

1. *Idée médicale de la responsabilité*[2].

1° *L'idée médicale de responsabilité ne peut pas être basée sur la notion philosophique du libre arbitre ou du déterminisme.*

Quand un médecin cherche à s'éclairer sur le sens vrai et complet du mot « responsable » ou « responsabilité », c'est aux

1. Je prends toujours le mot *criminel* dans le sens du sujet ayant commis un crime, qu'il en soit ou non responsable : le demifou comme le fou n'est criminel que de fait.

2. Voir : Le problème physiopathologique de la responsabilité. *Journal de psychologie normale et pathologique*, 1905, n° 2.

philosophes qu'il s'adresse naturellement tout d'abord. Malheureusement il se trouve que les philosophes sont parfois aussi en désaccord que les médecins et on tremble en voyant le couperet de la guillotine retenu par un fil qui a la solidité d'un système philosophique.

Ce qui explique les divergences d'opinion des philosophes sur cette question, c'est que l'idée de responsabilité est intimement liée à l'idée qu'on se fait de la liberté individuelle ou du libre arbitre ; on prévoit dès lors les opinions les plus disparates sur la responsabilité, puisqu'on est si peu d'accord sur le libre arbitre.

« Un être est responsable, dit GOBLOT dans son *Vocabulaire philosophique*, quand il doit répondre de ses actes, quand il est légitime de s'en prendre à lui s'ils sont mauvais. » Et il ajoute : « la responsabilité semble présupposer le libre arbitre. Un être dont les actions sont nécessaires peut être considéré comme l'instrument des forces qui le déterminent et ses actes ne lui sont pas plus imputables qu'un meurtre n'est imputable au couteau et à la fiole de poison. La responsabilité remonte nécessairement de cause seconde en cause seconde et ne s'arrête qu'à une cause première, par exemple un acte libre. »

Donc, la notion de responsabilité dépend entièrement de l'idée qu'on se fait de la liberté. Or, sur ce dernier point, l'école contemporaine renferme des hommes extrêmement distingués, les plus distingués, je peux dire, qui nient le libre arbitre, dont les doctrines aboutissent à la négation de la liberté. J'en ai cité plusieurs exemples dans mon deuxième chapitre (p. 50).

Je n'ai pas à discuter ici ces doctrines philosophiques, je n'ai pas à rechercher si tous les philosophes contemporains, partant des mêmes idées expérimentales, aboutissent aux mêmes conclusions avec une logique aussi impitoyable[1]. Il

1. Voir les *Limites de la Biologie*, 3e édit., 1906, p. 23. Paris, F. Alcan.

suffit qu'on admette l'existence de ces doctrines d'une manière courante dans la philosophie contemporaine.

En cherchant un point d'appui dans la philosophie pour éclairer son idée de la responsabilité, le médecin expert rencontrera donc ces doctrines. Il a le droit de les adopter. En fait, je crois que beaucoup de médecins partagent cette manière de voir et n'admettent pas la liberté individuelle, le libre arbitre. Pour eux tout est déterminisme.

Mais alors comment peuvent-ils consentir seulement à étudier la question que leur pose le magistrat : un tel est-il, ou non, responsable de tel acte?

2° *Sur la seule base physiopathologique peut être édifiée une notion de responsabilité médicale que tous les médecins peuvent et doivent accepter, quelles que soient leurs convictions philosophiques ou religieuses sur le libre arbitre et l'âme spirituelle.*

Puisque la voie philosophique conduit à une impasse, le médecin, soucieux de s'instruire sur l'idée de responsabilité, doit rechercher s'il n'y a pas moyen d'arriver par une autre voie.

Cette autre voie existe : c'est la voie physiologique, ou mieux physiopathologique. Le médecin peut arriver, en restant exclusivement sur son propre domaine, à se faire une idée médicale de la responsabilité, à concevoir une *responsabilité médicale* qui n'est pas la responsabilité morale des philosophes, qui s'appuie sur un fondement plus scientifique, n'est pas sujette aux mêmes fluctuations et discussions et, en tout cas, lui suffit, à lui médecin, pour lui permettre de remplir son rôle d'expert.

Quelle que soit l'école philosophique à laquelle il appartient, le médecin admet toujours le rôle, indispensable et important pour tous, du système nerveux dans l'accomplissement d'un acte ou dans la conduite de la vie.

Le médecin expert n'a à s'occuper que de ce système nerveux, que de cet appareil qui est un outil indispensable pour le spiritualiste comme pour le matérialiste. Le médecin n'est compétent que pour juger l'état matériel de cet outil; il ne peut décider qu'une chose : l'état d'intégrité ou de maladie de cet outil, de ce système nerveux, et l'influence que cet état de l'outil a pu avoir sur la détermination criminelle qu'a prise et exécutée le sujet.

Dans tout acte voulu et délibéré, il y a un jugement dans lequel l'esprit compare et pèse le désir qu'il a de faire un acte donné et le devoir qu'il a de ne pas le faire. Parmi ces mobiles il y a donc la notion du devoir (quelle qu'en soit l'origine et la nature), la notion de ce qui est permis et de ce qui est défendu, et la mission de l'expert est de décider si l'état de son système nerveux a permis au sujet de bien peser et de bien juger ces mobiles et ces motifs, si l'état de son système nerveux le laisse responsable ou le fait irresponsable.

Ce n'est donc que *le rôle du système nerveux dans la volition et dans l'acte* que le médecin a à juger; il ne s'occupe que de cet élément de l'acte que tout le monde admet dans les diverses écoles philosophiques. Il n'a pas à s'occuper de cet autre élément sur lequel il y a discussion entre les philosophes : l'élément âme spirituelle. Ceci ne le regarde pas. Donc, *le médecin peut et doit analyser et apprécier la responsabilité d'un sujet absolument de la même manière, qu'il soit spiritualiste ou matérialiste.*

De même, peu importent les opinions de l'expert sur la question philosophique du libre arbitre et de la responsabilité morale. Pour qu'un sujet soit *médicalement* responsable d'un acte devant la société, il n'est pas nécessaire qu'il ait une saine notion du bien en soi, de l'obligation qu'il comporte, de la loi morale en un mot. Pour qu'un sujet soit médicalement responsable d'un acte devant la société, il faut et il suffit qu'il ait une saine notion de ce que permet et de ce que défend la loi *civile*, la loi écrite, que nul n'est censé ignorer et que d'ailleurs personne n'ignore dans les grandes lignes quand elle défend de s'approprier le bien d'autrui ou d'enlever la vie à son prochain.

Un spiritualiste et un matérialiste, un homme religieux et un homme irreligieux, un déterministe et un partisan du libre arbitre peuvent concevoir différemment le *devoir moral* et l'*obligation morale devant la conscience;* ils ne peuvent pas envisager différemment le *devoir social* et l'*obligation sociale devant la loi.*

Si à cette responsabilité médicale ainsi définie les auteurs veulent appliquer l'objection de Bayet et dire que, même à ce point de vue, l'homme n'est pas plus responsable que l'arbre, j'ai déjà indiqué plus haut (p. 57) ce que l'on peut répondre. L'homme a des neurones psychiques que l'arbre n'a pas ; la question de responsabilité ou d'irresponsabilité médicale revenant à une question d'intégrité ou de maladie des neurones psychiques ne se pose que pour l'homme et pas pour l'arbre.

Donc, tous les médecins, quelles que soient leurs convictions philosophiques et religieuses, doivent se retrouver sur ce double principe : 1° ils n'ont à apprécier que la responsabilité du sujet devant la société ; 2° ils n'ont à apprécier que l'intégrité ou la non-intégrité des centres nerveux et l'influence de cet état du système nerveux sur l'acte matériel du psychisme volitif (acte qu'aucune école philosophique ou religieuse ne peut nier).

3° *La responsabilité et la culpabilité. Le médecin et le magistrat.*

On remarquera combien à ce point de vue le rôle des experts est différent de celui des juges (magistrats ou jurés). Pour les juges le problème de la responsabilité est beaucoup plus complexe ; il se pose dans toute sa généralité.

Ainsi le juge doit tenir un très grand compte de l'*intention* (ce qui est un élément de la responsabilité morale). Le cas de légitime défense, par exemple, qui excusera certains actes délictueux et criminels pour le juge de doit pas être pris en considération par le médecin. D'une manière générale, les circonstances du fait, étrangères au sujet, si importantes à l'instruction et au jugement, ne sont rien pour le médecin. Celui-ci n'a à envisager dans ces circonstances que ce qui peut l'éclairer sur le sujet lui-même, sur l'état de son système nerveux.

Le médecin part du fait matériellement établi et cherche par l'analyse psychophysiologique du sujet si ce sujet a décidé cet acte avec un système nerveux intact, avec des centres nerveux bien portants ou malades.

La question posée aux jurés sur la *culpabilité* d'un sujet est toute différente de la question posée aux experts sur la *responsabilité*. On peut être entièrement responsable d'un acte dont on n'est pas coupable. Un juré peut acquitter un sujet déclaré responsable par le médecin, sans qu'il y ait de contradiction entre les deux verdicts ; mais un juré ne devrait pas pouvoir condamner un sujet que le médecin déclare irresponsable : la *responsabilité physiologique est un élément nécessaire, mais non suffisant, de la culpabilité.*

Ceci montre en passant quelle serait l'erreur de ceux qui voudraient ramener toute instruction à une expertise médicale et remplacer les juges par des médecins. C'est dire que je ne rêve pas, comme Ferri, de voir l'« audience idéale » de l'avenir devenir uniquement « une discussion scientifique sur les symptômes présentés par le délinquant, sur les circonstances qui ont précédé, accompagné ou suivi le fait et sur leur signification anthropologique[1] ». Je crois que le seul moyen de conserver aux experts toute l'autorité à laquelle ils ont droit est de soigneusement veiller à la séparation des pouvoirs et des points de vue entre les juges et les médecins.

Je conclus : *la responsabilité physiologique ou médicale* (la seule que le médecin puisse et doive étudier à l'état normal et pathologique) *est indépendante des doctrines philosophiques*

1. Jean Cruppi. *La Cour d'assises*, 1898, p. 152.

et religieuses sur le libre arbitre et sur l'âme spirituelle et immortelle; elle est fonction des neurones psychiques. et par suite *le rôle de l'expert consiste uniquement à étudier et à déterminer l'état et le fonctionnement des neurones psychiques.* Ceci met complètement le médecin à l'abri du danger des invasions philosophiques et le laisse nettement dans le domaine où il est compétent.

4° *L'idée médicale de responsabilité devant les auteurs contemporains.*

Non seulement cette idée de la responsabilité médicale n'est pas en contradiction avec les conceptions récentes de la responsabilité, mais encore elle permet, ce me semble, de les mieux concevoir [1].

L'évolution est, à ce point de vue, bien curieuse à étudier dans les ouvrages récents : partant tout d'abord de la solidarité entre le libre arbitre et la responsabilité, certains auteurs ont résolument supprimé l'un et l'autre ; c'est l'école italienne de Lombroso. Puis on a voulu sauver l'idée de responsabilité sans ressusciter le libre arbitre ; c'est l'école de Tarde et de Saleilles.

a. *L'école italienne : Lombroso, Ferri, Garofalo.* « On peut dire que cette école italienne, dont les trois représentants les plus célèbres sont Lombroso, Ferri et Garofalo, s'est présentée tout d'abord comme une réaction directe contre la thèse du libre arbitre entendu à la façon classique. On faisait du crime une émanation de la liberté. L'école italienne envisage le crime comme un produit naturel, comme la résultante de facteurs purement naturels qui ne laissent plus aucune place pour l'idée de liberté. Pour Lombroso, ces facteurs sont presque purement anthropologiques. Pour Ferri, ils sont plus spécialement sociologiques ; mais peu importe. »

1. Voir : Saleilles. *L'individualisation de la peine.* Bibliothèque générale des sciences sociales, 1898, Paris, F. Alcan, et Maurice de Fleury. *L'âme du criminel.* Bibliothèque de philosophie contemporaine, 1898, Paris, F. Alcan.

Dès lors, « du crime commis on n'est pas moralement responsable, puisqu'on ne l'a pas prévu en état de liberté ; on n'en est que socialement responsable, parce qu'on doit compte à la société des dangers et des dommages qu'on a pu lui causer » (SALEILLES).

Pour ces auteurs italiens, dit MAURICE DE FLEURY, « c'est la fatalité du mal. Pour eux, par conséquent, un criminel n'est responsable que parce qu'il est dangereux ». Et il cite GAROFALO : « le droit de punir, c'est simplement cette loi de nature en vertu de laquelle tout organisme, et en particulier l'organisme social, réagit contre ce qui trouble ses conditions d'existence... Jusqu'ici les peines sont graduées d'après une idée fausse de libre arbitre et de responsabilité morale. Il nous faut changer tout cela, nul n'étant libre, nous ne punissons plus en raison du degré de liberté, mais en n'ayant en vue que l'intérêt de la société et en proportionnant la peine à la redoutabilité du criminel. »

Avec cette doctrine l'idée de responsabilité médicale disparaît et il n'y a plus besoin d'experts. Un fou ou un demifou peuvent être plus dangereux pour la société qu'un raisonnable ; ils devront subir une peine plus forte quel que soit leur degré d'irresponsabilité.

b. *Objections de l'école française : Fouillée, Paulhan, Tarde. Réponse de Ferri.* Le grand tort de cette doctrine est de ne tenir compte que du *crime* sans tenir compte du *criminel.* La peine est commandée par le *fait*, nullement par *l'individu.* C'est contre cette tendance qu'a vigoureusement réagi l'école française.

J'ai déjà parlé plus haut (p. 202) des objections faites à l'école italienne sur l'essence du crime ; il faut dire un mot de celles qu'on a formulées contre sa conception de la responsabilité.

« La foi au type anatomique, dit MAURICE DE FLEURY, c'est la négation de toute psychologie, de toute sociologie criminelle : sociologistes et psychologues protestent avec énergie. Ils proclament que nous portons en nous un idéal moral — reflet individuel de la notion d'intérêt général — et que par conséquent nous sommes deux fois responsables objectivement et subjectivement, au nom de la loi d'évolution du monde vers le mieux et au nom de cette loi gravée dans notre conscience sous forme de commandement. C'est l'idée de HERBERT SPENCER, reprise par ALFRED FOUILLÉE. Pour PAULHAN, l'obligation morale est une manifestation de la tendance organisatrice de notre esprit, c'est-à-dire de notre besoin naturel de nous tenir en harmonie avec les lois générales qui régissent l'évolution du monde. »

Je laisse de côté la question de l'origine et de la nature intime de cette obligation morale (c'est une question philosophique qui ne m'importe pas ici). Mais je retiens la nécessité de tenir compte de cette obligation morale parmi les mobiles qui ont influé sur l'acte du criminel. Voilà donc la notion de responsabilité restaurée, tous les hommes n'ayant pas une égale normalité psychique vis-à-vis des suggestions de cette obligation morale.

Et si nous ne parlons que de responsabilité médicale comme je l'ai définie plus haut, nous pouvons dire avec TARDE que « l'idée de responsabilité morale demeure indépendante de la croyance au libre arbitre... Nous devons considérer et traiter comme responsable tout homme qui s'est montré violemment antipathique à ses pareils, insociable, à condition qu'il soit identique à lui-même. » Et MAURICE DE FLEURY développe ainsi la pensée : « bien que nous ne soyons pas libres, la société ne peut, en aucune façon, traiter les hommes, même pervers, ainsi que des chiens enragés dont on se débarrasse. L'individu a une valeur en lui-même. La peine ne doit donc pas être uniquement utilitaire et avoir pour seul but l'intérêt de la société. A côté de la responsabilité légale, objective, il y a une responsabilité morale, subjective. Cette responsabité est d'autant plus complète que l'homme est plus identique à lui-même ;

elle s'atténue s'il est atteint de quelque maladie de la personnalité. »

C'est ainsi que Saleilles classe Tarde parmi les « savants de premier ordre » et les « sociologues éminents » qui « acceptent dans toute sa rigueur la loi de causalité dans son application aux faits de l'ordre psychologique et qui cependant sont les défenseurs très convaincus, sur le terrain sociologique tout au moins, de la survivance et du maintien de l'idée de responsabilité. »

A quoi Ferri répond que la responsabilité morale sans libre arbitre est « un non-sens, l'identité personnelle n'est qu'un leurre, l'application de la doctrine de Tarde serait pratiquement dangereuse et inacceptable. »

c. *Notion de la responsabilité physiologique en dehors de toute idée (affirmative ou négative) du libre arbitre. Saleilles.* Que conclure de tout cela et comment concilier ces opinions d'apparence si contradictoire ? Il faut arriver à pouvoir conserver la notion de responsabilité sans se prononcer sur la question du libre arbitre, en niant même le libre arbitre. Il faut que les partisans du libre arbitre ne se croient plus le monopole de la responsabilité ; il faut que les négateurs du libre arbitre ne se croient plus obligés de nier pour cela la responsabilité.

Comme dit très bien Saleilles, « il ne faut pas que des gens qui croient à la responsabilité et à la liberté, et grâce à Dieu il y en a encore, se considèrent, en vertu même de leurs principes, comme éternellement attachés au même rivage, comme solennellement immobilisés dans les mêmes routines, et qu'ils se refusent à accepter les moyens de défense sociale qu'une école opposée pourrait leur offrir. Il y a aujourd'hui précisément une tendance pour les camps les plus opposés à se rapprocher et à s'entendre sur le terrain des solutions pratiques ; et c'est un grand bien et un résultat qu'il faut favo-

-riser et appuyer de partout ». Autrefois « il semblait que tout bon déterministe, pour être logique avec lui-même, dût nier l'idée de responsabilité ; et il semblerait aujourd'hui qu'il dût, à moins d'inconséquence de nature à tout ébranler de son propre point de départ, accepter tous les postulats de l'école positiviste italienne. Que d'heureuses inconséquences nous voyons cependant tout autour de nous et comme l'on commence enfin à sentir le vide de ces démonstrations tout en syllogismes purs, qui, tant qu'elles restent un jeu de l'esprit, n'ont jamais fait échec à une idée nouvelle, pas plus qu'elles n'ont réussi à sauver les anciennes... »

Ce terrain d'entente pratique est tout trouvé : c'est celui de la responsabilité médicale qui n'est fonction que de l'état des neurones psychiques et par suite n'a rien à voir avec le libre arbitre ou le fatalisme philosophique. C'est une idée que Saleilles a encore admirablement développée.

« Notre Code pénal français, sous ce rapport-là (du libre arbitre) aboutit à un résultat merveilleux. Il suppose le libre arbitre partout, mais il n'en parle nulle part. Il présume tout adulte responsable de ses actes ; pour faire tomber cette présomption, il exige la preuve de la démence ou d'un état pathologique similaire. Le mot de liberté n'est pas prononcé. *La preuve à fournir porte donc sur des questions de diagnostic pathologique, qui n'engagent aucune conviction philosophique ou religieuse*[1]. Donc, rien de plus simple. Le médecin légiste n'aura qu'à se prononcer sur l'existence ou la non-existence de la folie. C'est un fait de sa compétence. On ne lui demande pas de se prononcer sur le libre arbitre. Et, s'il ne croit pas au libre arbitre, on n'exige de lui aucun sacrifice de conscience[2]. »

De là on peut déduire une définition de la responsabilité,

1. C'est moi qui souligne.

2. Il va sans dire que je ne connaissais pas en 1904 ce passage de Saleilles paru en 1898 ; sans quoi je l'aurais déjà cité dans mon article du *Journal de Psychologie*.

« en dehors, bien entendu, de toute idée de libre arbitre », une définition de la responsabilité sociale ou sociologique.

Dans « le discernement » il y a « un facteur de l'individualité morale » ; il faut « en outre tenir compte de la force et du fonctionnement de la volonté, de tout l'ensemble de la personnalité morale » et on a « fini par s'en tenir à l'idée de normalité ». L'homme normal est une « entité capable de responsabilité » et c'est « à la faculté pour l'homme de se déterminer par voie de motifs que cette normalité doit se référer ». Elle consiste « à subir à la façon des autres hommes l'influence des motifs ordinaires qui régissent la conduite et les actions humaines, tels que ceux tirés de la religion, de la morale et de toutes les idées courantes. Ne plus subir cette influence, ne plus se laisser impressionner par ce qui impressionne tous les autres, arriver d'abord à ne plus sentir ces motifs, puis peu à peu à ne plus les comprendre, c'est s'éloigner de la normalité, jusqu'à ce que l'on en arrive à subir, sur l'impulsion des motifs ordinaires et normaux, un contre-coup et comme une réaction et un mouvement réflexes, tout contraires à ce que ressentent les autres hommes, ou même à paraître, ce qui n'est jamais qu'une apparence, même pour les fous, se décider sans motif ; et alors on est au pôle externe, celui de l'anormalité absolue, constitutive de l'aliénation mentale ».

A cette thèse qui paraissait « solide et définitive » on a fait de nombreuses objections. SALEILLES les expose et les discute, notamment celles, très retentissantes, de VON LISZT, professeur à l'Université de Berlin, dans son rapport au IIIe Congrès international de psychologie.

Pour nous qui restons exclusivement sur le terrain de la responsabilité médicale, telle que je l'ai définie plus haut, nous pouvons conserver cette définition de la responsabilité psychique. Comme dit encore SALEILLES, « cet état de responsabilité, ce n'est pas par la constatation expérimentale de l'état de liberté que nous l'apprécions, mais par une simple constatation d'ordre physique et naturel : c'est l'état de normalité physiologique. Le critérium de l'état de responsabilité devient, pour le vulgaire qui admet la liberté, ce qu'il est pour les déterministes qui ne l'admettent pas ; il se résout dans l'idée de normalité. »

D'un mot qui résume toute cette doctrime : *la responsabilité d'un sujet est fonction de la normalité de ses neurones psychiques* [1].

2. *La responsabilité atténuée* [2].

1° *Difficultés et obscurités de la question. Opinions contradictoires. Négateurs de la demiresponsabilité.*

De la notion de responsabilité établie dans le précédent paragraphe semble découler tout naturellement la notion corrélative de la demiresponsabilité ou responsabilité atténuée. A côté des sujets dont les neurones psychiques sont tout à fait sains et normaux (responsables) et des sujets dont les neurones psychiques sont tout à fait malades et anormaux (irresponsables), on comprend qu'il y ait des sujets dont les neurones psychiques sont partiellement ou légèrement malades (demiresponsables).

La chose n'est cependant pas si simple que cela et je suis obligé de montrer, dès le début de ce paragraphe, les opinions contradictoires qui ont été émises dans ces derniers temps et combien sont importants les négateurs de la responsabilité atténuée [3].

1. Sur cette conception de la responsabilité, voir encore : DUBUISSON in MAURICE DE FLEURY. *Loco cit.*, p. 80 ; le discours du Dr GIRAUD à l'ouverture du Congrès de Rennes. *Revue neurologique*, 1905 ; et CHARPENTIER. *Loco cit.*, p. 210. M. CLÉMENT CHARPENTIER, avocat à la Cour de Paris, a bien voulu aussi citer ces idées et s'en inspirer dans la discussion sur la responsabilité limitée à la Société générale des prisons (25 mars 1905. *Revue pénitentiaire*, 1905, p. 511).

2. Voir : la responsabilité atténuée. *Journal de psychologie normale et pathologique*, 1906, juillet-août, p. 420.

3. Société générale des prisons, 21 décembre 1904. 25 janvier, 15 février et 25 mars 1905. *Revue pénitentiaire*, 1905, p. 43, 186, 313 et 473 ; ÉTIENNE MARTIN. La question de la responsabilité atténuée devant la Société générale des prisons. *Archives d'anthropologie criminelle, de criminologie et de*

a) *Négations humouristiques*. J'ai déjà cité plus haut (p. 33) la boutade de ce journaliste extramédical qui déclare ne pas comprendre des moitiés, des tiers ou des quarts de responsabilité.

De même, le Dr LEGRAIN, médecin en chef de l'asile de Ville-Évrard, disait à la *Société générale des prisons* : « cette conception d'une responsabilité atténuée n'est, il faut bien le dire, qu'une façon commode de déguiser notre ignorance ; c'est une formule de simple convention qui a permis jusqu'alors de suppléer à une connaissance plus exacte des véritables causes et des véritables effets et de concilier les exigences de la défense de certains anormaux avec les exigences du Code. Quand on est hésitant ou que l'on n'ose point risquer une opinion ferme, on est enchanté de trouver un moyen terme, qui semble tout arranger. Mais j'ai la conviction que c'est une thèse de transition ; elle n'a rien de scientifique et elle est loin de donner satisfaction à l'esprit... Cette sorte de sectionnement de l'entité âme en deux parties aboutit en somme, si l'on veut être logique, à la pratique que préconisait M. Bonnefoy : lorsqu'un individu aura expié en prison la part de responsabilité qui échoit à sa moitié responsable, on l'enverra, pour traiter l'autre moitié, dans une maison de santé. Il y a là quelque chose qui me semble monstrueux de contradiction ; le seul fait de l'énoncer démontre qu'il est impossible de s'entendre sur un pareil terrain. »

« La responsabilité atténuée, dit MICHELON, docteur en droit de la faculté de Lyon, n'est, comme en 1830, qu'un simple expédient pratique n'ayant aucune valeur scientifique. Dans des cas embarrassants, les experts ont des scrupules de conscience et alors, comme l'a dit le Professeur GARRAUD, pour atténuer leur propre responsabilité, ils atténuent celle des

psychologie normale et pathologique. Nouvelle série, t. IV ; MAURICE MICHELON. *Les demifous et la responsabilité dite atténuée*. Thèse de doctorat en droit, Lyon, 27 janvier 1906 ; et les ouvrages déjà cités de MORACHE, GILBERT BALLET, RÉGIS, SALEILLES, MAURICE DE FLEURY.

prévenus. Et ce fait est si vrai que certains médecins, et non des moindres, ne se font aucun scrupule de le donner comme la principale justification de la responsabilité atténuée. Dans une réunion de la *Société médicopsychologique* en 1880, comme un orateur prenait vivement à partie la responsabilité atténuée, le Dr Legrand du Saule fit valoir que l'examen des inculpés est très difficile et que l'orateur serait troublé comme tout autre s'il était médecin au Dépôt de la Préfecture. Sa conscience d'honnête médecin lui ferait bien vite trouver un refuge dans les apaisements d'une responsabilité diminuée, dans les douceurs relatives d'une pénalité graduée. »

Voilà des exemples des négateurs qu'on peut appeler *humouristiques*. Il y en a d'autres plus scientifiques.

b) *Négations scientifiques*. Quelques savants, dit Leredu, avocat à la Cour de Paris, dans son rapport à la *Société des prisons*, « affirment que, dès qu'il y a une lésion dans la responsabilité, cette responsabilité doit être considérée comme inexistante ; on n'est plus, d'après eux, en présence de coupables, mais de malades. D'autres, parmi lesquels on compte des médecins aliénistes, ne considèrent les délinquants à responsabilité limitée que comme une variété de criminels, admettant que, du moment qu'il y a responsabilité, si diminuée soit-elle, il y a crime, et que, s'il y a crime, il doit y avoir peine, peine proportionnée bien entendu à la criminalité de l'auteur. »

« J'ai entendu, dit Cauvière, professeur à la faculté libre de droit, des médecins sérieux émettre les opinions les plus divergentes. Tel d'entre eux m'a soutenu qu'il n'existe pas, à proprement parler, d'intervalles lucides et qu'on regarde à tort comme libre et responsable un aliéné qui agit dans une prétendue période de rémission. Comment pourrions-nous, hommes du monde, prendre parti dans une question, distincte il est vrai, mais voisine de celle-là, la question de savoir si nous aurons parfois, en face de nous, des demiresponsables ? »

On interroge alors les médecins et Legrain répond : « je n'ai jamais pu m'assimiler cette idée d'une responsabilité partielle : je ne vois nullement à quoi cela peut correspondre. Dans bien des circonstances, comme expert, j'ai eu l'occasion d'examiner des criminels ou des délinquants; toujours je me suis déterminé dans le sens ou de la responsabilité ou de l'irresponsabilité, je n'ai jamais pu m'arrêter à une étape intermédiaire, ni déclarer que j'avais affaire à des individus mi-partie responsables et mi-partie irresponsables. Je ne me suis pas non plus résolu à opiner en faveur d'une responsabilité atténuée, qui n'eût été que le corollaire d'une responsabilité partielle, parce qu'on atténue une *pénalité* et non pas une *responsabilité;* et alors c'est au juge, non à l'expert, à le faire. » Plus loin, il parle de ce « mythe de la responsabilité limitée ». Le Président lui dit : « à vos yeux, il n'y a pas de responsabilité atténuée ou mitigée ; c'est une expression que vous ne voulez pas admettre, c'est le masque de l'ignorance. Pour vous, il y a responsabilité ou il n'y a pas responsabilité. » Et Legrain, répond : « parfaitement ! »

Le Dr Paul Garnier, médecin en chef de l'infirmerie spéciale du Dépôt, dit dans la même discussion : « le médecin ne dispose pas d'un phrénomètre lui permettant de diviser l'imputabilité pénale par moitié, tiers ou quart de responsabilité. » Charles Constant, avocat à la Cour de Paris, adopte tout à fait l'avis de Legrain : « il n'y a que des responsables ou des irresponsables... quand on est irresponsable, on doit être acquitté; quand on est responsable, on doit être condamné. »

Paul Jolly, juge d'instruction à Paris, est « un peu déconcerté » de voir les médecins, qui ont inventé la responsabilité atténuée, la nier aujourd'hui. « S'il en est ainsi, si la science médicale repousse la théorie de la responsabilité atténuée, je demanderai aux médecins aliénistes pourquoi, dans leurs rapports, ils concluent si volontiers et si souvent à la responsabilité atténuée de l'inculpé ? » Et un autre juge d'instruction de Paris, Albanel, « estime que l'expression responsabilité atténuée est composée de deux mots qui jurent ensemble. Ils peuvent bien synthétiser l'opinion de l'expert commis ; mais ils ne devraient point être employés dans leurs conclusions... »

Michelon étudie avec beaucoup de soin « les différents systèmes philosophiques sur la responsabilité atténuée. Il n'y en a en somme que deux de logiques, dit-il : d'une part le libre arbitre absolu, d'autre part le déterminisme absolu, tous les deux aboutissant à la négation de la responsabilité atténuée ». Plus loin : « il est évident que la responsabilité atténuée, impliquant nécessairement la notion de responsabilité morale, ne peut pas exister comme notion distincte dans un système basé sur la défense sociale. »

Les difficultés « insurmontables » que rencontre la responsabilité atténuée « peuvent se grouper sous trois chefs principaux. D'une part, il est impossible pratiquement de mesurer l'état mental et la responsabilité. D'autre part, à la responsabilité atténuée ne correspond pas un type clinique bien défini... Enfin la déclaration de responsabilité atténuée aboutit à des conséquences qui présentent les plus graves dangers au point de vue social et qui sont certainement un des facteurs de l'extension toujours croissante de la criminalité récidiviste ».

Michelon développe chacun de ces points de vue, puis ajoute : « la responsabilité atténuée n'étant donc qu'un expédient n'a au point de vue scientifique aucune valeur... Elle a des résultats déplorables... La responsabilité atténuée est une des causes les plus importantes qui poussent le juge à prononcer de courtes peines. En sorte qu'on peut lui appliquer d'abord tous les griefs relevés contre les courtes peines. » C'est « affaiblir le frein moral de la peine... que de reconnaître la responsabilité atténuée et de dire à un accusé : vous avez une tare physique qui fait que vous n'êtes pas entièrement responsable de vos actes ».

Michelon cite une phrase de Gilbert Ballet que nous

retrouverons plus loin, puis conclut : « maintenant que voilà terminé l'examen de cette notion de responsabilité atténuée, qu'en reste-t-il ? L'étude historique nous en a montré la fragilité. Le point de vue philosophique ne lui a pas été plus favorable. Et si, après tout cela, il en subsistait encore quelque chose, il suffirait pour le faire disparaître d'un simple coup d'œil jeté sur ses conséquences pratiques. » Et plus loin : « au seuil de cette étude, notre conclusion ne peut être que la négation de la responsabilité atténuée. » C'est une « notion, fausse scientifiquement, nuisible pratiquement ». Si on comble les lacunes de la loi, « la notion de responsabilité atténuée disparaîtra. Il ne sera plus nécessaire de la combattre; elle disparaîtra d'elle-même, ayant perdu sa seule utilité qui était de tranquilliser la conscience de l'expert et du juge. On verra alors que ce n'était qu'une formule, qu'une étiquette ne correspondant à rien de réel et ne recouvrant que le néant ».

2° *Il faut distinguer la question médicale de la responsabilité atténuée et la question sociale de la conduite légale à tenir vis-à-vis des demiresponsables.*

La condamnation est formelle. La responsabilité atténuée doit-elle ainsi être biffée de la science médicale et sociale et par suite l'expert qui conclut à la responsabilité atténuée commet-il, plus ou moins consciemment, une hérésie scientifique ou un mensonge médical ? Dès lors, la base même de ce livre s'effondre-t-elle ? Toutes les pages précédentes doivent-elles donc être supprimées ? N'existe-t-il ni demifous ni demiresponsables ? Je ne le crois pas.

Pour arriver à une conclusion ferme et pour mettre de la clarté dans la discussion des objections que je viens d'exposer de mon mieux, il est indispensable de distinguer et d'étudier séparément la *question médicale de la responsabilité atténuée* et *la question sociale de la conduite légale à tenir vis-à-vis des demiresponsables*. Ce sont là deux questions également importantes, dans une certaine limite connexes, mais pas solidaires.

Quelles que soient les difficultés que soulève la seconde, cela n'empêche en rien la vérité de la première, si cette vérité est démontrée d'autre part.

Or, nous avons vu les auteurs précédents intriquer constamment les objections sur la doctrine médicale avec les objections tirées des conséquences sociales. Nous essaierons de répondre aux deux ordres d'objections, mais nous ne pourrons le faire clairement qu'en séparant la réfutation et en étudiant séparément et successivement les deux points de vue, qui sont d'ailleurs fondamentalement très distincts, puisque le premier appartient exclusivement aux médecins et le second aux sociologues et aux juristes.

3° *Question médicale de la responsabilité atténuée.*

a) *Exposé de la doctrine.* Dégagée de ses conséquences légales et sociales, placée hors de toute doctrine philosophique sur le seul terrain physiopathologique et médical, la notion de la responsabilité atténuée me paraît devoir être indiscutable.

La responsabilité, avons-nous dit, est fonction de la normalité des neurones psychiques. Or, ces neurones psychiques sont légion; les centres psychiques corticaux sont éminemment complexes et divisibles. On comprend donc que si dans certains cas ils sont tous entièrement normaux et si dans d'autres ils sont tous profondément altérés, dans un troisième groupe de faits ils soient partiellement ou incomplètement altérés; par suite, à côté des irresponsables et des responsables il y a les demiresponsables, ceux dont la responsabilité est diminuée, atténuée.

On peut même ajouter que tous les neurones psychiques ne sont pas égaux devant la responsabilité. L'altération des neurones du psychisme supérieur (maladie mentale) entraîne l'irresponsabilité, l'altération des neurones du psychisme inférieur (maladie psychique) ne trouble que partiellement, atténue simplement la responsabilité.

Le sujet hypnotisé dont les centres supérieurs ne fonctionnent pas, qui obéit passivement à l'hypnotiseur, est irresponsable des actes commis dans l'hypnose. Le psychasthénique, dont les centres supérieurs, sans être annihilés au moment de l'acte criminel, sont faibles, se laissent facilement distraire et désagréger de leurs centres inférieurs, n'est ni irresponsable ni responsable. Il n'est pas armé devant la tentation du crime comme le normal et il pourrait cependant, dans une certaine limite, éviter de commettre ce crime. C'est un demi-responsable.

Dans les foules, l'entraînement grégaire désagrège les polygones qui se laissent conduire par les meneurs. Si la responsabilité du berger en est accrue, celle du troupeau est atténuée.

Tous les malades, tous les détraqués que j'ai étudiés dans mon troisième chapitre rentrent bien dans cette catégorie. L'épileptique, qui commet un crime en dehors de toute attaque, n'est pas irresponsable comme l'épileptique qui commet un crime en crise; mais il n'est pas non plus responsable comme l'individu bien portant. Suivant l'expression du bâtonnier Barboux, il y a « une classe de criminels spéciaux assez fous pour ne jamais aller en prison et assez sages pour ne jamais être placés dans un asile ». Et Henri Robert, avocat à la Cour de Paris, qui cite cette phrase, ajoute : « ce serait un tort, à mon avis, que de présenter la responsabilité atténuée comme une prime donnée à l'ignorance du juge d'instruction, qu'on peut bercer avec quelques mots, ou un aveu d'insuffisance de la science, incapable de donner une formule exacte. La responsabilité atténuée existe. »

b) *Réponse aux objections.* A la notion ainsi comprise de la responsabilité atténuée il me semble difficile de maintenir des objections.

Je ne m'attarde pas aux objections tirées du libre arbitre et en général des doctrines philosophiques sur le libre arbitre. Nous avons vu que la responsabilité, telle que je l'ai définie, n'a rien à voir avec les doctrines philosophiques sur le libre arbitre et en est absolument indépendante. Ainsi Cauvière demande aux physiologistes de « dire si, à leur avis, la liberté morale comporte des degrés », si « la responsabilité pénale » peut « être limitée, du moment que l'on admet, dans la doctrine spiritualiste » (qui est celle de l'orateur) « le fait primordial de la liberté humaine » ? Parfaitement. Il s'agit d'une fonction du cerveau, des neurones psychiques. Donc, le spiritualiste peut l'envisager et l'étudier au même titre et de la même manière que le matérialiste.

De même, Legrain trouve « étrange » que ce soit « en général précisément les hommes qui tiennent le plus à l'intégrité, à l'unité de l'âme, qui réclament le plus son morcellement : il leur faut une responsabilité dans un sens et simultanément une irresponsabilité dans un autre ». Je ne vois là rien d'étrange ; qu'on admette ou non l'unité de l'âme, c'est le morcellement des centres psychiques cérébraux qu'on demande ; or, ceci est tout autre chose et n'est pas contradictoire. — De même encore, Michelon dit : dans le système du libre arbitre « il n'y a pas place pour la responsabilité atténuée. Une telle liberté ne se scinde pas : elle est ou elle n'est pas. Il ne peut pas y avoir de demiliberté et par conséquent pas de demiresponsabilité ». « Comment admettre sans absurdité, ajoute-t-il, ce mélange hybride de déterminisme et de liberté et proclamer ainsi la dépendance de l'indépendance ? » Je réponds : il n'y a ni hybride ni contradiction ; ceux qui admettent la liberté, l'admettent comme un attribut de l'âme spirituelle ; or, ici je ne m'occupe que du cerveau qui est essentiellement complexe et divisible.

Il est également inexact de dire qu'il n'y a place pour la responsabilité atténuée ni dans le système du déterminisme ni dans le système basé sur la défense sociale. — Dans la doctrine déterministe, les éléments de détermination d'un acte sont d'une part les mobiles et les motifs, de l'autre la réaction des neurones psychiques sur ces mobiles et ces motifs. Pourquoi ne comprendrait-on pas l'altération partielle ou peu profonde de ces neurones psychiques et par suite leur responsabilité limitée ? — Et dans la doctrine de la défense sociale on admet bien que la notion de la loi et de la punition est une arme dont la société a le droit de se servir pour cette défense. On comprend donc l'inégalité de psychisme des individus vis-à-vis de ces importants mobiles.

Une difficulté « insurmontable », ajoute Michelon, est l'impossibilité pratique où nous sommes de mesurer l'état mental et la responsabilité. Cet argument, très vrai et très répété, ne me paraît pas bien redoutable. Si nous éliminions de la physiologie, de la psychologie et de la clinique tout ce qui n'est pas susceptible de mensuration précise, que resterait-il ? Il est certain que l'atténuation de la responsabilité n'est pas susceptible de mesure mathématique ; les magistrats ne peuvent pas demander à un expert une fraction comme ils la demandent pour l'incapacité après un accident de travail[1]. Mais cette impossibilité de doser mathématiquement l'incapacité morale, l'infériorité psychique d'un sujet n'exclut pas la réalité de la chose. La loi française admet très sagement les circonstances atténuantes, qui ne sont pas non plus susceptibles de dosage mathématique. Elles sont tirées du fait et de ce qui l'a accompagné; elles sont *exogènes*. Les raisons psychiques d'atténuation (qu'étudie le médecin) sont à rapprocher; elles sont *endogènes*, viennent du sujet, du terrain sur lequel est livrée la bataille prévolitive. Elles existent comme les premières, tout en échappant comme les premières à la balance et à la mesure.

Enfin Michelon objecte qu'à la responsabilité atténuée ne correspond pas un type clinique bien défini. En effet, il n'y en a pas un seul; mais il y en a plusieurs parfaitement définis : tout notre chapitre III a été consacré à le démontrer. La multiplicité des types cliniques n'est pas une objection à

1. Et encore dans ce cas la précision de la formule n'est-elle pas uniquement apparente et fictive ?

retenir. Car on pourrait la formuler avec autant de force contre l'irresponsabilité que personne ne songe à nier.

c) *Opinions conformes des auteurs*. D'ailleurs les adhésions sont nombreuses à cette notion médicale pure de la responsabilité atténuée.

Gilbert Ballet cite l'exemple, indiqué plus haut, de l'épileptique commettant un crime en dehors de ses crises et ajoute : « je considère que, dans une telle situation, on est en droit de dire que sa responsabilité est atténuée, ce qui veut dire : le malade que vous me présentez est un malade qui a commis un crime ou un délit, non pas sous l'influence d'un mobile pathologique, mais sous l'influence d'un mobile ordinaire. Seulement, en vertu de son état pathologique, il présente une puissance de résistance moindre. Voilà une situation qui me paraît particulière, très différente de la situation des criminels que j'appelais tout à l'heure irresponsables, très différente aussi de celle des responsables. A côté de l'épileptique, je pourrais placer l'alcoolique agissant non pas sous l'influence de l'hallucination, mais recevant par exemple une injure de son voisin et ripostant avec plus de véhémence et de vivacité, précisément parce que les habitudes alcooliques ont engendré chez lui une certaine irritabilité... Voilà des cas qu'il faut placer dans une catégorie intermédiaire entre ce que nous qualifions de pleine responsabilité et d'irresponsabilité. »

Roubinovitch : « tous les inculpés soumis par les juges à un examen mental ne sont pas des aliénés ; mais beaucoup, un quart environ, de ceux qui ont paru étranges à l'instruction ont des tares psychiques qui diminuent, dans une mesure que le juge aidé par l'expert doit établir, leur responsabilité pénale... Pour moi donc, la responsabilité limitée existe cliniquement et, par conséquent, judiciairement. Sur 215 expertises que j'ai été appelé à faire, j'ai trouvé exactement 54 cas dans lesquels j'ai été amené à me prononcer pour cette forme de responsabilité. » Il analyse rapidement ces observations et conclut : « dans tous ces cas, il m'a été impossible de conclure à une irresponsabilité totale, parce que j'ai constaté chez ces individus, dans l'accomplissement de leurs actes délictueux, une conscience suffisamment nette ; tous savaient pourquoi ils agissaient et quel profit ils pouvaient retirer de leurs actes ; donc, dans la façon dont ils avaient accompli leur délit, il y avait quelque chose de normal. Si, d'autre part, je n'ai pas admis pour eux la responsabilité complète, c'est en raison de l'existence, à côté de ces actes délictueux savamment accomplis, d'un certain nombre de manifestations qui montraient que leur système nerveux n'était pas celui d'individus normaux. »

Le Dr Legras, médecin à l'infirmerie spéciale du Dépôt : « chacun de nous possède un organisme qui, physiquement, ne ressemble pas à celui du voisin... Cette dissemblance physique se retrouve fatalement dans l'organisation mentale et intellectuelle. Tel individu jouira d'un mécanisme cérébral qui, physiologiquement, fonctionnera sainement; il sera conscient de ses actes et il sera équitable de le considérer comme ayant son entière responsabilité. Chez tel autre, au contraire, les facultés intellectuelles subissent des perturbations pathologiques ; il n'est pas douteux que la responsabilité des actes exécutés sous cette influence n'existe pas. Mais, dans la clinique médicolégale, apparaît un groupe intermédiaire très nombreux de prévenus chez lesquels le mécanisme cérébral ne fonctionne pas physiologiquement, tout à fait régulièrement, sans cependant être morbidement dérangé. » Après avoir cité l'exemple de l'épileptique, « de même, voici un prévenu rentrant cliniquement dans la classe des débiles intellectuels, chez lesquels une tare héréditaire ou accidentelle a déterminé, dans le fonctionnement des facultés, une sorte de grippage. Il peut travailler ; il n'est pas incapable de discerner le bien du mal ; toutefois son mécanisme cérébral marche mal ; il est comme une montre qui avance ou qui retarde. Est-il équitable de reconnaître à ces infirmes intellectuels une responsabilité aussi étendue ou aussi nulle qu'aux prévenus des deux autres catégories? Ce serait d'une justice souverainement injuste. Dans l'appréciation de la conduite respective des prévenus, il faut tenir compte des nuances qui distinguent leur fonctionnement cérébral et, s'il est vrai, comme l'a dit LEREDU[1], que la responsabilité atténuée ne peut recevoir une définition, elle n'en correspond pas moins à une situation clinique évidente ».

Pour le docteur VON LISTZ, « c'est un fait incontestable : il y a des individus à responsabilité atténuée, diminuée, limitée — l'expression importe peu; je vous accorde qu'elle manque de précision; si vous en trouvez une meilleure, je l'accepterai volontiers. Mais on ne peut pas contester qu'il y a des individus qui ne sont pas responsables ni irresponsables non plus, au sens juridique du mot. »

A ces déclarations très nettes faites par des hommes considérables dans la grande discussion de la *Société générale des prisons* je peux ajouter quelques opinions d'auteurs classiques.

CHARLES VALLON (*Traité de Gilbert Ballet*) : « entre l'intégrité des facultés intellectuelles et l'aliénation mentale complète, il y a des degrés presque infinis; il est donc de toute logique d'admettre également des degrés entre la responsabilité complète et l'irresponsabilité. Cette manière d'apprécier la responsabilité légale » est « tout à fait conforme aux données de la science... Il est des inculpés qui, tout en n'étant pas aliénés et par suite irresponsables, présentent un état mental parti-

1. « Il est certain, dit aussi LEREDU, qu'il existe des gens à tares physiologiques insuffisantes pour faire disparaître leur responsabilité, mais suffisantes pour obscurcir leur intelligence, rendre leur volonté vacillante, amoindrir, dans une certaine mesure, une large mesure, une très large mesure, leur responsabilité. » De même, PAUL JOLLY : « en fait, on ne peut contester l'existence, dans certains cas assez fréquents, d'une responsabilité limitée; vouloir la nier serait fermer les yeux à la lumière. » C'est aussi l'opinion qu'exprime le président HENRI JOLY, membre de l'Institut et doyen honoraire de la faculté, en clôturant cette longue discussion.

culier dont il est juste de tenir compte dans l'appréciation de leur responsabilité... En dehors de l'aliénation mentale qui supprime toute responsabilité, nombreux sont les troubles de la santé cérébrale, les insuffisances intellectuelles de nature à constituer une excuse, une circonstance atténuante, en d'autres termes à atténuer la responsabilité d'un délinquant ou d'un criminel. Plusieurs de nos rapports ont pour objet des faits de ce genre... Il n'est pas possible d'indiquer mathématiquement la mesure de l'atténuation, mais on peut employer des expressions de ce genre : atténuer sa responsabilité dans une certaine mesure — dans une large mesure — dans une très large mesure — dans une mesure qu'il appartient aux magistrats de fixer — dans une mesure dont les magistrats, dans leur sagesse, sauront fixer l'étendue ».

Régis (*Précis de Psychiatrie*) : « les partisans les plus convaincus de l'irresponsabilité absolue des aliénés ont admis eux-mêmes, en termes formels, la responsabilité simplement atténuée des demialiénés et J. Falret a dit à cet égard : ...ce sont là des états mixtes, intermédiaires entre la raison et la folie, dans lesquels il est permis de discuter le degré de responsabilité, d'admettre la responsabilité entière ou la responsabilité atténuée selon les cas et où il n'y a pas lieu d'appliquer le critérium de l'irresponsabilité absolue... Il nous semble difficile de ne pas se rallier à l'opinion si juste de J. Falret. » Et Régis continue : « l'humanité, disais-je aux jurés dans un procès récent, ne se divise malheureusement pas, psychologiquement, en deux catégories tout à fait distinctes : d'un côté, les sains d'esprit, entièrement responsables; de l'autre, les aliénés entièrement irresponsables. Entre les deux existe une vaste province, dite zone frontière ou mitoyenne, peuplée d'individualités tarées à divers degrés et comportant, par suite, des responsabilités très différentes. Bien qu'on ne puisse pas mesurer le degré de responsabilité de ces intermédiaires au millimètre, on peut cependant établir pour eux, à ce point de vue, comme une échelle proportionnelle, en se servant d'une notation assez précise pour marquer trois degrés progressifs dans l'atténuation : atténuation légère, atténuation assez large, très large atténuation. Ce sont en effet les trois termes dont on se sert habituellement. Cette connaissance de la responsabilité atténuée et de son mode d'application en pratique a d'autant plus d'importance pour le médecin expert que, dans un grand nombre de cas soumis à son examen, dans le plus grand nombre, pourrait-on dire, il s'agit d'états pathologiques incomplets, intermédiaires, comportant non une irresponsabilité absolue, mais une responsabilité atténuée. »

d) *Conclusions.* La cause paraît entendue. Dégagée de la considération des applications sociales et légales (que nous allons étudier dans le paragraphe suivant), la doctrine de la responsabilité atténuée, ou limitée (je ne dis pas *partielle*[1]) est scientifiquement établie et positive.

Il n'est donc plus permis de dire que la responsabilité atténuée n'est qu'un subterfuge inventé par les experts lâches ou ignorants pour atténuer leur propre responsabilité ou celle des magistrats. Il ne faut plus dire avec Rougier, chargé de conférences à la Faculté de droit de Paris, et Kahn, avocat à la Cour de Paris, que c'est une chose « qui se sent », « que l'on reconnaît ou que l'on nie suivant son tempérament », que c'est l'expression des hésitations et du « doute » diagnostiques de l'expert, ne répondant pas à une « réalité » « au point de vue médical et scientifique », ne constituant pas « une vérité scientifiquement établie ».

La responsabilité atténuée est un fait scientifique, scientifiquement établi et analysable. C'est en toute science et toute conscience qu'un expert peut terminer son rapport par les trois

1. La question de la responsabilité partielle est autre et je compliquerais inutilement ce chapitre en l'envisageant ici. — Sur la responsabilité partielle, voir le *Traité de Gilbert Ballet*, p. 1469 et la *Revue pénitentiaire*, 1905, p. 207.

propositions suivantes : 1° l'accusé n'est pas irresponsable ; 2° l'accusé est responsable ; 3° la responsabilité de l'accusé est limitée ou atténuée, dans une proportion forte, moyenne ou faible.

4° Question sociale de la conduite légale à tenir vis-a-vis des demiresponsables.

Me cantonnant dans mon rôle de médecin, je pourrais m'arrêter aux conclusions qui terminent le paragraphe précédent : la responsabilité atténuée existe comme un fait scientifique; alors même qu'elle aurait (comme on l'a dit) les conséquences sociales les plus déplorables, le devoir de l'expert n'en reste pas moins tout tracé : il doit la déclarer nettement lorsque sa conviction scientifique est faite. Quant au reste, c'est l'affaire des sociologues et des juristes...

Je ne crois pas devoir raisonner ainsi et je ne veux pas me dérober à l'étude de la question sociale et juridique (malgré mon incompétence) parce que, même à ce point de vue les contacts du problème avec la médecine sont extrêmement nombreux et étroits. Je vais donc essayer de poser au moins les termes du problème suivant : étant donné un criminel déclaré demiresponsable par les médecins, quels sont les devoirs et les droits de la société à son égard[1] ?

a) *La responsabilité atténuée devant les lois actuelles.* La loi française ne reconnaît pas la responsabilité atténuée. Michelon le constate « avec stupéfaction ». Comme le remarque Ledru, le Code civil[2] « semble avoir admis l'existence des deux sortes d'anormaux », distinguant l'interdiction et le conseil judiciaire. Mais pour le Code pénal il n'y

1. Voir, pour tout ce paragraphe, la discussion de la Société générale des prisons dans la *Revue pénitentiaire* et la thèse de Michelon.

2. Volontairement je n'étudie que le côté *criminel*, déjà fort difficile, et je néglige tout le côté *civil* (capacité, interdiction...) encore plus difficile à résoudre actuellement et sur lequel, je l'avoue, je suis moins prêt.

a que des responsables et des irresponsables : les déments (art. 64).

A l'étranger, ces cas sont prévus. « Le nouveau Code pénal italien, par exemple, dispose[1] que lorsque l'état d'esprit est tel que l'imputabilité se trouve largement diminuée sans être supprimée, la peine ordinaire édictée est elle-même diminuée et le taux de la réduction est indiqué dans les paragraphes qui suivent. En Grèce également existe une disposition du même genre : s'il résulte clairement et indubitablement que l'usage de la raison n'est pas exclu d'une manière complète, mais essentiellement altéré et diminué à un degré tel que les conditions exigées pour l'application de la peine prononcée par la loi fassent défaut, il faudra appliquer une peine moindre que la peine légale. De même, l'article 11 de l'avant-projet du Code pénal fédéral suisse contient une disposition ainsi conçue : si la santé mentale du délinquant n'était qu'altérée ou sa conscience incomplète, ou si son développement mental est resté imparfait, le juge atténuera librement la peine. Et l'on trouve des dispositions analogues dans le Code pénal du canton de Neuchâtel, dans celui du Danemark et dans celui de la Suède. »

Michelon à qui j'emprunte ces renseignements ne pense pas qu'en vertu de notre article 463 on puisse, en France, assimiler la responsabilité atténuée aux circonstances atténuantes et diminuer la peine. « Les circonstances atténuantes, dit-il, ne sont en effet pas faites pour cela. Elles ont trait aux circonstances provisoires et accidentelles qui ont entouré le crime et non aux états permanents existant antérieurement au crime, comme l'état pathologique du criminel. »

Mais ce n'est pas là l'avis général.

L'article 463, dit Leredu, « par le jeu facile et l'application naturelle des circonstances atténuantes, permettra de prononcer la peine avec la modération nécessaire ». Je crois,

1. Article 47.

dit ALBANEL, « que les textes de lois en vigueur, joints à la pratique de la jurisprudence criminelle, suffisent à toutes les nécessités et qu'en dehors du cas de l'irresponsabilité absolue établie légalement, les constatations psychiatriques émanant de l'expert permettent de doser non seulement la peine à prononcer, mais même d'appliquer des mesures d'indulgence plus étendues, telles que le non-lieu, l'acquittement, la loi de sursis, la modération de la peine et même, dans la suite, la libération conditionnelle et la grâce totale ou partielle ». A l'appui de cette manière de voir, HENRI JOLY rappelle que dans l'article 64 il y a les mots « lorsqu'il a été contraint par une force à laquelle il n'a pu résister[1] » et ajoute que ce mot « force » a une généralité très grande, qu'il prête à une extension plus considérable, qu' « il permet d'étendre la justification à de nombreux cas de manœuvres hypnotiques, bien que les rédacteurs du Code n'aient pu encore y penser, et à certains états morbides, si longs ou si passagers qu'ils puissent être ».

Le raccourcissement dont on peut ainsi faire bénéficier les demiresponsables n'est pas toujours suffisant.

« Supposons, dit JULES JOLLY, avocat à la Cour de Paris, deux individus, l'un à responsabilité entière, l'autre à responsabilité limitée, ayant commis le même délit. Le premier, pour des raisons de fait qui ne tiennent pas à son état psychique, mérite les plus larges circonstances atténuantes et le tribunal, lui faisant application de l'article 463, lui donne le minimum de la peine. Le second mérite la même indulgence

1. Ce sont ces expressions qui font dire à un rédacteur du *Matin* (18 juillet 1906) que cet article 64 « est en désaccord flagrant avec le principe, l'idée même du Code pénal tout entier ». Car, dit le même auteur, « le libre arbitre n'existe pas au sens absolu du mot et le déterminisme, en prouvant scientifiquement que le libre arbitre n'existe pas, suffit à démontrer l'irresponsabilité ou tout au moins la responsabilité très atténuée du criminel ou du coupable. Celui-ci toujours, à quelque degré que ce soit, *aura été contraint par une force à laquelle il n'a pas pu résister* ». Je crois que cette difficulté n'existe plus avec la notion médicale de la responsabilité, indépendante de toute doctrine sur le libre arbitre et basée uniquement sur la normalité des neurones psychiques.

en considération des faits de la cause et, en outre, il a une responsabilité limitée. Quel traitement le tribunal pourra-t-il lui appliquer ? Exactement le même qu'au précédent. Il sera donc dans l'impossibilité absolue de tenir compte de la responsabilité limitée, avec le seul jeu des circonstances atténuantes, et il en serait exactement de même si l'on introduisait dans nos lois, comme il en a été question, les circonstances très atténuantes. De cette constatation je conclus que, si l'on admet la responsabilité limitée, il faut nécessairement créer, à côté et en dehors des circonstances atténuantes, un régime spécial pour les délinquants de cette catégorie ».

Ledru pense, lui aussi, que, dans certains cas, « l'article 463 ne permet pas au juge de descendre assez bas dans l'application des peines ; peut-être, si l'on pouvait prononcer une peine plus douce que celle que la loi impose, ne rencontrerait-on pas parfois des acquittements qui paraissent injustifiés et qui cependant s'expliquent, le juge préférant aller jusqu'à l'absolution plutôt que de prononcer une peine qui, pour être trop lourde, deviendrait injuste ». Il faudrait alors « inscrire dans notre législation pénale un article spécial qui permettrait au juge, en présence d'un inculpé ou d'un prévenu, chez lequel on aurait constaté une disparition partielle de la responsabilité, de prononcer une peine amoindrie, cet article spécial pouvant toujours se combiner en outre avec l'article 463 ».

Voilà donc un premier desideratum proposé aux réformateurs de notre loi pénale.

b) *Objections au système des peines raccourcies.* Mais on a fait au système précédent les plus fortes objections.

Il est dangereux, dit Rapoport, avocat à la Cour de Paris, « pour des individus dont les énergies morales sont très faibles, de le leur faire sentir en disant : en effet, vous avez une responsabilité très atténuée ; on ne vous en veut pas trop. C'est presque leur dire : continuez ! C'est peut-être atténuer leur responsabilité ; mais c'est à coup sûr atténuer leur faculté de résistance morale... En renversant un mot célèbre qui me ferait dire : si la responsabilité limitée n'existait pas, il faudrait l'inventer, je dirai au contraire que, même si la responsabilité atténuée existe, il faut, dans une certaine mesure et en un certain sens, n'en pas tenir compte, j'entends qu'il ne faut pas l'avouer. »

En diminuant la culpabilité d'un homme, successivement par la responsabilité limitée, puis par les circonstances atténuantes, voire même très atténuantes, vous arriverez, dit Le Poittevin, professeur à la Faculté de droit de Paris, « en pratique, à une véritable poussière de pénalité ». Le mot a fait fortune et a été très répété.

Pour Henri Sauvard, avocat à la Cour de Paris, « une excuse nouvelle fondée sur la notion de responsabilité limitée » serait « à la fois irrationnelle *a priori*, inutile et dangereuse en pratique... elle serait démoralisante pour la conscience sociale... Il serait dangereux qu'une formule légale, instituant une excuse nouvelle, vint apporter au public la proclamation officielle de l'idée de responsabilité limitée ».

Quand un tribunal, dit Gilbert Ballet, tient compte de la responsabilité atténuée dans un jugement pour abaisser la peine, « 1° on condamne (le coupable), — première faute, car vous condamnez un individu que le médecin n'a pas pu dire vraiment irresponsable, puisqu'il a la notion du bien et du mal et de la portée de ses actes et qu'il n'obéit pas à un mobile absolument pathologique, mais qui est un anormal ; 2° on le condamne à une peine légère, deuxième faute, au point de vue de la protection sociale tout au moins, — de telle sorte que vous avez mis sur le front de cet individu, qui est après tout un individu taré organiquement parlant, le stigmate du criminel qui ne devrait pas y être ; d'autre part, vous n'avez pas protégé la société, car vous avez raccourci la peine, ce qui va permettre au délinquant de recommencer plus rapidement la série de ses méfaits. (*Applaudissements.*) Vous avez donc fait à la fois, — il faut le dire franchement, car il faut de la franchise dans une telle discussion, — de la mauvaise justice et de la mauvaise protection sociale ».

Et Paul Garnier : on humanise le Code pénal ; « ce providentiel article 463 » entre « en action bienfaisante apportant un tempérament logique à une rigueur excessive... en théorie, c'est juste, raisonnable, humain. En pratique et en l'état de notre organisation judiciaire et administrative, on aboutit ainsi à l'absurde. Aussi les résultats sont-ils déplorables !... Comme les raisons qui ont valu au délinquant ce traitement de faveur sont précisément les mêmes qui vont tendre à préparer la récidive et à rendre l'individu dangereux, la justice a manqué son but réel, qui est avant tout la préservation sociale... Dans ces conditions, le système de défense sociale n'est qu'une illusion dangereuse. En l'état, il n'est pas permis, pour ainsi dire, à la justice, de frapper comme il faut et où il faut ».

Pour Grimanelli, directeur de l'Administration pénitentiaire, « la pire des solutions, c'est celle qui consisterait à appliquer à ces demiresponsables une échelle réduite des peines ordinaires ou par voie de commutation ou par voie de réduction dans la durée. De toutes les solutions, c'est la moins satisfaisante, la plus nuisible et à l'individu et à l'intérêt social. Car les courtes peines, dans ces conditions, ne remplissent ni l'office répressif ni l'office curatif ; et il est même à craindre que ce régime de courtes peines n'arrive à aggraver, sans profit pour la société, le cas du malheureux auquel il serait appliqué, au lieu d'améliorer ses conditions de vie et de conduite ».

Prins, professeur à l'Université de Bruxelles : « le nombre des courtes peines augmente partout et partout on s'en plaint. Il faut un remède à cette progression » ; et Garçon, professeur à la Faculté de droit de Paris : « avant tout, il faut éviter les petites peines, qui n'ont aucune utilité sociale ni individuelle : elles ne protègent pas l'ordre et elles n'amendent pas le coupable. »

Enfin MICHELON : la notion de responsabilité atténuée « a des résultats déplorables. Si de tous côtés on constate avec terreur l'accroissement de la récidive, on constate en même temps le rôle néfaste qu'y joue la notion de responsabilité atténuée et de partout on commence à jeter le cri d'alarme... Tout le monde sait que la plaie de notre système judiciaire est l'abus des courtes peines ; et il existe toute une littérature sur les inconvénients d'un pareil régime. Il y a longtemps que l'on fait remarquer que les courtes peines sont insuffisantes pour amender le condamné, mais suffisent amplement pour le corrompre... »

Voilà une chose qui paraît entendue : si l'on applique la notion de la responsabilité atténuée en en déduisant uniquement le raccourcissement de la peine, les résultats sont mauvais. Que faut-il conclure de cela ? Qu'il faut chercher autre chose comme application sociale et légale de cette notion, mais non qu'il faut renoncer à toute application sociale et légale de la responsabilité atténuée.

Quand MICHELON dit que la notion de responsabilité atténuée a des résultats déplorables et quand RAPOPORT dit que, si la responsabilité atténuée existe, il faut n'en pas tenir compte, ne pas la révéler, ne pas l'avouer, je dis que ces auteurs, dans leurs conclusions, dépassent singulièrement les prémisses. — Pour que la condamnation des courtes peines entraîne la condamnation de la responsabilité atténuée, il faudrait que ces courtes peines soient la *seule* application légale possible de la responsabilité atténuée. Or, ceci ne me paraît pas encore démontré.

Je conclus donc ce paragraphe en disant : il serait fâcheux et mauvais que la considération de la demiresponsabilité aboutît à la multiplication des courtes peines ; cherchons s'il n'y aurait pas d'autre manière d'appliquer dans la loi cette notion, scientifiquement et définitivement acquise, de la responsabilité atténuée.

c) *Principes dont on doit s'inspirer dans les réformes.* Il est nécessaire, pour assurer la suite de cet exposé, de bien établir les principes dont on devra à l'avenir constamment s'inspirer quand on formulera des réformes à réaliser dans la législation de la demifolie.

La société doit, à mon sens, se préoccuper de deux intérêts, également sacrés : sa propre défense, l'assistance et le traitement du demifou.

Vis-à-vis des demifous nocifs, la défense sociale doit être sévère, au moins aussi sévère que vis-à-vis des raisonnables pleinement responsables. Et, dans une certaine limite, les armes de cette défense sociale doivent être les mêmes contre les demifous et contre les raisonnables.

Nous l'avons bien des fois répété, le demifou diffère du fou en ce que les mobiles ordinaires ont une certaine action sur lui ; l'idée de loi, de prohibition, de peine, de prison est de celles qui influent sur les déterminations et les actes du demifou. Il *comprend le gendarme.*

Contre Henri Robert qui trouve « injuste » le « stage en prison » du demifou, je maintiens que l'idée de peine et de prison doit figurer dans les décisions de la société vis-à-vis du demiresponsable.

Roubinovitch et Grimanelli ont remarqué « que le fait d'être privé de sa liberté dans une prison était extrêmement pénible aux délinquants à responsabilité limitée ». Donc, le moyen a une certaine action sur leur psychisme ; la société n'a pas le droit de se priver de ce moyen d'action.

Comme dit le Professeur Garçon, il ne faut pas prononcer une peine que le délinquant ne *comprendrait* pas : c'est le cas du fou. Mais puisque le demifou comprend, il lui faut une *peine.*

Mais la peine ne suffit pas ; la société n'a pas pour unique mission de se défendre contre le demifou nocif ; elle doit l'assister et le traiter. La peine et la prison n'épuisent donc pas les devoirs de la société vis-à-vis des demifous.

C'est ce que l'on a compris dans ce que l'on appelle le système allemand. Dans ce système, comme l'expose Adrien Roux, chargé de conférences à la Faculté de droit, la peine est d'abord diminuée par l'article 57 du Code pénal allemand. « Si, de plus, ce délinquant paraît, aux experts, dangereux pour la sécurité publique par suite de son affaiblissement cérébral persistant, le tribunal répressif doit ordonner la garde provisoire du condamné. Puis la procédure, comme pour l'aliéné, se déroule devant le tribunal civil qui doit, ici encore, prononcer à la fois l'interdiction et l'internement définitif, ou cette dernière mesure seulement. Si le délinquant est punissable, le séjour dans la maison de santé ne commence qu'après l'expiration de la peine. »

C'est l'idée très juste que développent Lacassagne et Étienne Martin : « la peine devrait avoir pour premier but la défense sociale... Le deuxième but doit être un moyen d'éducation, de développement des facultés mentales... Pour atteindre ce second but, éminemment humain, il serait nécessaire que les juristes fissent admettre dans nos Codes la notion de la condamnation indéterminée et que le système pénitentiaire, au lieu d'être simplement un internement, fût transformé en une sorte d'école d'orthopédie morale où l'on éduquerait les individus dont les facultés morales sont peu développées, comme on éduque dans les établissements médicopédagogiques les idiots et les imbéciles. »

Il ne faut donc pas, comme on l'a fait, dire que le demifou est ou un coupable qu'il faut punir ou un malade qu'il faut enfermer. *Le fou n'est que malade, le raisonnable n'est que coupable, le demifou est l'un et l'autre. On ne doit pas, pour lui, choisir entre la prison et l'asile; il lui faut l'un et l'autre.* Et c'est précisément ce qui fait la grande difficulté pratique de la question.

Quand on compare le demifou au fou et au coupable, il ne

faut pas, avec Henri Joly, dire qu'il n'est ni l'un ni l'autre, mais plutôt qu'il est l'un et l'autre. Au même auteur la solution allemande paraît « singulière ». « Ceci ne me paraît pas être une solution à recommander, tout au moins à un public français, pas plus que celle qui consisterait à traiter un malade pour deux maladies et à lui appliquer en même temps les remèdes destinés à l'une et à l'autre. » Et pourquoi pas ? En France comme en Allemagne, si un syphilitique se casse la jambe, on ne l'enfermera pas dans cet angoissant dilemme de lui traiter sa jambe ou sa syphilis ; je crois qu'on traitera les deux et j'ajoute que les deux cures s'aideront au lieu de se nuire.

Je ne crois donc pas qu'il faille avec les professeurs Prins, von Liszt, van Hamel (de l'Université d'Amsterdam) et beaucoup de savants contemporains, dire que l'État n'a qu'une « mission de protection sociale, de défense sociale contre le danger social » et n'a qu'un but essentiel à atteindre, « la préservation de la société contre le crime ». Il a aussi à assister et à traiter le délinquant, surtout quand il est demifou.

Voilà les deux principes sur lesquels doit s'appuyer la conduite de la société vis-à-vis des demifous délinquants et criminels. Serrons un peu plus la question et voyons comment la société devrait essayer de résoudre chacune des faces du problème.

d) *Modifications à apporter à la peine.* Quelles modifications la demifolie du délinquant doit-elle apporter à la peine méritée par lui ?

α. *Diminution de la peine.* Les juristes auront à voir si et dans quelles proportions on doit *diminuer* la peine comme dans certains pays étrangers. Dans cette question, ils tiendront compte de ce fait que les principales objections élevées contre l'émiettement de la peine perdent beaucoup de leur importance, alors que ce *raccourcissement* de la peine n'est plus la *seule* conséquence de la responsabilité atténuée.

β. *Régime pénitentiaire spécial.* La peine prononcée contre un demifou sera-t-elle subie dans une prison ordinaire ou y aura-t-il un régime pénitentiaire spécial pour les demifous condamnés ?

La loi italienne permet au juge d'ordonner « que la peine corporelle, au lieu d'être subie dans une prison ordinaire, soit exécutée dans ce qu'elle appelle une *Casa di Custodia*, une maison de garde, sorte d'hôpital-prison ». Leredu n'approuve pas cette disposition et trouve que la loi italienne va « un peu loin ».

La plupart des auteurs se rangent au contraire à l'idée du *régime pénitentiaire spécial* pour les demifous.

Le professeur Le Poittevin : « il faut les punir moins, non pas en atténuant la peine dans sa durée, mais dans sa nature, leur appliquer une peine aussi longue, mais plus curative ou éducative, mieux adaptée à leur tempérament de demiresponsables. La réaction pénale, même à égale quantité, serait d'une qualité mieux choisie. »

Charles Constant : « le responsable sera puni, quelles que soient les tares physiques ou mentales reconnues par le médecin dans son rapport, avec ou sans l'application de l'article 463 ; mais, quand il résultera de ce rapport que c'est un homme ayant des tares qui ne peuvent pas se guérir simplement par l'effet de l'emprisonnement individuel, il y aurait peut-être lieu, soit dans le jugement, soit par une note spéciale, d'appeler l'attention de l'administration pénitentiaire sur ce délinquant, sur ce criminel, punissable comme tout autre, parce que responsable, mais qui doit subir un traitement pénitentiaire d'une nature spéciale et plutôt morale que médicale. »

Prins conseille « de substituer à cette conception de la réduction de la peine, conséquence de la réduction de la responsabilité, la conception de la transformation de la peine, conséquence de l'état dangereux du délinquant ».

A l'appui de cette idée de la transformation de la peine ou du régime pénitentiaire spécial, il n'y a pas de meilleur exemple à fournir que celui des alcooliques qui sont des demifous souvent curables.

Ainsi, Henri Hayem, licencié ès lettres, dit qu'aux prisonniers de Fresnes on distribue « 60 centilitres de vin, ce qui est peut-être le contraire de ce qu'on ferait dans une maison de cure [1] ; comme premier traitement on supprimerait le vin. Il y a là un remède qu'on pourrait appliquer sans retard... La première des mesures de précaution qu'il y aurait à prendre » contre ces malades « consisterait non seulement en une suppression radicale de toute boisson alcoolisée, mais encore en une organisation spéciale d'un enseignement et d'une éducation antialcooliques... N'y aurait-il pas lieu de prendre, à l'égard des buveurs d'habitude, tout un ensemble de mesures, qui auraient pour effet, notamment, de débarrasser nos tribunaux de ces délinquants d'une variété particulière ? Déjà certaines législations étrangères, celle du canton de Saint-Gall et celle de l'État de Massachusetts, spécialement, nous montrent la voie à suivre ».

Et avec plus de précision, Legrain dit justement : « c'est, chez ces individus [2], l'alcool qui, à l'exclusion de tout autre facteur, conditionne le mal et sa récidive. Supprimez l'alcool ou, ce qui revient au même, traitez le buveur d'habitude suivant les méthodes dont les termes sont parfaitement définis aujourd'hui et vous supprimez du coup 70 à 75 p. 100 des récidives. Vous rendez à la circulation des êtres sur lesquels ne pesait, en principe, aucune tare et qui ne sont devenus que par accident des délinquants ou des criminels à rechute. »

1. Je ne crois pas cependant qu'on doive supprimer le vin aux alcooliques, même dans une maison de cure.

2. Ceci ne vise pas les dipsomanes parmi les alcooliques.

Donc, la conclusion me paraît certaine, que la peine prononcée contre le demifou soit ou non diminuée (ceci est affaire aux légistes). Cette peine doit être exécutée dans des conditions spéciales, dans un quartier spécial de prison ou dans un quartier spécial de la maison de santé dont je vais parler dans le paragraphe suivant, en tous cas avec des règlements spéciaux dans l'élaboration desquels le médecin doit intervenir.

e) *Surveillance et traitement après la peine.* A l'expiration de sa peine, le demifou ne doit pas recevoir son exeat comme un condamné ordinaire. Les atténuations dans la durée et dans la forme de la peine dont il a bénéficié entraînent comme compensation une surveillance médicale et un traitement *obligatoires* encore pendant un certain temps.

α. *Nécessité de l'obligation légale.* Le premier point à bien souligner est le principe de cette obligation : il faut *inscrire dans la loi* l'obligation de cette surveillance médicale et de ce traitement après l'expiration de la peine[1].

Pour que la mesure soit réelle et effective, il faut que le sujet soit encore légalement *retenu* quand il cesse d'être *détenu*.

C'est l'opinion de Leredu. Il faut, dit-il, « permettre que le criminel à responsabilité limitée, lorsque cela sera jugé nécessaire, soit, à l'expiration de sa peine, interné dans un asile jusqu'à ce qu'il soit déclaré guéri. C'est une mesure grave, sans doute ; mais ces demifous, comme on les appelle quelquefois, sont souvent plus dangereux que les fous complets, plus dangereux surtout parce qu'on ne prend pas les précautions nécessaires ».

1. Ceci est indépendant de la question très grave et plus générale des devoirs de la société vis-à-vis des demimalades. Voir : Babinski. Les demi-infirmes. *Le Matin*, octobre 1905 ; Paul Brousse, Mesureur, Faisans. *Ibidem*, 10 octobre 1905 ; Jacques Dhur. Pour les épaves de la vie. *Le Journal*, 22 octobre 1905.

Au point de vue médical, GILBERT BALLET a accepté cette manière de voir de LEREDU.

La loi italienne, qui admet la *Casa di Custodia* pour l'accomplissement de la peine, ne prévoit rien pour la période qui suit l'expiration de la peine. J'ai déjà dit qu'il en est tout autrement dans le système allemand, qui permet d'ordonner la garde provisoire, l'interdiction et l'internement définitif. Comme dit VON LISTZ, le prévenu, à l'expiration de sa peine, « est regardé comme un malade et on prend vis-à-vis de lui des mesures de sûreté ».

Oui ; c'est un malade qu'il faut soigner ; mais c'est un malade qui a été et peut encore être nuisible à la société : il faut donc le soigner *par force*. Voilà l'idée nouvelle qu'il faut bien faire pénétrer dans l'opinion publique et dans la loi.

A cette manière de voir on objecte que, même réduite, la peine, ainsi prolongée par l'internement, peut en définitive être plus longue que si le sujet n'avait pas bénéficié d'une atténuation de sa responsabilité.

Du responsable et du demiresponsable, dit FEUILLOLEY, avocat général à la Cour de cassation, lequel « sera, dans la réalité des choses, le plus puni ? Ce sera manifestement le demidément, c'est-à-dire le moins coupable ! Car, comme le disait très judicieusement G. BONJEAN, cet individu n'attache guère d'importance à ce qu'il soit dit, dans le langage officiel, qu'il est retenu au lieu de détenu et à ce que le mot *Asile* plutôt que celui de *Prison* soit inscrit sur la porte de l'établissement où il sera placé. Qu'il soit enfermé pour être douché, au lieu de l'être pour faire des chaussons de lisière, peu lui importe. Dans l'un comme dans l'autre cas, c'est la privation de la liberté ! Ce sera donc, je le répète, le moins coupable qui souffrira le plus. Est-ce juste » ?

Et l'aliéné ! Il est bien moins coupable encore et on le prive bien plus longtemps de sa liberté dans un asile, même s'il n'est pas criminel[1]. De plus, je crois que le demifou comprend encore bien la différence qu'il y a entre une prison et un asile, entre l'endroit où on *punit* et l'endroit où on *soigne*. En tous cas, si la société a le *devoir* de soigner tous ses malades, elle a le *droit* de les soigner par force *quand ils sont dangereux*[2].

β. *Maison spéciale pour cette surveillance et ce traitement.* Cette surveillance médicale et ce traitement des demifous criminels après l'expiration de la peine doivent se faire, non dans un asile ordinaire d'aliénés, mais dans une *maison de santé spéciale*, tout au moins dans un *quartier spécial* d'asile.

Cette manière de voir a été celle de la plupart des orateurs dans la grande discussion de la Société générale des prisons, notamment de : MALGAT, GILBERT BALLET, GARNIER, COLIN, ROUBINOVITCH, GRIMANELLI, LEGRAS, PRINS, VAN HAMEL, LEVY, GARRAUD, CHARPENTIER...

C'est même l'avis de MICHELON qui ne veut pas admettre la responsabilité atténuée, mais reconnaît que les délinquants demifous ne doivent pas être traités comme les autres : « puisqu'on ne peut plus songer à une responsabilité atténuée dont le résultat est la diminution de la durée de la peine, on se demande quel sort va être réservé aux individus frappés de demifolie. Et ici tout le monde se trouve d'accord sur la question essentielle. Juristes, médecins et sociologues sont unanimes à constater la lacune de notre système répressif... Puisque ni l'asile ni la prison ne conviennent à notre catégorie de criminels, la nécessité s'impose de créer des établis-

1. « Car, comme dit GRIMANELLI, aujourd'hui ce ne sont pas seulement les aliénés qui ont commis des actes criminels ou délictueux qui sont séquestrés d'office, et souvent jusqu'à la mort, mais les aliénés reconnus dangereux sans avoir même commis aucun acte délictueux. Donc, cette privation grave de la liberté, cette diminution grave de la personne humaine, la Société l'inflige sans remords lorsqu'elle a affaire à des malades qui n'ont pas jeté une perturbation profonde dans l'ordre social. Par conséquent, si l'objection avait une valeur, elle prendrait une telle extension qu'il serait impossible d'en tenir compte. »

2. Voir : DOCTEUR TOULOUSE. Le traitement du crime. *Le Journal*, 16 novembre 1906.

sements spéciaux qui (comme dit Tarde) offriraient à la société la sécurité que le premier genre d'établissements ne lui procurerait pas au même degré et que le second lui donnerait aux dépens de la justice. »

On a cependant fait des objections (Voisin, conseiller à la Cour de Cassation, et Georges Bonjean, juge au tribunal de Paris), à la maison de santé spéciale et certains préfèrent les œuvres de *patronage*. « Si nous voulons, dit Charles Constant, nous appliquer à donner, soit dans la prison spéciale, soit dans une annexe de la prison, ou dans la prison telle qu'elle existe actuellement, un traitement moral, c'est plutôt l'œuvre de vos patronages, auxquels vous vous dévouez avec tant de sollicitude, que l'œuvre du directeur de la prison : ce sont les membres de ces Sociétés qui, pénétrant dans la prison, rempliront admirablement ce rôle d'apôtres auprès de ces malheureux moralement affaiblis ; ce sont eux qui peuvent les régénérer ; mais pour cela il faut une peine de longue durée et ce serait aller à l'encontre de l'œuvre si délicate des patronages que de chercher à diminuer la durée de l'internement, sous le prétexte d'une responsabilité atténuée qui ne me paraît pas démontrée ».

Je n'ai pas à revenir sur la réalité scientifique de la responsabilité atténuée et sans vouloir diminuer en rien l'étendue des très réels services que rendent ces patronages, je crois qu'ils ne suffisent que pour les responsables, de même que le médecin suffit aux irresponsables; aux demiresponsables il faut à la fois le traitement moral et le traitement médical dans une maison spéciale. « Notre très modeste espérance, dit Maurice de Fleury, est d'obtenir... la création d'hôpitaux-prisons, destinés aux aliénés et aux grands névropathes criminels, maisons mixtes où le médecin serait appelé à jouer — de conserve avec l'instituteur et l'aumônier — ce rôle moralisateur auquel nous aspirons et qui nous incombe vraiment. »

γ. *Durée et limitation de cette surveillance et de ce traitement.*

Combien de temps devront durer cette surveillance médicale et ce traitement et par quelle procédure l'exeat sera-t-il donné au criminel demifou ?

Le jugement ne peut évidemment pas porter la durée de cette période de traitement. Le médecin est seul juge du moment où le sujet est guéri totalement (ce qui vaudrait mieux, mais n'est pas toujours possible) ou tout au moins du moment où le sujet est assez amélioré pour avoir recouvré l'entière responsabilité de ses actes. Il faut le garder tant qu'on est disposé à atténuer sa responsabilité s'il commettait quelque nouveau méfait. Le jugement pourrait tout au plus fixer un minimum de temps ou surtout un maximum au delà duquel le délinquant ne serait pas remis en liberté, mais serait soumis à un nouvel examen soit du tribunal, soit (ce qui vaudrait mieux) d'une commission médicale spéciale (comme le demande Prins).

Sur ce point je suis tout à fait de l'avis de Michelon[1]. Il déclare qu'il faut « rejeter délibérément » la fixation d'avance de la durée de l'internement et s'appuie sur l'opinion de Garraud[2]. Il ajoute qu'il ne suffit pas de la simple guérison, mais qu' « il faudra la guérison radicale et excluant toute probabilité de rechute prochaine ». C'est ce qui est fait, paraît-il, en Angleterre et en Italie. Enfin on pourrait, comme le propose Feuilloley, ajouter la libération conditionnelle : « l'autorité chargée de prononcer l'élargissement de l'interné pourrait n'ordonner tout d'abord qu'une sortie d'essai, qui permettrait de juger si le criminel est bien guéri. »

1. Tant il est vrai qu'en partant de points de vue absolument opposés, on peut se retrouver sur le même terrain pratique. — Voir aussi Saleilles, *Loco cit.*, p. 262, tout le chapitre VIII.

2. « L'idée de l'indétermination pourrait être utilement appliquée... lorsqu'il s'agit pour lui d'ordonner des mesures d'éducation, de préservation ou de sûreté qui par leur nature échappent à l'avance à toute détermination ». Et parmi ces cas, ajoute Michelon, Garraud range « ceux où il s'agit d'anormaux, de cérébraux imparfaitement responsables ».

Feuilloley ajoute : « ce que je ne veux pas, c'est que s'agissant d'un aliéné criminel, il suffise, pour le rendre à la liberté, d'un exeat signé par le médecin, sans enquête, sans contre-expertise possible et sans débat, sans autre contrôle que celui purement apparent du préfet. C'est pourquoi je tiens à ce qu'il intervienne une décision de justice, décision qui sera une garantie très grande, aussi bien pour l'individu lui-même, contre une rétention qui aurait cessé d'être justifiée, que pour la Société, contre une libération prématurée. »

Il est certain que toute cette procédure devrait être réglée par la loi à intervenir. Je vais d'ailleurs revenir sur ce point dans le paragraphe suivant.

f) *Autorité qui prononcera la responsabilité atténuée. α. Rôle du médecin.* L'importance, si généralement proclamée aujourd'hui, du rôle du médecin dans l'appréciation de la folie et de la demifolie n'a pas été toujours reconnue; témoins les deux citations suivantes, empruntées à Trélat.

« Si la loi veut que les médecins soient consultés sur la folie, c'est sans doute par respect pour l'usage et rien ne serait plus gratuit que la présomption de leur capacité spéciale en pareille matière. De bonne foi, il n'est aucun homme d'un jugement sain qui n'y soit aussi compétent que M. Pinel ou M. Esquirol et qui n'ait encore sur eux l'avantage d'être étranger à toute prévention scientifique. Par malheur les médecins ont pris au sérieux cette politesse des tribunaux et, dans l'examen des questions qui leur sont soumises, ils substituent trop souvent aux lumières naturelles de la raison les ignorances ambitieuses de l'école[1]. » — « Qu'avons-nous besoin du secours de la médecine pour apprécier les désordres de l'intelligence? Si la folie est évidente, tout homme peut la reconnaître à ses extravagances ou à ses fureurs; s'il y a doute, ce doute existe également pour le médecin. »

1. C'est dans le *Journal universel des Sciences médicales* qu'a été publiée cette phrase renversante.

Ceci était écrit en 1826 et 1830. Mais, bien près de nous, un procureur général a pu dire que « accepter l'irresponsabilité d'un homme qui aurait commis un acte criminel sous l'influence irrésistible d'une suggestion, ce serait plonger la société dans l'anarchie des crimes impunis ». Et, tous les jours encore, quand un expert conclut à une responsabilité atténuée, le ministère public lui fait poser la question : feriez-vous interner ce sujet dans un asile d'aliénés? Le médecin hésite ou répond : non; pas dans les asiles d'aliénés ordinaires, tels qu'ils existent; et alors l'avocat général se retourne triomphant vers le jury et déclare qu'il faut condamner cet homme, sans tenir compte des conclusions de l'expertise médicale.

Henri Robert a rappelé une série de faits dans lesquels les tribunaux n'avaient tenu aucun compte de l'opinion des médecins et notamment celui de ce conseil de guerre appelé à juger un soldat qui avait tué la femme de son officier dans des conditions atroces et très spéciales. Un médecin principal de première classe, après examen de l'accusé, conclut à la responsabilité atténuée. Alors le président fait appeler le gardien-chef de la prison militaire et lui demande son avis sur cette responsabilité. « Mon colonel, répond-il, je le crois responsable. » Et le soldat fut condamné à mort.

Rougier dit encore : le médecin « fera causer le prévenu et jugera de son degré de responsabilité sur ses réponses, sur les renseignements qui auront pu être recueillis touchant son genre de vie, son passé, sa famille, etc. En quoi le médecin, en dehors, répétons-le, de toute maladie physique ou mentale, a-t-il spécialement qualité pour examiner ces différentes circonstances?... Pourquoi magistrats et jurés se déchargeraient-ils de leur responsabilité sur le médecin, quand celui-ci ne juge que d'après des éléments qu'eux-mêmes sont aussi bien capables d'apprécier et qu'ils ont le droit et le devoir d'apprécier? » Cela ressemble singulièrement aux raisonnements de 1826 et de 1830.

Il est certain que, comme je l'ai déjà dit dans mon deuxième chapitre, la théorie des deux blocs (responsables et irresponsables) était beaucoup plus commode. Il faut ajouter que les paroles, un peu paradoxales, de certains grands médecins ont étonné nos adversaires et leur ont donné des arguments.

J'ai cité l'opinion de quelques médecins qui n'admettent pas la responsabilité atténuée, alors qu'il est matériellement impossible de faire dix, ou seulement cinq rapports, sans faire intervenir cette notion. Gilbert Ballet a été plus loin et a dit : « les questions de responsabilité ou d'irresponsabilité, à moi, médecin expert, agissant et parlant uniquement comme médecin, me sont indifférentes, absolument indifférentes. *Elles ne me sont pas indifférentes comme biologiste ou psychologue;* mais, comme médecin expert, je considère que c'est par suite d'une habitude regrettable que les magistrats ou les juges posent au médecin la question de savoir si tel ou tel inculpé est responsable ou non, question que le médecin n'a pas qualité pour résoudre. Maintes fois il m'est arrivé, ayant à déposer en Cour d'assises et étant sollicité par le président, qui n'était pas satisfait de mes réponses exclusivement médicales, de l'entendre me poser cette question avec une certaine impatience : mais enfin l'accusé est-il responsable ou non? Je n'ai pas hésité à répondre : Monsieur le Président, je suis ici médecin; je viens de vous indiquer ce qu'a au point de vue médical l'inculpé que je suis chargé d'examiner; c'est à vous de décider s'il est responsable ou non responsable. La question que vous me posez est d'ordre métaphysique ou psychologique ; ce n'est pas une question médicale. » (*Applaudissements.*)

Il me semble que Gilbert Ballet[1] s'est répondu à lui-même par la phrase que j'ai soulignée. Comment un expert peut-il ne pas être, dans son expertise, biologiste et psychologue? La question de la responsabilité n'est pas du tout métaphy-

1. Il sera bien intéressant de lire le rapport que Gilbert Ballet a accepté de faire au prochain Congrès des neurologistes et aliénistes français (Genève, août 1907) sur l'*expertise médicolégale et la question de responsabilité.*

sique; mais elle est psychologique; c'est pour cela qu'elle est médicale. Car, si les magistrats confient si volontiers et avec tant de confiance des expertises à GILBERT BALLET, c'est parce qu'ils savent que notre éminent collègue est un psychologue, en même temps qu'un médecin. L'expert n'a pas seulement mission de relever les stigmates physiques comme la voûte ogivale dont on s'est tant moqué; il a également mission de relever les stigmates psychiques. Et il n'a pas seulement mission de cataloguer les symptômes constatés; il doit les grouper, les interpréter et en tirer un diagnostic. Le diagnostic, c'est précisément la responsabilité, l'irresponsabilité ou la responsabilité atténuée. N'est-ce pas là une œuvre médicale au premier chef, exclusivement médicale ?

GEORGES BONJEAN l'a très bien répondu à GILBERT BALLET : « que deviendrait l'action de l'expert, si elle n'allait pas en fait jusqu'à une conclusion psychique ? Il n'aurait plus guère de raison d'être... Ne diminuez pas votre mission pour l'honneur de la science, pour la sécurité des inculpés, pour le bon renom de la justice! » Un autre magistrat a dit de même : à la question posée de responsabilité ou d'irresponsabilité « le médecin, comme un vrai juré de la science, doit répondre affirmativement ou négativement ». Et le Dr LEGRAS : « je ne me fais jamais scrupule de répondre à cette demande, parce que, quoi qu'on dise, dans son for intérieur le médecin expert va jusqu'au fond de ses constatations et en tire toutes les conséquences non seulement au point de vue de l'état mental ou physique, mais aussi au point de vue de la responsabilité du prévenu. »

En fait, l'opinion de la magistrature est faite : elle continue à demander aux médecins la déclaration de la responsabilité, de l'irresponsabilité ou de la responsabilité atténuée des prévenus[1]. Seulement pour que le médecin garde bien son rôle

1. « En 1895, au Congrès des aliénistes et neurologistes, M. DELCURROU, premier président à la Cour de Bordeaux, dans une communication

et son influence, il faut qu'il reste pénétré de l'importance de la mission qu'on lui confie[1] et il faut, je le répète, qu'il soit médecin et psychologue.

On ne peut pas admettre que toutes les causes philosophiques (Bonnefoy, greffier en chef à Paris), philosophiques et morales (Rougier) de la responsabilité atténuée appartiennent plutôt au juriste, tandis que les causes physiologiques appartiennent au médecin. Quand, avec Charpentier, on se demande par qui sera faite l'étude de la responsabilité, « est-ce par le magistrat ou par le médecin ou même par le psychologue » il faut répondre : par le médecin qui doit en même temps être psychologue. Car la psychologie nécessaire à ce problème se confond avec la physiologie des centres nerveux.

Paul Jolly le dit très bien : « je ne comprends guère la responsabilité limitée que comme résultant d'une expertise médicale. » De même Laborde, professeur à la Faculté de droit de Montpellier, ne peut pas admettre que « pour ces malades et dégénérés auxquels il faut restreindre l'excuse,... le juge les déclare tels sans une expertise médicolégale préalable ».

Donc, le rôle du médecin est capital, ne saurait être méconnu. Seul le médecin peut *déclarer* si un accusé est responsable, irresponsable ou demiresponsable.

β. *Rôle des juges.* Cela veut-il dire que le médecin puisse, à lui tout seul, *prononcer* le degré de responsabilité d'un sujet ? Je ne le crois pas.

L'expertise médicolégale est indispensable comme point de départ. Si le médecin déclare le sujet responsable, la cause est entendue sur ce point, et sans intervention du juge.

très remarquée, a demandé la multiplication des expertises médicolégales et souhaité l'intervention du médecin neurologiste comme conseil habituel du magistrat au criminel » (Maurice de Fleury. *Loco cit.*, p. 110, note).

1. Voir Cruppi. *Loco cit.*, p. 300.

mais si l'expert conclut à l'irresponsabilité ou à la demiresponsabilité, on peut discuter et admettre l'intervention du juge pour prononcer cette irresponsabilité complète ou incomplète.

La chose est vraie même pour les aliénés, qui appartiennent encore bien plus exclusivement aux médecins que les demifous. Lors de la discussion au Sénat de la réforme de la loi de 1838, le docteur Combes, devenu depuis président du Conseil, avait voulu faire de l'internement des aliénés une question purement et exclusivement médicale. Ceci a été repoussé dans le projet de loi (comme dans le projet Dubief) et était une exagération.

Avec encore plus de raison pour les demifous, il ne faut pas, comme dit Michelon, « substituer le médecin au juge et donner au rapport médical, comme certains le voudraient, l'autorité de la chose jugée. Et à cet égard nous devons repousser le système allemand qui, sous certaines conditions, subordonne la décision du juge aux conclusions des experts[1] ». Le médecin ne doit pas devenir « maître de la décision judiciaire[2] ».

Donc, le rôle du juge, quoique chronologiquement secondaire à celui du médecin, n'en est pas moins aussi nécessaire logiquement.

Cela posé, « quelle est l'autorité judiciaire qui aura à se prononcer? Ce sera et ce ne peut être que le tribunal de jugement, dit Leredu... Devant le tribunal correctionnel, rien ne

1. Et encore, continue Michelon, « il convient de faire remarquer que ces conditions sont telles qu'en fait le plus souvent la décision du juge reste absolument libre. En effet, il faut d'abord que les lois scientifiques auxquelles l'expert rapporte son opinion ne soient pas contestées; en deuxième lieu, que l'application de ces lois à l'espèce soit rationnelle et enfin que les déclarations de l'expert ne soient pas en contradiction avec les aveux ou les dires des témoins de l'accusé (Labroquère) ».

2. De même, Saleilles : « il ne faudrait pas croire que l'on pût toujours se contenter d'un pur diagnostic pathologique et s'en remettre uniquement aux aliénistes. »

sera plus simple. Le juge, motivant son jugement, constatera l'état de responsabilité limitée qui lui aura été signalé, par exemple, par un rapport médicolégal[1]... Mais la question est plus importante et plus délicate en ce qui concerne le criminel comparaissant devant le jury. Qui, devant la cour d'assises, aura à se prononcer sur l'état de responsabilité limitée? Sera-ce le jury ou sera-ce la Cour? Pour moi, conclut Leredu, je revendique ce droit pour le jury... Le jury, dans son verdict, aura donc à répondre à la question spéciale qui lui sera posée sur l'état de responsabilité limitée... Quant aux mesures à prendre, c'est à la Cour de les décider ».

Comme Leredu, Laborde soumettrait au jury la question de la responsabilité diminuée et même celle de l'internement que Leredu réservait à la Cour.

Au contraire, Henri Robert, « partisan de l'extension des pouvoirs du jury », voudrait que « le jury fût maître de la peine ». Mais, comme il est en général « complètement indifférent aux questions de responsabilité ou d'irresponsabilité », c'est la Cour qui prononcerait sur ce point.

« D'autres, dit Michelon, et ceux-ci sont très nombreux, préconisent la fusion du jury et de la Cour, système qui existe déjà dans certains pays sous le nom d'échevinage... La fusion entre les deux corps peut exister d'une façon absolue, aussi bien pour la question de responsabilité que pour la fixation de la peine. Ce système apporterait un élément de stabilité et d'intelligence à l'institution.

» Enfin, certains proposent d'instituer à côté du jury ordinaire un second jury représentant des conditions indiscutables de compétence scientifique... On choisirait des gens qui, par profession ou par goûts, auraient la parfaite connaissance de l'homme. Ce seraient, par exemple, des médecins, des *socio-*

1. « C'est le tribunal correctionnel qui, renseigné par le médecin expert et connaissant tous les faits de la cause, condamnera (le mot est important) le demifou à être interné dans un asile spécial déterminé » (Michelon).

logues, des *présidents de Sociétés de patronage*, des *directeurs d'établissements pénitentiaires*. D'ailleurs cette idée d'un jury technique... existe pratiquement en Allemagne dans les tribunaux d'échevinage, sous la forme de collèges de médecins... Le jury ordinaire, tiré au sort, tel qu'il existe actuellement, serait juge de l'imputabilité, c'est-à-dire du rapport de causalité matérielle entre le crime et l'accusé. *Le jury technique trancherait la question de responsabilité* ou, plus exactement, *se rendrait compte de l'état mental de l'accusé;* puis il ferait le choix de la peine. Il resterait à la Cour à déterminer la durée de la peine. Quand il s'agirait d'un de ces cas dits de responsabilité atténuée, la Cour, après avis du jury technique, prononcerait l'indétermination de la durée de la peine. »

Ce qui me fait l'adversaire de ce dernier projet, ce sont les passages que j'ai soulignés : à mon sens, les médecins peuvent *seuls* se rendre compte de l'état mental de l'accusé. Il faudrait donc que le jury technique fût exclusivement médical. Et alors le rôle du juge est trop annulé.

Cela dit, je me déclare incompétent sur le fond même de cette question particulière, qui est absolument du domaine des juristes.

γ. *Nécessité de faire figurer les demifous et la responsabilité atténuée dans la loi de* 1838 *réformée*. En tous cas, un point sur lequel tout le monde est d'accord est la nécessité de modifier les lois existantes ou de faire une loi nouvelle qui règle, en France, toutes ces questions concernant les demifous et la responsabilité atténuée. Le plus simple serait qu'on fît figurer la question dans la réforme, si instamment et si inutilement demandée partout, de la loi de 1838.

On sait où en est la question [1].

La loi qui nous régit encore actuellement pour les aliénés

1. Voir : Les devoirs et les droits de la société vis-à-vis des aliénés. *Revue des idées*, 15 juillet 1906, p. 513.

a été promulguée par Louis-Philippe, au palais de Neuilly, le 30 juin 1838 et complétée par une ordonnance royale du 18 décembre 1839. Cette loi constituait, à l'époque, un très réel progrès[1]. C'était la première réglementation *législative* remplaçant une réglementation purement *administrative* et de police (ordonnance du 9 août 1828). Il y avait un « hommage rendu au principe de la liberté individuelle » dans cette loi qui « était alors en avance sur la plupart des législations de l'Europe, dont plusieurs se hâtèrent de l'imiter ». Mais ce n'en était pas moins uniquement une « loi de sûreté », une « loi de police ».

Depuis lors, la science médicale et la science sociale ont marché et dans les nouveaux projets apparaissent l'idée d'*assistance* et l'idée de *soins* nécessaires aux aliénés, cette assistance et ces soins étant *obligatoires*. L'idée de *défense* sociale implique en effet nécessairement aujourd'hui l'idée d'assistance et l'assistance aux aliénés est bien plus obligatoire que la défense contre les aliénés.

La loi de 1838 est donc insuffisante et doit être réformée. Mais dans la campagne entamée depuis de longues années dans ce but, les parlements, les académies et la presse ont rivalisé d'éloquence et de stérilité. Les réformes désirables sont concrétées dans deux projets (non encore votés) : le projet du Sénat et le projet Dubief.

Ni la loi de 1838 ni aucun des projets de loi nouvelle n'abordent la question des demifous. Il y a là une grave lacune qu'il est nécessaire de combler.

Les nouveaux projets de loi s'occupent cependant des épileptiques, des alcooliques, des idiots et des crétins (que la loi de 1838 ignorait absolument). Voici les dispositions les concernant :

1. Voir le Rapport de LARNAUDE. *Bulletin de la Société d'études législatives*, 1904, t. III, p. 25.

PROJET DU SÉNAT	PROJET DUBIEF
ARTICLE PREMIER. — Les aliénés réputés incurables, les épileptiques, les idiots et les crétins peuvent être admis dans ces établissements (asiles publics ou privés, exclusivement consacrés au traitement de l'aliénation mentale), tant qu'il n'a pas été pourvu à leur placement dans des maisons de refuge, des colonies ou dans des établissements appropriés spécialement à l'isolement et au traitement des épileptiques et à l'isolement ou à l'éducation des idiots et des crétins.	ART. 2. — Les asiles publics doivent comprendre, à défaut et dans l'attente d'asiles spéciaux, des quartiers annexes ou des divisions pour les épileptiques, les alcooliques, les idiots et les crétins... (Ces malades) continueront à être admis dans les asiles d'aliénés en attendant l'ouverture d'asiles spéciaux. Dans un délai de dix ans, les départements devront ouvrir des établissements spéciaux ou des sections spéciales destinés au traitement et à l'éducation des enfants idiots, arriérés, crétins ou épileptiques et au traitement des buveurs.

Les établissements prévus au paragraphe précédent seront soumis à la surveillance instituée par la présente loi, dans la mesure déterminée par un règlement d'administration publique.

La rédaction du projet Dubief est infiniment supérieure à celle de la loi du Sénat, mais ce n'est là qu'une amélioration, encore bien insuffisante, à la loi de 1838. *La nouvelle loi sur les aliénés devra contenir un titre spécial consacré aux demifous et à la responsabilité atténuée*, dans lequel seront abordées et définitivement fixées par la loi toutes les questions étudiées dans ce livre. Ce devrait être l'œuvre prochaine du nouveau Parlement : je n'en connais pas de plus grave et de plus urgente !

CONCLUSIONS GÉNÉRALES

RÉPONSE A QUELQUES OBJECTIONS

Pendant que j'achevais d'écrire ce livre, les *Annales médicopsychologiques* ont publié une étude critique aussi courtoise que serrée d'un aliéniste de haut mérite, le Dr PARANT[1], sur mon article de la *Revue des Deux Mondes* « Demifous et demiresponsables ». L'argumentation de mon distingué confrère ne tend à rien moins qu'à contester et à supprimer entièrement le sujet même de ce livre. Je ne peux donc pas me dérober au devoir d'y répondre. Ce sera d'ailleurs une occasion de reprendre synthétiquement l'entière doctrine de ce livre et d'en formuler ainsi les conclusions.

D'abord je n'exagère pas en disant que le Dr PARANT arrive, dans son étude, à la négation des demifous et des demiresponsables.

Il déclare que mon article soulève de « graves objections ». Il craint que cet article « ne donne lieu à des équivoques, à des erreurs susceptibles d'entretenir la fausseté des idées que bien des gens se font sur l'aliénation mentale ». Il ne croit pas que ma « manière de concevoir les choses » réponde « à la réalité » et ne croit pas « exacte » « la conception géné-

1. PARANT. Un article de M. le professeur Grasset : « Demifous et demiresponsables », *Annales médicopsychologiques*, mai-juin 1906. Voir aussi du même auteur : *La raison dans la folie. Etude pratique et médicolégale sur la persistance partielle de la raison chez les aliénés et sur leurs actes raisonnables*, Paris, 1888, et De quelques erreurs sur la folie nées des doctrines psychologiques. In *Mémoires de l'Académie des Sciences, inscriptions et belles-lettres de Toulouse*, t. XI, 1889.

rale de l'aliénation mentale prise de cette façon ». « La qualification de demifous, outre son inexactitude, expose, surtout au point de vue de la médecine légale, à de nombreux inconvénients ». En combattant la théorie des deux blocs et en en créant un troisième, j' « augmente la difficulté au lieu de la réduire ». « Pour dire où finit la responsabilité et où commence la demiresponsabilité, pour dire où celle-ci s'arrête et cède la place à la responsabilité entière », la détermination du critérium est « tout à fait arbitraire » et « n'aura d'autre règle que l'appréciation fantaisiste des uns ou des autres... La fantaisie se donnant carrière, nous risquons de retomber dans cette anarchie désastreuse qui faillit jadis, dans des conditions de ce genre, être la déconsidération et la ruine de la médecine légale des aliénés ». Et Parant termine en souhaitant « que la manière dont (je) propose de comprendre et de résoudre les questions de folie et de responsabilité n'ait point les inconvénients et les dangers dont (il la croit) susceptible ».

Il est évident que s'il en est ainsi (et je sais que d'autres aliénistes de non moins grande valeur partagent la manière de voir de Parant) je n'ai plus qu'à déchirer mon manuscrit, au lieu de l'envoyer à l'impression.

Pour ne rien exagérer, je reconnais tout d'abord que dans mon article de la *Revue* destiné au grand public (comme le reconnaît Parant) je n'ai pas suffisamment et assez scientifiquement délimité le domaine de la demifolie. Je n'ai pas suffisamment séparé la responsabilité *partielle* de la responsabilité *atténuée*, je n'ai pas assez montré que les anciens monomanes sont de vrais fous, et non des demifous. J'ai essayé de mieux faire et de mieux préciser dans ce livre. Je reconnais aussi que l'expression de demiresponsabilité est vague et ne vaut pas celle de responsabilité atténuée[1]...

1. Parant a donc raison quand il dit : « M. G. prononce une fois, dans son article, le mot de responsabilité atténuée ; ce mot est bien meilleur que celui de demiresponsabilité, parce que, de toutes manières, il répond bien mieux à la réalité des choses et c'est à lui qu'il vaudrait mieux s'en tenir. »

Je ferai donc toutes les concessions qu'on voudra sur les limites à assigner au bloc des demifous ; ceci est intéressant, mais secondaire et je reconnais qu'il y a des cas où c'est très difficile. Mais ce que je tiens à maintenir, malgré toutes les objections, c'est l'existence, entre les fous et les raisonnables, entre les irresponsables et les responsables, du groupe des demifous à responsabilité atténuée.

« Pourquoi, dit Parant, qualifier de demifous les individus qui, ayant eu un ou deux accès de folie, en sont bien guéris et présentent le reste du temps une mentalité satisfaisante, suffisamment bien équilibrée ? Au moment de leurs accès, ils ont été fous ; le reste du temps ils ne le sont plus. » Comment ? Certains fous guéris ne restent pas des inférieurs psychiques et ne sont pas diminués dans leur responsabilité ? Parant le reconnaît du reste. Mais il ajoute : « d'autres ne gardent, après la crise, aucune marque de leur ébranlement. » Ceci m'est indifférent : il suffit que mon groupe de demifous comprenne un certain nombre de sujets pour qu'il ait droit à l'existence.

Et les excentriques, les originaux, les bizarres, les névropathes de diverses catégories, les débiles, les déséquilibrés, tous ces malades, dont parle Parant (p. 7), ne sont-ils donc pas des demifous ? Parant reconnaît qu'ils donnent « matière à des difficultés d'interprétation ». Ils sont « sur les frontières de la folie », dit-il, et il ajoute : « la tâche du médecin, souvent délicate, mais que dans la plupart des cas il n'est point impossible de remplir, consiste à chercher de quel côté de la frontière on peut les mettre. » Je me permets d'être ici d'un avis absolument opposé à celui de Parant : je crois que si l'on ne peut décider qu'entre ces deux hypothèses, entre la folie et la raison, la tâche du médecin sera souvent *impossible*. La preuve en est dans le nombre énorme et croissant de rapports concluant à la responsabilité atténuée et sous la signature de *tous* les médecins.

Parant discute ensuite la supériorité intellectuelle (qu'il

croit souvent surfaite) de certains demifous. Il veut, d'après Foville, qu'Auguste Comte ait toujours été aliéné ; je me contente de le renvoyer au dernier livre de Georges Dumas. Il n'admet pas que les demifous puissent avoir une valeur sociale, alors que nous leur refusons le droit à perpétuer l'espèce humaine... C'est ce contraste même de leur utilité et de leur nocivité sociales, qui caractérise les demifous. C'est ce qui fait précisément qu'on ne peut les confondre ni avec les fous ni avec les raisonnables.

Ailleurs Parant dit : il n'y a qu'à montrer que tous les aliénés ne doivent pas être internés, que certains aliénés *inoffensifs* peuvent ne pas être internés. Parfait, mais les malades qui ne sont pas inoffensifs, qui sont nuisibles, dont la société doit se garer, et qui, tout en étant malades, ne sont pas aliénés ! Voilà ceux dont je m'occupe dans ce livre et qu'on ne supprimerait pas en les niant ou en refusant de les étudier.

D'ailleurs Parant admet la responsabilité atténuée. Il reconnaît que certains nerveux, non aliénés, peuvent parfois « ne pas être traités aussi sévèrement que s'ils étaient dans un état d'équilibre parfait ». Je n'en demande pas davantage. Voilà la reconnaissance du groupe des demifous à responsabilité atténuée et le droit à l'existence de mon livre.

Enfin en étudiant la demifolie, je ne crois pas avoir diminué le rôle des médecins experts comme me le reproche Parant ; au contraire. Car la détermination de la demifolie et de la responsabilité atténuée reste une question très difficile dans chaque cas particulier et toujours exclusivement médicale. Je ne crois pas que, comme le dit Parant, « l'étude isolée des actes et de leurs mobiles » et « le degré du psychisme » importent peu au médecin ; je ne crois pas que « n'importe qui » ait autant de compétence que le médecin pour juger la qualité et le degré du psychisme. Je crois au contraire que c'est là la base de l'expertise moderne, telle qu'elle doit être conçue par les médecins d'aujourd'hui.

Sans insister davantage, je crois pouvoir dire que les objections de PARANT peuvent porter sur la limitation et la composition du groupe des demifous à responsabilité atténuée ; cette question particulière peut être modifiée d'une année à l'autre par les incessants progrès d'une science avertie. Mais le fond même de notre étude reste intact et je peux maintenir les conclusions générales suivantes :

1° Entre le bloc des raisonnables responsables et le bloc des fous irresponsables il y a le groupe des demifous à responsabilité atténuée ;

2° Ces demifous s'imposent tous les jours à l'attention du grand public et à l'observation extramédicale ; aussi ont-ils envahi le théâtre et la littérature de tous les pays ;

3° Ces demifous ont des caractères cliniques précis, qui permettent de dire que leur existence est scientifiquement démontrée ;

4° Ces demifous peuvent avoir une haute valeur sociale, comme en témoignent les nombreux supérieurs intellectuels qui ont présenté des stigmates de demifolie ;

5° Ces demifous peuvent aussi et sont souvent nuisibles à la société, qui a le devoir et le droit de se garantir contre leurs méfaits, tout en les assistant et en les traitant ;

6° Seuls, les médecins peuvent décider la demifolie d'un sujet ;

7° Quand un demifou a commis un délit ou un crime, on doit à la fois le punir et le traiter ;

8° Il est nécessaire et urgent que la question de la demifolie figure en tête des additions à apporter à la loi de 1838 réformée.

TABLE ALPHABÉTIQUE DES MATIÈRES

TABLE DES MATIÈRES

INTRODUCTION

Idée et plan du livre. Importance sociale de la question.

CHAPITRE PREMIER

Les demifous dans la littérature et au théâtre.

CHAPITRE II

Réfutation des doctrines qui nient les demifous.

CHAPITRE III

Démonstration clinique de l'existence des demifous. Etude médicale.

CHAPITRE IV

Valeur sociale des demifous.

CHAPITRE V

Droits et devoirs de la société vis-à-vis des demifous.

Pages.

CONCLUSIONS GÉNÉRALES

ÉVREUX, IMPRIMERIE CH. HÉRISSEY ET FILS

BIBLIOTHÈQUE DE PHILOSOPHIE CONTEMPORAINE

(*EXTRAIT DU CATALOGUE*)

ANTHROPOLOGIE CRIMINELLE

AUBRY (Dr Paul). — **La contagion du meurtre.** Préface de M. le docteur CORRE. 3e édit., 1 vol. in-8. 5 fr. »

FÉRÉ (Dr Ch.), médecin de Bicêtre. — **Dégénérescence et criminalité.** 3e édit., 1 vol. in-16 avec 21 graphiques. . . . . 2 fr. 50

FERRI (E), professeur à l'Université de Rome. — **Les criminels dans l'art et la littérature.** 2e édit., 1 vol. in-16. . . . . 2 fr. 50

— **La sociologie criminelle,** Traduct. L. TERRIER. 1 vol. in-8. . 10 fr. »

FLEURY (Dr M. de). — **L'âme du criminel.** 1 vol. in-16. . . . 2 fr. 50

GAROFALO, président de chambre à la cour d'appel de Naples. — **La criminologie,** 5e édit., 1 vol. in-8. . . . . 7 fr. 50

LANDRY (Ad.), docteur ès lettres. — **La responsabilité pénale.** 1 vol. in-16 . . . . 2 fr. 50

LOMBROSO (Cesare), professeur à l'Université de Turin. — **Les applications de l'anthropologie criminelle.** 1 vol. in-16 . . . . . . 2 fr. 50

— **L'anthropologie criminelle et ses récents progrès.** 1 vol. in-16, 4e édit.. . . . . 2 fr. 50

— **L'homme criminel** (*criminel-né, fou moral, épileptique*). 3e édit. 2 vol. in-8 avec atlas . . . . 36 fr. »

— **Le crime.** *Causes et Remèdes.* 2e édit., 1 vol. in-8o. . . . . . 10 fr. »

LOMBROSO et FERRERO. — **La femme criminelle et la prostituée.** 1 vol. in-8, avec 13 planches hors texte. . . . . 15 fr. »

LOMBROSO et LASCHI. — **Le crime politique et les révolutions.** 1892. 2 vol. in-8, avec planches hors texte. . . . . 15 fr. »

PROAL (Louis), conseiller à la cour d'appel de Paris. — **La criminalité politique.** 1 vol. in-8 (*Couronné par l'Institut*) . . . . 5 fr. »

— **Le crime et la peine.** 3e édit., 1 vol. in-8. . . . . 10 fr. »

— **Le crime et le suicide passionnels.** 1 vol. in-8 (*Couronné par l'Académie française*). . . . . 10 fr. »

SIGHELE (S). — **La foule criminelle.** *Essai de psychologie collective.* 2e édit. refondue, 1 vol. in-8. . . . . 5 fr. »

TARDE (G.), de l'Institut, professeur au Collège de France. — **La criminalité comparée.** 6e édit., 1 vol. in-16 . . . . 2 fr. 50

PSYCHOLOGIE PATHOLOGIQUE

DUPRAT (G.-L.), docteur ès lettres. — **L'instabilité mentale.** *Essai sur les données de la psycho-pathologie,* 1 vol. in-8 . . . . 5 fr. »

— **Les causes sociales de la folie.** 1 vol. in-16 . . . . 2 fr. 50

GURNEY, MYERS et PODMORE. — **Les hallucinations télépathiques,** adaptation de l'anglais par L. MARILLIER, avec préface de M. CH. RICHET. 4e édit., 1 vol. in-8. . . . . 7 fr. 50

BIBLIOTHÈQUE DE PHILOSOPHIE CONTEMPORAINE

Volumes in-8, brochés, à 3 fr. 75, 5 fr., 7 fr. 50 et 10 fr.

EXTRAIT DU CATALOGUE

STUART MILL. — **Mes mémoires**, 3e éd. 5 fr.
— **Système de logique**. 2 vol. 20 fr.
— **Essais sur la religion**, 2e éd. 5 fr.
HERBERT SPENCER. **Prem. principes**. 11e éd. 10 fr.
— Principes de psychologie. 2 vol. 20 fr.
— Principes de biologie. 5e édit. 2 vol. 20 fr.
— Principes de sociologie. 5 vol. 43 fr. 75
— Essais sur le progrès. 5e éd. 7 fr. 50
— Essais de politique. 4e éd. 7 fr. 50
— Essais scientifiques. 3e éd. 7 fr. 50
— De l'éducation. 10e éd. 5 fr.
— Justice. 7 fr. 50
— Le rôle moral de la bienfaisance. 7 fr. 50
— Morale des différents peuples. 7 fr. 50
— Problèmes de morale. 7 fr. 50
PAUL JANET. — Causes finales. 4e édit. 10 fr.
— Œuvres phil. de Leibniz. 2e éd. 2 vol. 20 fr.
TH. RIBOT. — **Hérédité psychologique**. 7 fr. 50
— La psychologie anglaise contemp. 7 fr. 50
— La psychologie allemande contemp. 7 fr. 50
— Psychologie des sentiments. 6e éd. 7 fr. 50
— L'Evolution des idées génér. 2e éd. 5 fr.
— L'imagination créatrice. 2e éd. 5 fr.
— La logique des sentiments. 3e éd. 3 fr. 75
— Essai sur les passions. 3 fr. 75
A. FOUILLÉE. — Liberté et déterminisme. 7 fr. 50
— Systèmes de morale contemporains. 7 fr. 50
— Morale, art et religion, d'ap. Guyau. 3 fr. 75
— L'avenir de la métaphysique. 2e éd. 5 fr.
— L'évolut. des idées-forces. 2e éd. 7 fr. 50
— Psychologie des idées-forces. 2 vol. 15 fr.
— Tempérament et Caractère. 2e éd. 7 fr. 50
— Le mouvement positiviste. 2e éd. 7 fr. 50
— Le mouvement idéaliste. 2e éd. 7 fr. 50
— Psychologie du peuple français. 7 fr. 50
— La France au point de vue moral. 7 fr. 50
— Esquisse psych. des peuples europ. 10 fr.
— Nietzsche et l'immoralisme. 5 fr.
— Le moralisme de Kant. 7 fr. 50
— Elém. sociol. de la morale. 7 fr. 50
LOMBROSO. — Le crime. 2e édit. 10 fr.
— L'homme criminel. 2 vol. et atlas. 36 fr.
— ET LASCHI. Le crime politique et les révolutions. 2 vol. 15 fr.
— ET FERRERO. La femme criminelle et la prostituée. 15 fr.
BAIN. — Logique déd. et ind. 2 vol. 20 fr.
— Les sens et l'intelligence. 3e édit. 10 fr.
— Les émotions et la volonté. 10 fr.
— L'esprit et le corps. 4e édit. 6 fr.
— La science de l'éducation. 6e édit. 6 fr.
LIARD. — Descartes. 2e édit. 5 fr.
— Science positive et métaph. 5e éd. 7 fr. 50
GUYAU. — Morale anglaise contemp. 5e éd. 7 fr. 50
— Probl. de l'esthétique cont. 3e éd. 7 fr. 50
— Morale sans obligation ni sanction. 5 fr.
— L'art au point de vue sociol. 2e éd. 5 fr.
— Hérédité et éducation. 3e édit. 5 fr.
— L'irréligion de l'avenir. 5e édit. 7 fr. 50
H. MARION. — Solidarité morale. 6e éd. 5 fr.
SCHOPENHAUER. — Sagesse dans la vie. 5 fr.
— Le monde comme volonté. 3 vol. 22 fr. 50
JAMES SULLY. — Le pessimisme. 2e édit. 7 fr. 50
— Etudes sur l'enfance 10 fr.
— Essai sur le rire. 7 fr. 50
GAROFALO. — La criminologie. 5e édit. 7 fr. 50
P. SOURIAU. — L'esthét. du mouvement. 5 fr.
— La beauté rationnelle. 10 fr.
F. PAULHAN. — L'activité mentale. 10 fr.
— Esprits logiques et esprits faux. 7 fr. 50
— Les caractères. 2e éd. 5 fr.
— Les mensonges du caractère. 5 fr.
— Le mensonge de l'art. 5 fr.
PIERRE JANET. — L'autom. psych. 4e édit. 7 fr. 50
H. BERGSON. — Matière et mémoire. 4e éd. 5 fr.
— Données immed. de la conscience. 3 fr. 75
PILLON. — L'année philos. 1890 à 1904, chac. 5 fr.
COLLINS. — Résumé de la phil. de Spencer. 10 fr.
NOVICOW. — Luttes entre sociétés hum. 10 fr.
— Les gaspillages des sociétés modernes. 5 fr.
— La justice et l'expansion de la vie. 7 fr. 50
J. PAYOT. — Educ. de la volonté. 26e éd. 10 fr.
— La croyance. 2e éd. 5 fr.
DURKHEIM. — Division du travail social. 7 fr. 50
— Le suicide, étude sociologique. 7 fr. 50
— L'année sociolog. Années 1896-97, 1897-98, 1898-99, 1899-1900, 1900-1901, chacune. 10 fr.
Années 1901-2, 1902-3, 1903-4, 1904-5. 12 fr. 50
LÉVY-BRUHL. — Philosophie de Jacobi. 5 fr.
— Philos. d'Aug. Comte. 2e édit. 7 fr. 50
— La morale et la science des mœurs. 5 fr.
G. TARDE. — La logique sociale. 3e éd. 7 fr. 50
— Les lois de l'imitation. 4e éd. 7 fr. 50
— L'opposition universelle. 7 fr. 50
— L'opinion et la foule. 2e édit. 5 fr.
— Psychologie économique. 2 vol. 15 50
FOUCAULT. — La psychophysique. 7 fr. 50
— Le rêve. 5 fr.
G. DE GREEF. — Transform. social. 2e éd. 7 fr. 50
— La Sociologie économique. 3 fr. 75
SÉAILLES. — Essai sur le génie dans l'art. 3e éd. 5 fr.
— La philosophie de Renouvier. 7 fr. 50
V. BROCHARD — De l'erreur. 2e éd. 5 fr.
E. BOUTROUX. — Etudes d'histoire de la philosophie. 2e éd. 7 fr. 50
H. LICHTENBERGER. — Richard Wagner. 10 fr.
— Henri Heine penseur. 3 fr. 75
THOMAS. — L'éduc. des sentiments. 3e éd. 5 fr.
RAUH. — La méthode dans la psych. 5 fr.
— L'expérience morale. 3 fr. 75
BOUGLÉ. — Les idées égalitaires. 3 fr. 75
DUMAS. — La tristesse et la joie. 7 fr. 50
— Psychol. de deux Messies positivistes. 5 fr.
G. RENARD. — La méthode scientifique de l'histoire littéraire. 10 fr.
RENOUVIER. — Dilemmes de la métaphys. 5 fr.
— Hist. et solut. des probl. métaphys. 7 fr. 50
— Le personnalisme. 10 fr.
— La doctrine de Kant. 7 fr. 50
SOLLIER. — Le problème de la mémoire. 3 fr. 75
— Psychologie de l'idiot. 2e éd. 5 fr.
— Le mécanisme des émotions. 5 fr.
HARTENBERG. — Les timides et la timidité. 5 fr.
LE DANTEC. — L'unité dans l'être vivant. 7 fr. 50
— Les limites du connaissable. 2e éd. 3 fr. 75
OSSIP-LOURIÉ. — Philos. russe cont. 2e éd. 5 fr.
— Psychol. des romanciers russes. 7 fr. 50
LAPIE. — Logique de la volonté. 7 fr. 50
XAVIER LÉON. — Philosophie de Fichte. 10 fr.
OLDENBERG. — La religion du Véda. 10 fr.
— Le Bouddha. 2e éd. 7 fr. 50
WEBER. — Vers le positivisme absolu par l'idéalisme. 7 fr. 50
TARDIEU. — L'ennui. 5 fr.
GLEY — Psychologie physiol. et pathol. 5 fr.
SAINT-PAUL. — Le langage intérieur. 5 fr.
LUBAC. — Psychologie rationnelle. 3 fr. 75
HALÉVY. — Radical. philos. 3 vol. 22 fr. 50
V. EGGER. — La parole intérieure. 2e édit. 5 fr.
PALANTE. — Combat pour l'individu. 3 fr. 75
FOURNIÈRE. — Théories socialistes. 7 fr. 50
DAURIAC. — L'esprit musical. 5 fr.
LAUVRIÈRE. — Edgar Poe. 10 fr.
JACOBY. — La sélection chez l'homme. 10 fr.
RUYSSEN. — Évolution du jugement. 5 fr.
MYERS. — La personnalité humaine. 7 fr. 50
COSENTINI. — La sociologie génétique. 3 fr. 75
BAZAILLAS. — La vie personnelle. 5 fr.
HÉBERT. — L'évolution de la foi catholique. 5 fr.
— Le divin. 5 fr.
SULLY PRUDHOMME. — La vraie religion selon Pascal. 7 fr. 50
ISAMBERT. — Idées socialistes. 7 fr. 50
FINOT. — Le préjugé des races. 2e éd. 7 fr. 50
E.-BERNARD LEROY. — Le langage. 5 fr.
LANDRY. — Morale rationnelle. 5 fr.
HOFFDING. — Philosophie moderne. 2 vol. 20 fr.
— Psychologie. 3e éd. 7 fr. 50
RAGEOT. — Le succès. 3 fr. 75
LUQUET. — Idées génér. de psychologie. 5 fr.
BARDOUX. — Psych. de l'Angleterre cont. 7 fr. 50
LACOMBE. — Individus et Soc. chez Taine. 7.50
RIEMANN. — L'esthétique musicale. 5 fr.
BINET — Les révélations de l'écriture. 5 fr.
NAYRAC. — L'Attention. 3 fr. 75
DELVAILLE. — Vie sociale et éducation. 3 fr. 75
GRASSET. — Demifous et demiresponsables. 5 fr.

1770-06. — Coulommiers. Imp. PAUL BRODARD. — 12-06.

www.ingramcontent.com/pod-product-compliance
Ingram Content Group UK Ltd.
Pitfield, Milton Keynes, MK11 3LW, UK
UKHW020435200726
13857UKWH00002B/428

9 782012 882461